이 모든 걸
처음부터
알았더라면

• 코넬대학교 '인류 유산 프로젝트'의 참가자 모두는 이 책에서 가명을 사용했음을 밝힙니다.

30 LESSONS FOR LOVING

Copyright ⓒ 2015 by Karl Pillemer
Korean translation copyright ⓒ 2015 by Tornado Media Group Ltd.
All right reserved.
Printed by arrangement with Janis A. Donnaud & Associates, Inc.,
through Shinwon Agency.

이 책의 한국어판 저작권은 신원 에이전시를 통한
저작권자와의 독점 계약으로 토네이도미디어그룹(주)에 있습니다.
저작권법에 의해 한국 내에서 보호를 받는 저작물이므로 무단전재와 무단복제를 금합니다.

전 세계를 감동시킨 코넬대학교의 인류 유산 프로젝트

이 모든 걸
처음부터
알았더라면

30 LESSONS
FOR LOVING

칼 필레머 지음
김수미 옮김

| 프롤로그 |

스무 살 청년이
내게 물었지.

"인생에서 가장 중요한 게 뭔가요?"

빙그레 웃으며 나는
주름투성이 손가락으로 가리켰지.
청년의 비어 있는 오른쪽과 왼쪽을.

"자네의 곁을 지켜줄 사람이
곧 자네의 인생이라네."

삶이란 늘 한 사람을 떠나서
또 다른 한 사람에게 도착하는 여행이지.

오랜 항해가 끝나갈 무렵,
문득 뒤돌아보면 알게 된다네.

예전에는 미처 몰랐던,
결코 보이지 않았던,

내 곁에 있는 사람의 손을 잡기 위해
그토록 수많은 배웅과 마중을
지나왔다는 것을.

| 한국의 독자들에게 |

지금 여기
우리의 삶에 가장 필요한
지혜를 묻다

저자라면 누구나 자신의 새 책이 독자들에게 어떻게 받아들여질지 걱정될 것이다. 나도 마찬가지다. 첫 책《내가 알고 있는 걸 당신도 알게 된다면(30 Lessons for Living: Tried and True Advice from the Wisest Americans)》을 쓰기 위해 자료를 수집하는 데만 5년 넘는 시간을 쏟아 부었다. 그리고 어떻게 하면 젊은이들이 보다 행복하고 건강하며 만족스러운 삶을 영위할 수 있을지, 현자들의 지혜를 모은 자료를 분석하고 집필하느라 2년의 시간을 더 보냈다. 드디어 책이 완성되어 세상에 내보내야 했을 때, 나는 마치 자녀를 집에서 떠나보내는 부모의 심정과도 같아서 불안과 희망이 교차했다.

특별히 염려스러웠던 점은 '과연 젊은이들이 이해할까?'라는 것이었다. 20~30대 혹은 40대가 자신의 나이보다 두세 배 많은 노인들의 실질적인 지혜에 귀 기울이는 일의 가치를 알까, 의문이 들었다. 이 고도로 복잡한 현대 사회와는 무관한, 시대에 뒤떨어지고 케케묵은 것으로 치부하지는 않을까, 염려스러웠다.

그러나 젊은 독자들은 '진실로' 그 가치를 이해했으며 그 점에서는 한국만 한 곳도 없었다! 《내가 알고 있는 걸 당신도 알게 된다면》이 한국에서 3년 넘게 베스트셀러 목록에 오르며 큰 사랑을 받았다. 그 책을 쓴 저자로서 한량없이 기쁘면서도 한편으로는 의아하기도 했다. 전작이 한국에서 깊은 반향을 남긴 이유를 알고 싶었다.

그 질문에 대한 답을 한국인 동료나 소셜 미디어를 통해 찾으면서 한국의 노인 수가 급속도로 증가하고 있다는 사실을 알게 되었다. 실제로 한국은 수십 년 내에 아시아에서 가장 노령화된 사회 중 하나가 될 것이다. 따라서 노인 인구의 엄청난 성장에 어떻게 적응할 것인지의 문제는 한국 사람들로 하여금 노령화에 대한 깊은 우려를 갖게 한 것으로 보인다.

한국은 세대 간 유대 관계에도 변화를 겪고 있다. 젊은이들의 개인주의적 생활양식이 심화되면서 자식의 도리(이를 가리켜 '효도'라 한다는 것을 이번에 알게 되었다)를 지키는 전통이 약화되고 있다. 어른을 공경하는 태도도 변하고 있으며 일부 젊은이들은 노인들을 시대에 뒤떨어진 구식의 사람으로 보는 경향이 갈수록 늘고 있다고 한다.

이런 추세는 걱정거리가 아닐 수 없다. 하지만 노인들의 지혜와 이를 활용한 삶의 개선 방안에 대해 한국의 독자들이 보여준 지대한 관심은 대단히 희망적인 신호다. 독자들은 나의 전작이 자신의 일이나 가정, 인간관계, 늙는 것에 대한 두려움 등 여러 인생의 문제들을 궁리하는 데 많은 도움을 주었다고 피력했다. 또 세대 간 유대관계가 끈끈하던 시절에 대한 향수를 느끼게 했으며 노인들에게 자신들의 문제를 상의하려는 욕구를 불러일으켰다고 했다.

전작에 대한 이 같은 따뜻한 환대에 힘입어 신작《이 모든 걸 처음부터 알았더라면(30 Lessons for Loving: Advice from the Wisest Americans on Love, Relationships, and Marriage)》을 한국 독자들에게 선보이게 되어 무한한 기쁨으로 생각한다. 일에 대한 한국 젊은이들의 엄청난 압박감과 성공을 위해 장시간 근무도 불사하는 현실을 감안할 때 결혼과 일의 균형은 주요한 과제임을 알고 있다. 또한 결혼율이 낮아지고 이혼율은 높아지는 데다 맞벌이 부부도 늘고 있다.

그러므로 자신들의 오랜 결혼 생활을 반추하는 인생의 현자들과 더불어 잠시 쉬어가는 시간을 통해 새로운 관점을 얻을 수 있길 기대한다. 이 책에 등장하는 인터뷰 대상자들은 한국의 독자들과는 다른 시대, 다른 문화권(미국)에 속한 사람들이다. 그렇지만 그들의 견해는 시공을 초월하여 반려자를 찾고 평생 그 관계를 이어가려는 보편적인 관심사를 대변해준다고 확신한다.

근본적인 질문은 동일하다. "그(녀)가 나의 배우자인지 어떻게 알 수 있습니까?" "서로 원활하게 소통하려면 어떻게 해야 합니까?" "결혼 생활에서 발생하는 어려움들에는 어떻게 대처해야 합니까?" "수십 년이 지나도록 역동적이고 즐거운 관계를 유지하는 비결은 무엇입니까?"

모쪼록 노인들이 필생의 관계 속에서 길어 올린 지혜를 통해 각자 자신의 질문에 대한 해답을 찾고, 나아가 동일한 질문을 가정이나 사회 연결망 내의 노인들에게도 할 수 있길 기대한다. 노인들은 삶, 사랑 그리고 사람에 대한 지혜의 보고(寶庫)이므로 우리는 그저 묻기만 하면 된다.

2015년 2월

칼 필레머

| 차례 |

프롤로그 · 4

한국의 독자들에게 __ 지금 여기 우리의 삶에 가장 필요한 지혜를 묻다 · 12

서장 __ 또 하나의 위대한 인류 유산 프로젝트를 시작하며 · 20

1장 __ 타인과 일생을 함께한다는 것 · 34

"사랑은 마음으로 느끼는 거야. 백발이 되어도, 병들어 아파도, 주름투성이라도 상관없어. 그 어떤 것도 상관하지 않고 단지 그 사람만 중요할 뿐이야. 그 사람 자체를 사랑하는 거지. 이런저런 걸 해주고 돈이 많으니까? 그건 사랑이 아니야. 앞으로 평생 함께하고픈 사람이니까 사랑하는 거야."

30 LESSONS
FOR LOVING

2장 __ 함께 살아갈 날들을 위한 대화

"대화를 꼭 하라고 말하고 싶어. 결국 그게 망가져서 탈이 난 거야. 대화를 회복해야 해. 대화의 눈높이를 맞춰야 하고 서로를 필요로 할 때 항상 그 자리에 있어야 하지. 그게 채워지지 않으면 결국 더 나은 사람에게로 눈을 돌리게 돼 있어. 바로 우리가 그랬거든. 그런 일은 애당초 일어나지 말았어야 했는데 그걸 이제야 깨달았어."

3장 _ 어두운 인생길에 서로가 등불 되어 • 164

"때로는 그냥 시간이 흐르도록 내버려둬. 문제가 있어도 시간이 지나면 저절로 사라지기도 하거든. 인내에게 답을 구하며 대화를 신청해봐. 오랜 시간을 두고 인내를 배우려고 노력해봐. 먼 미래를 바라보며 맡기고 기다리면 돼. 나머지는 시간이 다 알아서 해결해준다오. 미래를 두려워 말고 미래를 함께 살아가는 거지."

4장 _ 혼자가 편한 내가 당신과 살아가는 이유 • 230

"평생 데이트하듯 살자고 약속했어. 같이 데이트하다가 잠자러, 아이 돌보러, 일하러, 치료받으러 잠시 서로 헤어지는 거지. 살면서 어떤 어려움을 만나더라도 이런 자세로 살기로 했어. 이것은 우리 결혼 생활의 틀을 잡아준 기막힌 방법이었다오. 데이트하러 나간다고 상상해봐! 평생 데이트하듯 사는 것, 그게 우리 부부의 비결이야."

5장 __ 함께 나이 들기 전에는 몰랐던 것들 • 294

"한 30년 결혼 생활을 하다보니 사람은 결혼을 통해 성장한다는 사실을 깨닫게 되었어. 그 성장의 폭과 깊이는 정말 놀라울 정도야. 돌이켜보면 아주 작은 변화들이 모여 과거와는 전혀 다른 지금의 내가 되어 있다는 생각이 들어. 이제는 당당하게 말할 수 있다오. 비로소 진정한 나의 모습을 찾게 되었다고."

에필로그 __ 삶, 사랑 그리고 사람에 대한 30가지 지혜 • 362

| 서장 |

또 하나의 위대한
인류 유산 프로젝트를
시작하며

 현대 사회에서 사랑, 결혼, 관계는 숱한 의문을 자아낸다. 내가 지금 사랑하는 사람이 과연 나의 배우자감인지 어떻게 알 수 있을까? 부부간에 보다 효과적으로 대화하려면? 갈등의 골을 헤쳐 나갈 방법은? 자녀 양육, 직장 생활, 재정 문제, 친인척 간 갈등 등 이 엄청난 어려움을 딛고 나아가게 해주는 힘은? 늘 활기차고 재미있게 결혼 생활을 하려면? 아니, 이 모든 질문 이전에 어떻게 서로 다른 두 사람이 부부의 연을 맺고 한평생 해로할 수 있을까? 나는 이런 의문에 답이 될 만한 책을 쓰고 싶었다. 그러려면 이 질문에 나부터 답할 수 있어야 했다.
 "결혼 지침서가 아직도 더 필요한가?"
 3년 전, 수많은 인터뷰에다 수년의 기간이 소요되는 이 프로젝트를 시작했을 때 여러 친구와 동료 교수들이 던진 질문이다. 정녕 행복한 결혼을 위한 지침서 목록에 아직도 추가되어야 할 책이 있을까? 서점의 서가는 이것만 전문적으로 다룬 책들로 이미 빼곡했다. 그러니 사람들이 한결같이 물을 만도 했다. 결혼 지침서가 넘쳐나는 마당에 무슨 기대를 안고 또 책을 쓰려 하느냐고.

이 질문에 부응할 수밖에 없도록 만든 것은 다름 아닌 독자들이었다. 몇 년 전 《내가 알고 있는 걸 당신도 알게 된다면》을 쓸 때였다. 당시 1,200여 명의 노인들을 면담하며 인생 최대의 질문을 던졌다. "그동안 살면서 얻은 평생의 교훈은 무엇입니까?" "후대에 남기고 싶은 가치나 원칙은 무엇입니까?" "젊은이들이 후회 없는 인생을 살려면 어떻게 살아야 할까요?" 이외에도 직업, 양육, 나이 듦, 결혼과 같은 특정 주제에 대해 실질적인 조언을 구했다.

그런데 이 마지막 주제가 독자들을 완전히 사로잡았다. 그들은 결혼에 대한 조언을 읽고는 단지 그 한 장 때문에 책을 사서 친구나 가족에게 선물했다는 이야기를 내게 전해왔다. 사랑과 결혼에 대한 노인들의 교훈은 배우자를 찾고 있는 미혼자는 물론 평생 헌신적인 관계를 이어가려는 기혼자들에게도 도움이 되었다고 한다. 자연히 결혼을 축하하는 선물용 책으로 인기가 높았다. 어떤 신랑신부는 나의 책에서 영감을 받아 결혼 피로연장 한쪽에 '첫출발하는 저희를 위해 당신의 소중한 교훈을 남겨주세요'라고 적힌 코너를 마련해 하객들의 조언을 받았다.

독자들은 거듭 요청했다. "한 장으로 그치기엔 너무 아쉬워요. 아예 사랑, 결혼, 관계에 대한 노인들의 조언을 담은 책을 써주실 수 없나요?"

다시금 멋진 여정을 시작하도록 끝까지 설득해준 독자들께 그저 감사할 따름이다. 오랜 탐구 끝에 나온 산물이 드디어 여러분 곁으로 간다. 이 책에 소개된 인생 최고의 현자들이 전하는 조언은 배우자를 찾고, 든든한 관계를 형성하며, 결혼 생활을 열정적으로 유지하려는 사람들에게 든든한 길잡이가 되어줄 것이다.

현대 사회는 사랑을 찾고 관계를 지속하기에는 너무도 복잡하고 어려운 시대다. 결혼 기준이 예전과 달라진 데다 소셜 미디어가 급증하면서 배우자를 찾고 헌신하는 일에 갈수록 혼란이 더해진다. 관계를 위한 지침에 갈급한 이들은 서점이나 인터넷으로 몰려가지만 실망만 안고 돌아온다. 나도 그랬다. 기껏해야 대중 심리서나 유명인의 성공적인 결혼 생활을 다룬 책에서 조언을 구하는 정도였다.

그런데 이런 책들은 읽을수록 뭔가 허전한 느낌이 든다. 실제 삶의 경험에서 나오는 목소리가 빠졌기 때문이다. 문득 이런 의문들이 들었다. 결혼이라는 격랑의 바다를 헤치고 항해의 끝에 다다른 사람들에게 배울 수는 없을까? 왜 사랑과 결혼에 대해 산전수전 다 겪은 백전노장의 노인들, 그 지혜의 원천을 찾아가지 않나? 이들의 지혜를 체계적으로 모은 다음 재해석하면 불확실하고 힘든 세상에서 행복한 가정을 이루고 지켜내려는 사람들에게 실질적인 조언을 줄 수 있지 않을까?

사회학자가 왜 결혼 지침서를 쓰느냐고 비아냥거리면 농담 반 이렇게 응수했다. "제가 결혼에 대해 잘 모르는 부분을 속속들이 알려줄 그 방면의 전문가들을 수도 없이 알고 있거든요." 이 책을 쓰기 위해 대대적으로 실시한 개별 심층면접 조사는 결혼한 지 오래된 기혼자를 대상으로 실시한 연구에서는 사상 최대 규모였다. 결혼 30년, 40년, 50년차 또는 그 이상 되는 기혼자 수백 명을 조사했다. 몇 안 되는 표본 연구에는 관심을 두지 않았다. '최대 다수의 지혜'를 얻고 싶었다. 오랜 결혼 생활을 통해 산전수전 다 겪은 수많은 노인들의 삶이 단적으로 반영된 조언을 수집했다.

연구는 여기서 그치지 않았다. 사실 결혼 생활은 그저 좋기만 한 것도 아니고 나쁘기만 한 것도 아니다. 그럼에도 기존의 결혼 지침서들은 양극단에 초점을 맞추는 경향이 있다. 몇몇 책들은 '성공적인' 결혼 생활을 하는 부부들만 골라 그들의 행복 비결을 추적했다. 아니면 상담소를 찾는 문제 부부의 갈등만 주되게 다뤘다(결혼 전문 상담가들이 전형적인 예다). 하지만 최선의 지침을 제시하려면 결혼에 대한 포괄적인 접근이 필요했다. 배우자와 반세기를 해로하는 더없이 행복한 결혼 생활이 있는가 하면 결혼과 이혼을 수없이 반복한 끝에 결국 홀로 외로이 지내는 불행한 결혼도 있으니 말이다.

이처럼 결혼에 대한 폭넓은 경험을 수집하기 위해 '결혼 지침 프로젝트(Marriage Advice Project)'를 수립하고, 사회과학적 연구법에 의거해 미국에 거주하는 700여 명의 노인들을 대상으로 심층면접을 실시했다. 조사 대상 중 한 그룹은 현재 두 사람 모두 생존해 있는 노부부로 구성했다. 노인들 중에는 배우자를 여의고 홀로 된 이들이 많다는 점을 감안해 평생 함께 살다가 부부 중 한쪽이 사망한 이들을 별도의 그룹으로 만들었다. 이들의 평균 결혼 기간은 43년이며,

100세 할머니와 98세 할아버지가 함께한 76년이 최장 기록이다.

이들에게는 이분들이 아니면 답할 수 없는 질문을 던졌다. "두 분께서 평생을 해로하신 비결은 무엇입니까? '죽음이 갈라놓을 때까지'라는 결혼 서약을 지키도록 해준 버팀목은 무엇입니까?"

순탄한 결혼 생활만 있지는 않았다. 놀랍게도 전혀 예기치 못한 방향으로 인생이 선회한 사람들에게 최고의 조언이 나오기도 했다. 내 인생을 돌아보아도 성공보다 실패에서 교훈을 얻었던 때가 더 많았다. 따라서 이 연구 대상에 불행하고 힘든 결혼 생활을 겪은 이들도 포함시켰다. 이혼을 겪은 사람이 있는가 하면 무의미한 관계를 수십 년간 이어온 사람도 있었다. 길을 잘못 들거나 후회스러운 결정을 한 이들한테도 값진 교훈을 얻을 수 있었다. 이들은 살아온 이야기를 기꺼이 나눠주었으며, 다른 이들이 똑같은 실수를 반복하지 않기를 간곡히 바랐다.

결혼에 성공한 사람뿐만 아니라 실패한 사람들을 최대한 포함시킨 것 외에도 전체를 대표할 수 있는 그룹을 만들고자 다방면으로 노력했다. 응답자 700여 명을 '생존 부부'와 '사별 부부'로 나눈 뒤 인종, 민족, 경제력, 성적 지향, 종교 별로 세분했다. 미국의 노년층 전체를 완벽하게 반영하는 연구란 있을 수 없지만 또 하나의 코넬대 인류 유산 프로젝트인 이 '결혼 지침 프로젝트'는 최대한 광범위한 연구를 지향했고, 선택된 소수가 아니라 성공하거나 실패한 수많은 부부들, 미국 사회만큼이나 다양한 사람들이 전하는 조언을 얻을 수 있게 되었다.

왜 노인들에게 사랑, 결혼, 관계에 대한
조언을 구하는가

《내가 알고 있는 걸 당신도 알게 된다면》을 출간하고 PBS 공영방송의 〈뉴스아워〉라는 TV 프로그램에 출연할 때였다. 한두 주일쯤 지나 에드워드라는 뉴잉글랜드의 한 대학교수에게 연락을 받았다. 그는 나의 연구가 "젊은이들에게 다양한 것들을 경험해보라고 말하지 않고 노인들에게 더 많이 물어봐야 한다고 강조한다"면서 "노인들이 진정한 인생 전문가인지 아닌지 어떻게 아느냐?"고 반문했다.

에드워드 교수처럼 "왜 늙은이들이 삶에 대해 이러쿵저러쿵 하는 충고를 듣느라 소중한 시간을 허비해야 하나?"라고 묻는 사람이 있을지도 모른다. 사랑과 결혼에 대해 최고령 세대에게 배울 마음의 준비를 하는 동안 이 중요하고 타당한 질문을 던져봐야 한다고 생각한다. 경륜이 풍부한 노인들의 지혜가 지침의 원천으로서 왜 그토록 소중한지 3가지로 살펴보자.

인생의 끝에서만 들려줄 수 있는 특별한 지혜

인류학자들이 전하길, 약 150만 년의 인류 역사에서 삶에 문제가 생기면 최고의 경륜을 지닌 노인을 찾아가 문제를 해결해왔다. 이 방식을 따르지 않은 지는 고작 100년밖에 안 됐다. 선사 시대에는 오래 산 사람들의 축적된 지혜가 생존의 필수 요건이었다. 노인들은 시행착오를 거쳐 검증된 경험의 원천이자 위기에 처한 부족 구성원이 찾아가는 진정한 '스승'이었다. 따라서 노인들을 찾아 자문을 구하는 것이 당연한 절차였다. 오늘날 최신 앱이나 인기 절정의 10대 연예인 뉴스에 대해 노인들에게 조언을 구하는 이는 없다. 하지만 인생의 크나큰 문제, 특히 사랑과 결혼에 관한 한 노인들에게 조언을 구하는 유서 깊은 전통은 여전히 유효하다.

물론 현대 사회의 헌신적인 관계나 결혼의 풍토가 예전과 달라지긴 했다. 가장 두드러진 변화로는 결혼 초야를 기다리던 예전과 달리 대다수가 혼전 동거를 하며 혼전 성 경험을 한다. 과거에 여성들은 대부분 가정에 머물렀고 자녀들을 다 키워놓기 전에는 경제 활동이 불가능했다. 그러니 이런 의문이 생길 만도 하다. 과연 온라인 데이트, 소개팅, 결혼 직후의 이혼, 맞벌이 부부가 난무하는 세상에서 노인들의 조언이 지속적인 관계를 갈망하는 오늘날의 젊은이들에게 유효할까?

나는 '그렇다'고 확실히 대답하겠다. 예나 지금이나 사회 최고령층이 다른 구성원들에 비해 지닌 절대적인 이점이 있다. 바로 '그들은 인생을 살아보았다'는 것이다. 노인들은 오랜 세월에 걸쳐 결혼의 안과 밖을 두루 체험했기에 지혜의 핵심에 다다랐으며, 사랑의 지형을 조망하고 그 속으로 난 길들과 대략적인 형태를 가늠할 수 있다. 우리는 현재 사랑을 시작하거나, 배우자를 찾거나, 일과 가정 사이에서 균형을 이루거나, 자식이 떠나간 빈 둥지를 지키거나 하는 관계의 여러 단계에서 자신만의 고민을 안고 있다. 그들의 지혜가 필요할 수밖에 없다.

노인들은 젊은이들이 지니지 못한 특별한 것을 지니고 있다. 바로 인생의 정상에서 삶을 내려다보는 혜안이다. 노인들에게 인생은 더이상 신비에 둘러싸인 존재가 아니다. 이미 겪어야 할 것을 다 겪었기 때문이다. 젊었을 때 품었던 꿈과 희망이 현실에서 어떻게 이루어지는지, 인생길에서 부딪히는 한계와 장애가 무엇인지, 누군가와 관계를 끝낼 때의 느낌이 어떤 것인지 그들은 안다. 이 어마어마하게 축적된 경험을 통해 사랑과 결혼을 바라보는 특별한 관점은 물론이거니와 관계 속에서 풍성한 삶을 누리는 비결을 배울 수 있을 것이다.

현대의 노인은 역사상 유래를 찾기 힘든 탁월한 세대
70대 이상의 노인들은 현 세대로서는 가히 상상하기 힘든 일들을 겪으며 살아왔다. 심리학자들이 '극한 상황(ultimate limit situations)'이라 일컫는 그런 삶 말이다. 그들은 질병, 실패, 억압, 상실, 혹독한 가난, 전쟁과 죽음처럼 인내의 극한으로 내모는 상황을 용기와 결단과 의지력으로 헤쳐 나가야 했다. 지혜는 다름 아닌 이런 경험에서 생긴다. 따라서 이런 극단적인 한계 상황을 더 많이 겪은 그들이 우리보다 더 지혜로울 수밖에 없다. 이러한 관점은 젊은이들로 하여금 스스로의 삶을 바라보는 특별한 눈을 갖게 해준다.

그러므로 노인들이야말로 사랑, 결혼, 관계에 대한 지혜를 얻을 수 있는 최고의 원천이다. 그들의 조언은 특히 오늘날 중요하다. 최근 경제 불황의 여파로 가정 경제가 참으로 힘겹다. 이들에게 경제

대공황을 겪은 노인들의 조언만 한 게 또 있을까? 그들은 또한 세계 대전을 겪으며 불모의 땅을 풍요의 땅으로 바꾼 놀라운 경험이 있다. 그들에게 배우지 않는다면 사랑과 결혼에 관한 조언이 가득한 금광을 놓치는 것이나 다름없다.

관계의 기쁨과 어려움을 낱낱이 경험한 인생 유단자

노인들은 젊은이들을 불면에 떨게 하는 전쟁과 그로 인한 충격을 고스란히 겪었다. 노인들은 하나같이 자신과 배우자의 건강 문제를 안고 산다. 또한 자녀들의 학교생활, 성, 알코올이나 약물 남용, 법적인 문제로 속을 썩였다. 부모 된 자에게 가장 큰 고통인 자녀의 질병과 죽음을 겪은 부부도 있다. 먹고 살기 힘든 시대에 태어나 성장한 그들은 오늘 세대는 상상조차 못할 실직과 가난의 아픔을 안다. 여성은 성차별을 당했고 소수민족 노인은 잔인한 인종주의자들의 표적이 되었다. 뿐만 아니라 '부부로 평생 함께하겠다'는 서약이 결국은 누군가 홀로 남게 됨을 의미한다는 뼈아픈 현실을 온몸으로 겪었다. 사랑하는 남편이나 아내를 먼저 떠나보내고 홀로 살아가는 법을 터득했다.

그렇기에 그들은 여느 부부가 다 겪는 결혼 생활의 문제에 대해 살아 있는 깊은 지식을 들고 다가온다. 독자들은 세대를 막론하고 노인들이 얼마나 참신하고 놀라운 시각을 갖고 있는지 깨닫게 될 것이다. 게다가 그것은 오늘 당장이라도 써먹을 수 있는 지혜다. 이는 배우자를 찾거나 수십 년이 지나도록 열정 넘치는 결혼 생활을 유지하는 비결이 궁금한 사람 모두에게 유용하다. 그들은 진정한 '인생 전문가'다. 나이로 사람을 차별하는 연령차별주의 사회에 살다보니 이런 사실을 까맣게 잊고 있지만 사랑과 결혼에 관한 한 이들은 진정 전문가일 뿐만 아니라 놀라운 현자다. 과학적·전문적 지식이 아닌, 값을 따질 수 없는 귀중한 삶의 경험, 그것의 보고다. 그냥 찾아가서 구하기만 하면 된다. 그래서 나는 그렇게 했다.

이 책이 지향하는 것과 지향하지 않는 것

이 책은 정보를 수집할 때 사회과학적 표준 연구법을 사용했다. 이 프로젝트의 핵심은 '대규모 면접 조사'로 미국에 거주하는 만 65세 이상의 노인 700여 명을 대상으로 시행되었다. 이번 조사에서는 열린 질문을 활용한 심층면접 조사를 실시했고 음성 녹취, 구술 기록, 항목별 코드화 작업을 했으며 사회학적 정성분석법(비계량적 방법을 통해 자료의 관계를 규명하는 것으로 계량화하기 어려운 주제에 사용된다-옮긴이)을 사용했다. 여기에 더 많은 데이터를 확보하고자 집단 심층면접 및 자기보고식 설문지법을 추가했다.

나는 면접 대상자 전원에게 다음과 같은 질문으로 조사를 시작했다. "그간의 결혼 생활을 되돌아볼 때 결혼에 대한 평생의 교훈은 무엇입니까? 가령 한 젊은이가 찾아와 행복한 결혼에 대해 귀하에게 조언을 요청한다면 어떻게 말씀하시겠습니까?" 그런 다음 특정 주제에 대한 질문들, 이를테면 배우자 고르는 방법, 부부를 괴롭히는 스트레스 극복 방법, 이혼을 생각하고 있는 젊은 부부를 도울 방법, 성적으로 열정의 변화를 겪을 수밖에 없는 평생의 관계에서 친밀감을 계속 유지하는 법, 그리고 결혼에 대한 핵심 가치관과 원칙에 대한 질문을 이어갔다.

면접 조사를 하면서 답변 내용의 풍부함과 깊이에 깜짝 놀랐다. 인생의 진정한 전문가이자 현자인 그들은 임의로 정한 시간에 찾아간 생면부지의 조사자에게 마음을 활짝 열고 심오한 지혜와 조언을 아끼지 않았다. 사랑에 대해, 절망에 대해, 보상에 대해, 심지어 성생활까지 허물없이 이야기했다. 그 수많은 조언을 단 한 권의 책에 담아내는 과정이 가장 힘들었다. 이 금싸라기 같은 지혜들의 상당 부분이 '최종 편집 과정'에서 잘려나갈 걸 생각하니 몸이 다 떨렸다. 그렇다고 벽돌처럼 두꺼운 책을 만들 순 없는 노릇이었다.

살 떨리는 고심 끝에 시중의 어떤 책과도 비교할 수 없는 특별한 결혼 지침서가 완성되었다고 나름 자부한다. 수백 시간의 인터뷰와 수천 페이지에 달하는 기록을 거르고 걸러 드디어 사랑, 결혼, 관계를 위한 평생의 교훈 30가지가 탄생했다. 이 책은 서로 다른 두 사람이 헌신적인 관계로 발전하는 단계를 따라 구성되었다. 꼭 맞는 배우자를 찾는 방법, 부부간에 대화를 나누고 갈등을 해결하는 방법, 스트레스와 고난에 대처하는 방법, 결혼 생활을 열정적으로 유지하는 방법, 마지막으로 인생의 현자들이 전하는 장기적이고 만족스런 관계를 위한 핵심 원칙을 담았다.

매 장마다 삶, 사랑 그리고 관계에 대한 6가지의 지혜를 소개했다. 일반적이고 상투적인 내용 대신 곧바로 특정 사안에 대한 권면, 창의적인 의견, 위험신호, 전략을 노인들의 지혜로운 육성으로 시작한다. 책 전반에 걸쳐 독자들이 생각에 그치지 않고 '바로 써먹을 수 있는' 실질적인 조언을 제시하는 데 역점을 두었다. 실제로 각 장 말미에 인생 현자들의 '비결'에 해당하는 구체적인 조언을 실어 당장이라도 그 효과를 시험해볼 수 있게 했다. 각 장마다 인생 현자들의 구체적인 사례와 사랑을 위한 그들의 지혜를 풍부하게 실었다.

이제부터는 이 책이 '지향하지 않는 바'를 설명하겠다. 나는 '증거 기반 접근(evidence-based approaches)' 예찬론자의 한 사람으로 결혼 및 가정생활의 향상을 위한 연구에도 이 방법을 적극 활용했다. 물론 연구에 근거한 프로그램과 치료법, 방법론을 택해 엄밀한 연구, 무작위 대조 연구, 실험군/대조군 연구 등을 거칠 수도 있다. 이런 접근법의 탁월한 사례로 존 가트먼(John Gottman)이나 하워드 마크먼(Howard Markman) 같은 저명한 사회과학자들의 연구를 들 수 있는데, 개인적으로도 대단히 높게 평가한다. 또한 다방면의 연구 결과와 같은 실험적 증거를 바탕으로 조언을 제시하는 책들도 있는데, 이 역시 칭찬할 만하다.

하지만 이 책은 조금 다르게 접근했다. 여기에 나오는 조언은 살면서 연애, 결혼 등 오랜 관계에 대해 수없이 고민했을 인생 백전노장들의 생생한 목소리 그대로다. 한때 자신이 지혜롭고 믿을 만한 노인에게 던졌던 질문이 바로 이 책이라 생각하고 읽으면 더 생생하게 다가올 것이다. 어떤 독자는 마치 1,000명의 조부모님을 한 방에 모셔놓고 한 분 한 분으로부터 조언을 듣는 것 같다고 했다. 이 책이 표방하는 바가 바로 그것이다. 즉 살아 숨 쉬는 실제 인물이면서 독특한 경험을 한 인생 최고의 전문가이자 최고의 현자들에게 직접 관계에 대한 조언을 듣는 것! 물론 이 책의 내용을 전문적인 심리적·의학적 소견과 혼동하면 안 된다. 전문적인 소견이라면 해당 전문인들을 찾아가 개별 상담을 받아야 할 터이다.

이 책에서 사용한 용어에 대하여

이 책 전반에 걸쳐 '결혼', '배우자', '남편', '아내'라는 용어가 등장한다. 이들 용어 사용을 두고 오랜 시간 고심했다. 현재 미국에는 500만 쌍의 동거 부부가 있다. 이들 중 일부는 동거를 서로 간에 헌신을 맹세한 결혼이나 마찬가지 관계로 본다. 동성 부부의 문제도 있다. 동성 결혼을 합법화하는 주가 늘고는 있지만 여전히 다수의 주에서 불법으로 간주한다. 면담자 중에는 오랜 기간 함께 지낸 동성 부부도 있었는데(이들의 조언은 이성 부부와 거의 차이가 없었다), 이들에게는 결혼을 선택할 권리가 없었고 겨우 최근에 생겼거나 여전히 없는 상태다.

그럼에도 '결혼'이라는 용어를 사용한 것은 두 가지 단순한 이유 때문이다. 첫째, 인생의 현자들은 결혼 전문가 조언답게 대부분 결혼이라는 용어를 선택한다는 데 주목했다. 극소수 오랜 동거인들만이 이 표현을 썼다. 인생 현자들의 주된 화제가 결혼이고 이를 기초로 집필하다보니 이 용어를 쓸 수밖에 없었다. 둘째는 중요도가 아닌 문체상의 이유에서다. '결혼 및 또 다른 헌신적인 관계' '남편과 아내, 또는 동거 부부'라는 장황한 표현을 스무 번쯤 읽고 나면 독자들이 가차 없이 책을 덮어버릴까봐 두려웠다.

공식적이고 합법적인 결혼을 구체적으로 언급한 몇몇 예외적인 조언도 있었지만, 대체로 이 책의 조언들은 스스로를 헌신적인 결합이라 생각하는 동거 부부에게도 해당된다. 각자 자신의 상황에 맞게 '결혼'을 위한 조언을 '헌신적인 관계'를 위한 조언으로, '배우자'를 '파트너'로 바꿔 생각해야 할 것이다. 이 프로젝트에서 대부분의 동거 부부는 자신들의 관계가 법적인 결혼과 다를 바 없다고 단언했다. 지난 수십 년간 헌신적인 관계의 스펙트럼은 다양해졌지만 원칙은 여전하게 적용된다. '사랑을 위한 조언'에 귀를 기울이다보면 모두가 이에 동의하리라 믿는다.

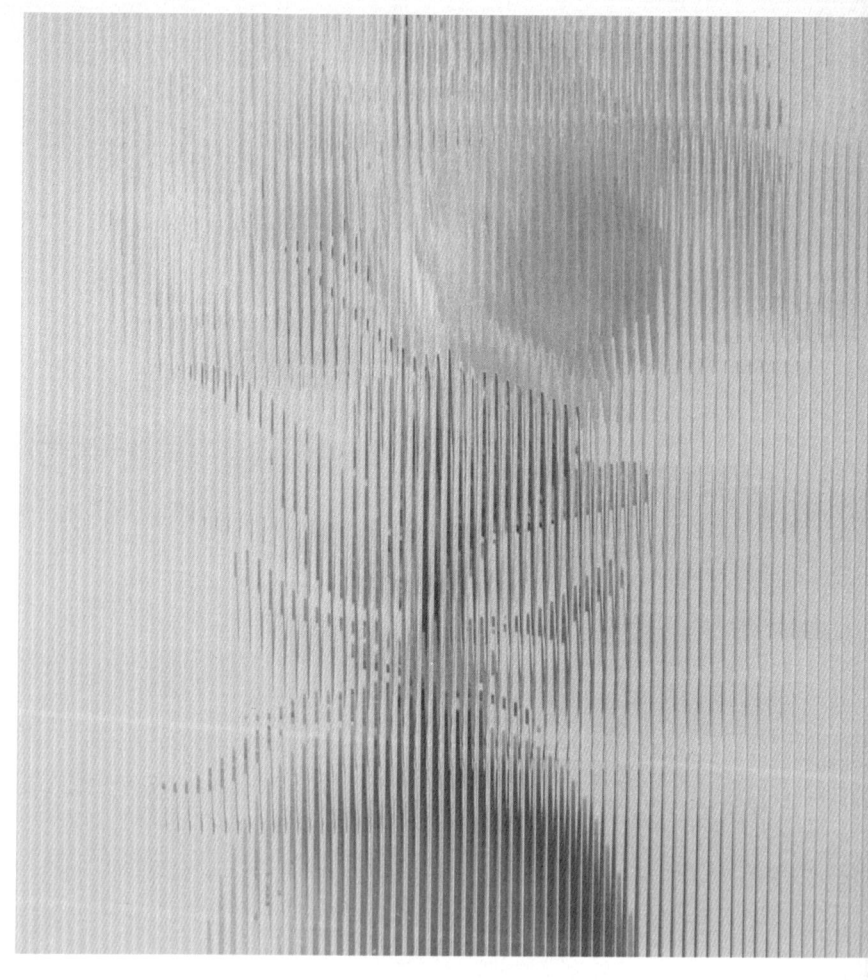

결혼에 관한 조언? 일단 사람을 잘 만나야 해. 어떤 사람과 결혼할지 아주 많이 생각해 보고 결정해야 해. 무엇보다 좋은 배우자감을 고르는 안목이 중요하지. 시원찮은 사람 만나놓고 행복하길 바랄 수는 없잖나. 젊었을 때는 외모에 혹하는 수가 많아. 얼굴만 쳐다보고 살 것도 아닌데 말이야. 신의, 정직, 배려, 유머, 이런 걸 봐야지. 필생의 목표가 뭔지, 성공이나 성취, 돈, 자녀를 키우는 것에 대해 어떻게 생각하는지도 말야. 종교관도 중요해. 부모, 형제, 가족에 대한 입장과 감정도 빼놓을 수 없지. 어떤 사람과 평

1장
타인과 일생을 함께한다는 것

생을 같이할지 잘 따져봐야 해. 나는 재미있어 죽겠는데 상대방은 전혀 그렇게 생각하지 않는다면 천성적으로 안 맞는 거야. 나는 치우는데 상대는 어지럽히면 시작부터 문제가 있는 거고. 상대의 부모나 가족이 싫다면 그것도 큰 문제야. 아무리 따져봐도 마음에 걸리는 심각한 문제가 있다면 현실을 냉철히 직시하고 그 사람과 결혼하지 말아야 해. 그런데 다들 이렇게 스스로를 속이곤 하지. '사랑하는데 무슨 상관이야!' 안됐지만 결혼은 사랑만 가지고 되는 게 아니라오.

제니퍼(82세, 결혼 59년차)

30 LESSONS
FOR LOVING

맨해튼 중부 지역의 한 레스토랑. 이곳에서 20대 중반의 여성 다섯 명과 저녁식사를 겸한 대화의 시간을 가졌다. 다들 광고, 의학, 심리학, 휴먼 서비스 분야에서 장래가 촉망되는 전문직 여성들이었다. 각기 맺고 있는 관계도 다양했다. 아직 사귀는 사람이 없는 이부터 이제 막 교제를 시작한 사람, 사귀면서도 확신이 없는 사람, 약혼한 사이나 마찬가지인 사람까지……. 이들에게 뉴욕 최고의 수제 치즈를 사주는 대신 이 책이 있게 한 바로 그 질문, "결혼 생활을 아주 오래한 노인들에게 꼭 묻고 싶은 말이 있다면?"에 대한 답을 들을 작정이었다. 당시 나는 같이 식사한 여성들 나이의 두 배에 가까운 노인들 수백 명과의 인터뷰를 계획 중이었다. 노인들에게 제시할 질문을 찾아야 했다.

남성들과도 저녁 식사 자리를 마련했다. 이번엔 학생들이 많이 가는 동네 인근의 한 지하 바에서 만났다. 동석한 이들은 대학 내 같은 동아리 회원 여덟 명이었다. 남자 대학생들이 어떤 질문을 가지고 있는지 살필 좋은 기회였다. 치즈마늘빵, 햄버거, 감자튀김을 잔뜩 시켜놓고 정신없이 먹었다. 한 용감한 학생은 보통 크기의 네 배나 되는 대형 베이컨 치즈버거와 산더미 같은 감자튀김을 30분 내에 먹어야 하는 '몬스터 버거 먹기 대회'에 도전하기도 했다.

여성과 남성 그룹 모두에게 물었다. "사랑, 결혼, 관계에 대해 가장 궁금한 것은 무엇입니까?" 놀랍게도 여성과 남성의 질문이 현저히 다르리라는 예상을 뒤엎고 두 그룹 공히 하나의 절박한 질문을 내놓았다(30대, 40대, 그 이상의 다른 미혼자 그룹과의 만남에서도 똑같은 질문이 나왔다). 이리하여 수백 명의 노인들에게 일순위로 제시할 질문이 탄생하게 되었다.

"그(녀)가 평생을 함께할 배우자라는 걸 어떻게 확신할 수 있지요?"

노인들과 인터뷰를 하면서 이 질문을 집요하게 파고들었다. 지금 사랑하는 사람이 평생을 함께할 사람인지를 어떻게 확신할 수 있는지 꼬치꼬치 따져 물었다. 무슨 특별한 신호라도 있나, 절대 실패하지 않는 공식을 알려달라, 천생연분임을 한눈에 알 수 있는 마법의 특효약은 없나 등, 수많은 시간을 인터뷰에 투자하고 얻은 답변은 바로 다음과 같았다.

"그건 아무도 몰라."

사실이다. 인생의 현자들 거의 전원이 이렇게 말했다. 내게 딱 맞는 배필감을 찾았다는 걸 100퍼센트 확신할 방법은 세상 어디에도 없었다. "적당한 배우자를 찾았는지 어떻게 알 수 있습니까?"라는 질문에 대한 응답을 가장 높은 순위부터 소개하면 다음과 같다.

"그건 아무도 몰라."
"아무도 100퍼센트 확신은 못해."
"모험을 해보는 수밖에."
"그걸 안다는 건 사실상 불가능하다고 봐."

"그러는 당신은 아오?"

자, 이제 평생을 함께할 나만의 배우자를 어떻게 알아볼 것인가? 절망하며 포기해야 할까? 배우자 선택을 확신할 방법이 없다면 어떻게 이 문제에 접근할 것인가? 다행히도 노인들에겐 배우자를 찾는 데 필요한 조언이 가득 담긴 보물 상자가 있었고, 신중한 배우자 선택이야말로 평생 만족스런 결혼의 지름길이라고 귀띔해주었다.

이 문제에 대해 사우스 브롱스 주민 센터에서 만난 록산 콜론(86세)이 중요한 조언을 전해주었다. 인터뷰 전에 이런저런 이야기를 나누다가 록산이 가끔 도박을 즐긴다는 사실을 알게 되었다. 그날도 빙고 게임 하러 가야 한다며 인터뷰를 빨리 마쳐달라고 했다(20달러짜리 게임이라며 안심시켰다). 록산은 '그건 아무도 몰라'의 난제에 대한 해답을 처음으로 제시한 인생의 현자였다. 록산도 다른 노인들과 마찬가지로 배우자 선택에 대한 확신은 불가능하다는 데 동의했다. 그러고 나서 참으로 의미심장한 말을 던졌다.

"있잖아, 결혼은 도박과 같아. 운이 좋으면 따고 안 좋으면 잃는 거야. 시작은 아름답겠지. 룰렛 해서 어쩌다 한번 따봐. 얼마나 신나는지. 그러다 순식간에 다 잃고 말아."

너무 비관적으로 느껴진다고 말했더니 록산이 웃음을 터트렸다. 그러더니 갑자기 게임할 줄 아느냐고 물었다. 그래서 사실은 1년에 몇 번은 카지노에서 즐긴다고 이실직고했다. 순간 록산의 눈썹이 위로 올라갔다.

"게임할 때면 내게 더 유리하게 하려고 애쓰잖아? 결혼은 어차피 도박이야. 모든 게 완벽하리라는 보장은 전혀 없어. 하지만 최대한 내게 유리한 사람을 선택할 수는 있어. 그 사람이 지닌 가치, 서로를 얼마나 존중하는지를 보는 거야. 결혼에 앞서 상대방을 철저히 연구하고 스스로 진지하게 물어봐. 누차 말하지만, 결혼은 도박이야. 어차피 확률이 반반이라면 최대한 유리한 쪽을 선택하는 수밖에."

그의 말을 듣는 순간 생각이 정리되었다. 예전에 친구 피터와 카지노에 갔던 일이 떠올랐다. 피터는 신이 나서 베팅 규칙이며 크랩스 게임(주사위 두 개를 이용한 테이블 게임-옮긴이) 전략에 대해 열심히 설명해주었다. 크랩스에서 베팅할 때 게임 당 한 번 이상 '프리 베트'라는 일종의 보너스를 선택할 수 있다. 프리 베트는 반드시 써먹어야 하는데, 안타깝게도 사람들은 그런 보너스가 있는 줄 모른다. 결론적으로 말하면 크랩스처럼 운에 좌우되는 게임은 반드시 딴다는 보장이 없다. 하지만 현명한 게임자라면 베팅 조건을 신중하게 선택해서 확률을 높이려고 최대한 노력할 것이다. 인생의 현자들이 배우자 고르기에 대해 꼭 들려주고 싶었던 말이 바로 이것이었다.

록산 콜론과의 만남 이후로 인생의 현자들이 바로 그 점을 이야기하려 했다는 사실을 깨닫게 되었다. 캐런 홉킨스(67세)는 다음과 같이 말했다. "주사위 던지기하고 똑같아. 당최 알 수가 없어. 하지만 그 사람에 대해 알아가다보면 결혼할 사람인지 느낌이 와. 대화하고 교제하면서 배우자감인지 아닌지 반드시 알아내야 해."

아서 필즈(72세)도 한몫 거들었다. "그걸 확실히 아는 사람은 세상에 없어. 그러니까 도박이지. 하지만 몇 달 정도 데이트하고 사귀면서 서로 잘 맞고 관심사도 비슷하다면 그 사람일 가능성이 상당히 많아."

결국 이 장의 핵심을 요약하면 '내게 유리한 쪽을 선택하라'이다. 결혼에 성공할 확률을 최대한 높이기 위해 할 수 있는 일은 얼마든지 많다. 단, 반드시 '예'라고 말하기 '전에' 해야 한다. 결혼식을 올리고 나서 배우자를 바꾸려는 생각만큼 잘못된 선택도 없다는 게 인생 현자들의 조언이다. 처음부터 시간과 노력을 투자해 올바른 선택을 할수록 행복한 결혼을 할 승산이 커진다. 패트리샤 라녹(83세)의 조언에 귀를 기울여보자.

"솔직히 결혼식 직전까지 확신 못할걸. 아직 미혼인 아들 녀석도 그걸 묻더라고. 그래서 말해줬지. 100퍼센트 확신이 들 때까지 기다리다간 평생 못 가. 사내대장부가 때론 모험도 해야지, 안 그래? 알아들었으면 일을 저질러. 단, 뭘 알아야 예측할 거 아니야? 서로에 대해 알려는 노력을 절대 게을리 해선 안 돼."

이 장에서는 보다 확실한 정보에 바탕을 둔 '예측', 다시 말해 자신에게 유리한 선택을 하는 방법에 대해 살펴볼 것이다. 먼저 '마음을 따를 것', '머리를 쓸 것'이라는 말의 의미부터 짚어보자. 인생의 현자들은 이 두 가지 모두 반드시 필요하다고 고집한다. 다음으로 핵심 가치관이 일치한다는 확신이 절대적으로 중요하다고 강조하면서, '나와 맞지 않는 사람'이라는 강력한 위험신호 3가지를 일러준다. 끝으로 최고의 현자들이 말하는, 배우자 선택에 성공하는 5가지 '비결'을 공개한다.

| 첫 번째 |

마음이 말하는
소리를 들어라

철없던 시절에는 2월 14일 밸런타인데이에 카드를 교환하는 것이 큰 행사였다. 다들 벤 프랭클린 잡화점으로 우르르 몰려가 작은 카드 한 묶음을 사서 반 친구들 모두에게 보냈다(싫어하는 친구에게도!). 카드마다 사랑의 상징인 빨간색 하트 모양(심장의 본래 기능과 뚜렷한 상관관계가 없는)이 새겨져 있었다. 카드와 함께 먹지는 못하고 그냥 장식용으로 쓰는 하트 모양의 사탕('내 사랑이 되어주세요', '남몰래 당신을 흠모하는' 등의 문구가 새겨진) 몇 알도 같이 보냈다. 유치원 때 이후로 사랑은 심장에서 비롯되는 줄로 믿고 자랐다. 어디서 이런 상징화가 유래했는지 모르겠지만 지금도 사랑을 논할 때면 '마음의 문제'를 운운하거나 '상심에 빠졌다'거나 누군가를 향해 '가슴 뛰는 사람'이라는 표현을 쓴다.

배우자를 고를 때 인생의 현자들은 이런 어휘를 놀라울 정도로 정확하게 사용한다. 예를 들어 "그 사람이 결혼 배우자인지 어떻게 알 수 있습니까?"라고 물으면 비슷비슷한 생각이나 표현이 계속 나오는데 결국 이 말이다.

"마음을 따를 것."

인생의 현자들은 사랑을 믿는다. 흔히 구세대는 사랑보다 가족의 압력이나 종교적 의무감 혹은 주위 사람들의 기대에 떠밀려 결혼했을 거라고 생각하겠지만 그들도 사랑이 최우선이라는 생각에는 이견이 없다. "배우자 선택에 대해 젊은이들에게 어떤 조언을 해주시겠습니까?"라는 질문의 응답을 분류한 결과 "사랑하는 마음이 있는지 살펴라"가 단연 1위를 차지했다.

앤디 브루어(94세)도 이 점에 적극 동조했다. "사랑이 제일 중요하지. 사랑의 불꽃이 계속 타오르도록 서로 노력하는 그런 사랑 말이야." 인생의 현자들 중 가장 막내뻘인 밥 메이(65세) 역시 사랑의 감정을 거듭 말했다. "사랑하니까, 그거 하나 보고 결혼했어. 그리고 평생 함께하고픈 이유도 오직 하나, 사랑이야."

인생의 현자들은 결혼 생활 30년 혹은 70년을 뒤돌아보며 배우자 선택의 비결은 바로 진실한 사랑이었다고 회고했다. 션 쿠퍼(69세)는 말한다.

"명심해, 재산 때문에 하는 사랑은 안 돼. 사람 자체를 사랑해야지. 사랑은 마음으로 느끼는 거야. 백발이 되어도, 병들어 아파도, 주름투성이라도 상관없어. 그 어떤 것도 상관하지 않고 단지 그 사람만 중요할 뿐이야. 그 사람 자체를 사랑하는 거지. 이런저런 걸 해주고 돈이 많으니까? 그건 사랑이 아니야. 사랑하는 척하는 거지. 앞으로 평생 함께하고픈 사람이니까 사랑하는 거야."

배우자 선택의 핵심은 결국 사랑이다. 하지만 이 깨달음이 여러분에게 큰 도움이 될까? 사랑이라면 다들 지금 잘하고 있을 테니 말이다. '사랑이 결혼의 기초라니, 차라리 하늘이 파랗다고 하지 그래. 그걸 가지고 이 첨단문명의 시대에 무슨 대단한 발견이라도 되는 양 떠들어대다니.' 부족함을 시인하지 않을 수 없다. 일전에 만났던 전문직 여성들과 같은 동아리 소속의 남자 대학생들, 그리고 모든 연령의 미혼자들은 이걸 알고 싶어 했다. "그(녀)가 결혼 배우자인지 어떻게 알 수 있을까요?" 그들의 질문에 답을 줄 수 있으려면 더 많은 인생 현자들의 도움이 필요했다.

그래도 인생의 현자들 덕분에 '마음을 따를 것'이라는 귀한 조언을 얻어서 다행스러웠다. 사랑하라는 조언은 그저 뜬구름 잡는 소리가 아니다. 인생의 현자들은 보다 진지한 관계로 발전하려면 '사랑하는 마음'이 있는지 살펴보라고 조언했다. 사랑의 존재 여부가 '이 정도 선에서 머물 것인지 아니면 보다 깊은 관계로 나아갈 것인지'를 판가름하는 결정적인 진단 도구인 것이다.

'사랑의 감정'에 주목하라

인생의 현자들 대부분이 배우자를 찾는 과정에서 '관계에 대한 좋은 예감', 다시 말해 말로 표현하기는 어렵지만 자신이 바른 선택을 했다는 직감 같은 것을 강하게 느꼈다고 증언했다. 불꽃, 직감, 직관 등등 사람마다 표현은 다르지만, 이런 느낌 없이는 결단코 헌신적인 관계에 뛰어들어서는 안 된다. 이것이 바로 마음을 따르라는 말의 의미다.

그(녀)가 결혼 배우자인 것 같다는 오묘한 예감이 든다고 하면 너무 추상적이고 신비주의적으로 들릴지도 모른다. 인생의 현자들도 배우자 선택의 극히 중요한 이 기준을 말로 표현하느라 무진 애를 먹었다. 하지만 인생의 현자들 눈에는 이 형언할 길 없는 특별한 느낌만큼 성공적인 결혼을 보장해주는 것도 없다. 심지어 "그런 느낌이 없으면 절대 결혼하지 말라"라는 이중부정을 써가며 강한 어조로 경고했다.

이 주제에 대해 델로리스 닐도 지혜를 들려주었다. 델로리스와 데이브 부부(93세 동갑)는 1940년 2월 14일 결혼했다. 두 사람은 얼마 전 밸런타인데이 때 일흔네 번째 결혼기념일을 축하했다. 두 사람 모두 건강하게 지역사회에서 활발히 활동하고 있다. 그들은 함께한 지난 세월이 가장 큰 보물이라고 했다. 델로리스는 사랑이라는 느낌의 본질을 일깨워주었다.

젊은이들이 가장 알고 싶어 했던 예의 그 질문을 델로리스에게 던졌다. "데이브가 남편 될 사람임을 어떻게 아셨나요?" 마치 두 사람이 연애를 시작하던 그 시절로 추억의 여행이라도 떠나듯 잠시 생각에 잠겨 있던 딜로리스가 이윽고 입을 열었다.

"데이브랑 데이트할 때 일이 생각나. 그를 바라보노라면 어떤 느낌이 들었어. 그 느낌은 말로는 설명 못해. 하지만 그를 볼 때면 분명히 느낄 수 있었어. 그리고 하나 더 말하자면, 어쩌다 둘이 한곳에 있게 되잖아. 그러면 그 많은 사람들 중에서 서로만 쳐다보고 있는 거야. 뭔가 서로 통하는 게 있었어. 분명 뭔가가 있었어……. 물론 그의 훤칠한 용모 때문일 수도 있었겠지만 꼭 그것만도 아니야. 뭔가 깊고 오묘한 느낌, 여태 만나본 그 어떤 사람한테서도 느껴보지 못한 그런 느낌이었어. 배우자를 선택할 때는 자신의 본능을 믿고 따르는 게 중요해."

인생의 현자들은 계속 이 '사랑의 감정'에 대해 말했다. 특이한 점은 이들이 사용하는 어휘가 거의 대동소이했으며 사람마다 크게 차이가 없었다. 상대가 '그 사람'인지 어떻게 알았느냐는 질문에 인생의 현자들은 적당한 말을 찾느라 고심하다가 결국 이 특별한 느낌에 대해 말하곤 했다. 이러한 예감은 만날수록 자신의 선택이 옳았다는 강한 확신으로 굳어지지만, 논리적으로 완전하게 설명하기 어렵다. 란 퉁(88세)의 말을 들어보자.

"진정한 배우자라면 당연히 느낌이 와야지. 정말로 배우자라면 만났을 때 그 사람인지 알아볼 수 있을 거라고 생각해. 물론 한참 지나 그에 대해 잘 알게 되고 나서 '내 느낌이 틀렸구나' 하고 깨달을 수도 있어. 어쨌거나 사람을 만났을 때 생전 처음 느끼는 그런 것이 있어야 다음 단계를 생각할 수 있어."

인생의 현자들은 계속해서 그 느낌의 정체를 풀어나간다. 그 느낌에는 이 사람이 내가 평생 함께할 사람인 것 같다는 분명한 예감이 들어 있다. 데이브 넬슨(64세)은 이렇게 이야기한다.

"그때 이런 생각이 퍼뜩 스치더군. '결혼식은 언제 올리지?' 다른 사람들도 그랬나 몰라. 인연인 것 같다는 직감을 믿고 이런 질문을 해봤어. '이 사람과 평생을 함께하는 그림이 그려지니?' 그러다 어느 순간 불이 팍 터지면서 이렇게 말하지. '그래, 눈에 선하게 보여.' 그 사람이 배우자인지 어떻게 아느냐고? 그 느낌, 그러니까 그 사람과 평생을 함께하는 모습이 그려지잖아? 그럼 거의 틀림없다고 보면 돼."

브라이언트 워커(64세)도 이러한 생각에 동조하면서, '그 느낌'에는 '평생'까지는 몰라도 왠지 그 관계가 끝나지 않을 것 같은 예감이 따른다고 했다.

"예전에 사귀던 사람들과도 그럭저럭 괜찮았지만 전부 언젠가 끝날 관계라는 걸 알았어. 관계성의 한계에 이르는 때가 오는 거지. 그런 관계는 끝나도 그러려니 했어. 그러다가 한 여성을 만나서는 3개월이 지나도록 한 번도 끝을 상상해본 적이 없었어. 내 예감이 틀린 게 아니라는 사실을 확인하기 위해 2년을 더 만났고 막판에는 동거도 해봤지만 언젠가 헤어질 거란 생각은 끝내 들지 않았어. 이상하게 그런 느낌이 들더라고. 그래서 그냥 결혼해버렸지. 그때가 1979년이었는데 여태 함께 살고 있어. 함께 있으면 마냥 즐겁고 지금도 아내가 그토록 사랑스러울 수가 없어."

'사랑이라는 느낌' 못지않게 그 반대격인 '잘못된 관계라는 느낌' 역시 중요하다. 인생의 현자들은 극히 유사한 표현을 사용하면서 이 느낌을 묘사했는데, '이 관계는 분명 잘못된 것'이라는 본능적이고 직관적인 예감이 좀처럼 가시지 않는다고 했다. 아주 어렴풋한 느낌이라 유심히 살피지 않으면 알아차리기 힘든 경우도 있다. 하지만 뼈아픈 경험을 해본 인생의 현자들은 사람들이 위험신호가 눈앞에 뻔히 보이는데도 애써 그 느낌을 무시하려든다고 안타까워한다.

캐시 앤드류(78세)는 이에 대해 생생하고 뼈아픈 교훈을 일깨워주었다. 캐시가 남편 벤과 이혼을 결정하기까지는 무려 20년의 세월이 걸렸다. 그 후 13년간 혼자 살다가 두 번째 남편을 만나 결혼했다. 그와는 25년째 같이 살고 있으니 상당히 만족스러운 결혼인 셈이다.

캐시는 자신의 삶을 부단히 성찰하며 살았다. 첫 번째 결혼에서 맛본 실패의 아픔을 극복해야겠다는 생각에 심리 상담을 수도 없이 받았다. 그러다가 상담이 주는 유익에 대해 깊은 감명을 받은 나머지 사회복지를 전공하고 대학원에 진학한 뒤 상담가로 일했다. 첫 번째 결혼에 실패하고 거기서 얻은 교훈을 거울 삼아 두 번째 결혼을 비춰보았다. 그리고 문제가 있으면 남편과 함께 적극 해결하려고 노력했다. 결혼에 관한 한 캐시는 개인적으로나 직업적으로나 진정한 인생의 현자라 할 만하다.

캐시에게 첫 번째 결혼에서 부딪혔던 문제들을 피하는 방법에 대해 조언을 구했더니 '잘못된 관계라는 느낌'을 언급하면서 모든 건 결국 그 문제라고 말했다.

"그건 분명 잘못된 결혼이었어. 전 남편이 남을 돕는 일에 종사하다 보니 감정적으로나 언어적인 학대가 심했어. 그 때문에 직장에서도 여러 번 쫓겨났어. 이혼 후에도 여러 차례 결혼과 이혼을 반복했어. 첫 남편을 제대로 골랐어야 했는데 거기서 완전 실패한 거지. 결혼하고 나서 차분히 돌아보니 위험신호가 분명히 있었는데도 그때는 너무 어려서 그걸 알아차리지 못했어. 열아홉 살짜리가 뭘 알았겠어. 원래는 좋은 사람인데 너무 힘들어서 그런 거라고만 생각했지. 데이트할 때야 서로 좋았지. 그나마도 없었다면 어떻게 결혼했겠어? 그가 지닌 장점들이 정말 좋았어. 사람들도 그를 우러러보았으니까. 하지만 위험신호가 깜빡일 때 주의를 기울였어야 했어. 젊은이들은 거기에 귀를 기울였으면 좋겠어. 그건 뭐랄까, 속에서부터 메스꺼움이 올라오는 것과 같아. 그를 진심으로 사랑하지 않고 실수하고 있다는 생각이 들었어. 일종의 위험신호였던 거지. 당시에는 그걸 깨달을 만큼 현명하지 못했어. 아예 생각하고 싶지 않았는지도 몰라."

캐시는 잠시 말을 멈추고 한동안 침묵에 잠겼다. 마치 자신의 결혼 생활을 깊이 되돌아볼 기회를 음미하는 듯했다. 인터뷰 중임을 깜빡한 듯 먼 산을 바라보다가 대학 시절의 일화를 들려주었는데 마치 영화 속 한 장면처럼 생생했다.

"당시 학내 의식이 하나 있었어. 친구들이 좋은 일을 진심으로 축하한다는 취지였지. 남학생이 약혼을 하면 친구 남학생들이 약혼한 두 사람을 번쩍 들어 캠퍼스에 있는 학교 분수에 빠뜨렸어. 여학생이라면 친구들이 두 사람을 욕조로 끌고 가서 물을 뿌려댔지. 드디어 내 차례가 왔어. 모든 여학생들이 선망하는 바로 그 순간이. 남편 될 사람을 자랑함으로써 친구들의 부러움을 한 몸에 받고 싶었어. 만인이 우러러보는 그런 사람과 약혼까지 했으니 말이야. 행복하고 신이 나야 마땅했어. 그런데 물을 뿌리려고 달려오는 사람들을 보는 순간, 가슴이 철렁 내려앉는 느낌이었어."

그다음 말을 하던 캐시의 모습을 어떻게 표현해야 할까? "마음속에서……이렇게 하면 안 되는데 하는……." 중간에 터져 나온 한숨과 신음 섞인 소리에 뭔가 잘못되고 있다는 그녀의 예감이 절실하게 느껴졌다. 끔찍한 실수를 저질렀다는 예감에 목 졸린 영혼의 비명이 귓전을 맴돌았다. 캐시의 말은 계속되었다. "말로는 설명할 수 없는 느낌이었어. '이건 아닌 것 같아……' 그런 느낌이었어."

하지만 이미 엎질러진 물이었다. "다들 기다리고 있는데, 그리고 이미 다 계획했던 일을 이제 와서 어떻게 되돌려? 괜찮아질 거라고, 잘 해낼 거라고 무작정 믿었던 거지." 결혼은 한마디로 재앙이었고 이혼으로 끝나고 말았다. 캐시는 이런 당부의 말을 전했다. 만약 그 관계가 잘못된 관계라면 누구나 어느 정도는 그 사실을 알 수 있다. 하지만 거기서 그치지 말고 내면의 소리에 좀 더 귀를 기울여야 한다. 그리고 주변 사람들의 눈을 의식해서 무조건 밀어붙이지 말고

'잘못된 관계'라는 느낌이 오면 반드시 그 경고를 따라야 한다.

리처드 로저스와 오스카 해머스타인이 대본을 쓴 뮤지컬 〈남태평양(South Pacific)〉에는 사랑에 대해 이렇게 조언하는 장면이 있다. "이를 설명할 자 누구며, 왜 그런지 속 시원히 대답할 자 누구리오? 오직 어리석은 자만이 이에 답할 것이요, 지혜로운 자는 입을 다물리라."

인생의 현자들 자신은 설명하는 재주가 없다고 스스로를 평가하지만 실은 배우자를 찾는 방법을 구체적으로 전달할 줄 아는 탁월한 이야기꾼들이다. 인생 현자들의 오랜 경험에 의하면 누군가를 '사랑하는' 경험은 사람마다 각기 다르며, 단정적으로 말할 수 있는 성질의 것이 아니다.

하지만 인생의 현자들은 관계의 정당성에 대한 일생일대의 특별한 느낌을 헌신적인 관계를 형성하는 데 결정적인 열쇠로 지목했다. 그 느낌이 있는지 보라고, 거기에 주의를 기울이라고, 무엇보다 '잘못된 관계'라는 느낌이 경고하는 소리에 귀를 기울이라고 간곡히 당부한다. 이 사람과 사귀는 게 맞는지 의심이 들 때는 지인들과 의논해보라고 권한다. 주위의 노인들을 찾아가 과연 자신의 느낌이 맞는지 도움말을 구하면 탁월한 조언을 얻을 수 있다(노인들은 한두 번씩 이런 경험을 했기 때문이다).

끝으로 데이브 넬슨의 조언을 소개한다. 그는 과학도로서 이성적인 접근의 중요성을 그 누구보다 잘 안다. 또한 성찰, 반성, 깨달음을 중시하는 영적인 사람이기도 하다.

"그(녀)가 내가 찾던 바로 그 사람인지를 어떻게 아느냐고? 이 질문은 '자신의 직관을 믿을 수 있는가'의 문제가 아닐까? 그걸 알려면 내면의 소리를 들어야지. 좀 서툴더라도 어떻게든 들어보려고 노력해야 해. 정답은 거기에 있어. 자신의 직관 말이야. 이성적으로 접근하는 사람은 책을 뒤져가며 해야 할 일과 하지 말아야 할 일의 목록을 만들어 제대로 실천했는지를 따지겠지. 하지만 결국 이 직관적인 느낌이 없다면 더 나아갈 수 없어. 사랑에 빠진다는 것. 그 의미를 머리로 이해하려고만 들어서는 안 돼. 나는 그걸 직관에서 비롯되는 깊은 내면의 차원에서 이해하고 있어. 일종의 천부적인 능력이지. 사랑에 빠진다는 건, 어떻게 해야 할지 확실히는 모르지만 이것이 옳으니 이렇게 하라는 직관의 인도를 받는 걸 말해. 확실히는 몰라도 일단 보면 감이 오는 거지."

| 두 번째 |

사랑한다면
더 똑똑해져라

첫 번째 지침에서 살펴보았듯이 인생의 현자들에게는 사랑이 중요하다. 사랑을 바라보는 그들의 시각은 그리 단순하지 않다. 사실 그들에게 사랑은 단순한 감정을 넘어 지극히 복잡한 그 무엇이다. 물론 무엇보다 사랑의 감정이 우선이고 그런 감정이 없다면 그 관계에 헌신하지 말아야 한다. 단, 사랑이라는 직관적인 느낌에만 의지하는 것은 재앙으로 가는 지름길이라는 경고도 잊지 않았다. 사랑의 감정이 있어야 하지만 그것만으로는 부족하다.

스탠리 무디(66세)는 이를 명쾌하게 정리해주었다. "사랑의 행복에 겨워 결혼할 사람을 결정하는 데 필수적인 논리와 합리적인 상식을 무시하는 일은 결코 없어야 해."

결혼은 사랑 말고도 고려해야 할 것들이 많다. 사랑한다고 무조건 다 결혼식을 올리는 것은 아니다. 결혼은 법적이고 경제적인 공적 합의이며 이것이 영원하길 바라는 마음은 누구나 똑같다. 결혼을 통해 부부는 재정적으로 긴밀히 연결된다. 장차 자녀를 낳고 키우는 기반이자 서로의 곁을 지킬 도덕적이고도 법적인 의무가 뒤따르는 헌신이다. 그리하여 인생의 현자들은 이렇게 조언한다. "마음을 확인했다면 이제 논리와 이성을 동원해 평생 만족스러운 관계를 유지할 가능성을 따져볼 차례다."

이 문제로 씨름하고 있을 때, 마음과 머리의 조화에 대해 가르쳐줄 유니스 슈나이더(73세)를 만났다. 그녀는 남편 레이와 만나 가정을 이루게 된 과정을 자세히 들려주었다. 이들은 유니스가 열다섯, 레이가 열여섯 살 때 처음 만났다. 두 사람은 고교 시절 '진지한 관계'였다가 유니스가 간호학교로 진학하고 레이가 군에 입대하면서 한때 헤어져 있었다. 하지만 레이가 제대한 뒤에 두 사람은 결혼했고, 53년간 행복하게 살고 있다. 유니스도 처음엔 당연히 사랑의 감정을 느꼈다.

"그땐 혼전 동거 세대가 아니라서 데이트를 하고 밤이 되면 귀가를 했지. 작별 인사를 하고 뒤돌아서는 레이의 모습을 지켜보기가 갈수록 힘들어졌어. 앞으로 그와 떨어져 살 자신이 없었어. 낮 시간의 짧은 만남이 늘 아쉬웠고, 헤어지자마자 그와의 만남을 고대했어. 그게 첫 번째 신호였지."

사랑을 확인한 유니스는 즉시 머리로 생각하며 행동하는 단계에 들어갔다. 그녀는 두려워하지 않고 미래에 있을 결혼 생활의 실제적인 면들을 꼼꼼히 따져보았다.

"이제 실제적인 면들을 바라보기 시작했어. '그가 좋은 남편이 되어줄까? 남부럽지 않게 잘살 수 있을까? 혹시 아내에게 모든 일을 떠맡기는 게으름뱅이는 아니겠지? 생활비는 잘 벌어다 줄까? 일에 대해 올바른 생각을 가지고 있나?' 부부가 되려면 먼저 서로를 잘 알아야 해. 아주 속속들이 말이야. 그래야 인생이나 결혼에 대해 같은 목표를 지닌 사람인지 판단할 수 있으니까. 부부 중 한 사람이 배우자와 전혀 다른 인생관을 가지고 있다면, 그 결혼은 성공하기 어려워."

유니스의 신중한 고려는 머리와 마음의 균형에 대한 인생 현자들의 생각을 단적으로 보여준다. 머리와 마음의 조화를 역설하던 그녀가 갑자기 웃음을 터트렸다.

"중요한 건 인생의 목표야. 외모에 연연해하지 말아야 해. 물론 남편은 나름 매력이 있었어. 그걸 전혀 상관하지 않았다면 거짓말이겠지. 하지만 무엇보다 책임감 강한 사람이라는 사실이 제일 마음에 들었어. 남편도 자세히 보면 나름 귀여워!"

매력적인 '동시에' 게으르지 말 것. 책임감을 지닌 '동시에' 귀여울 것. 인생의 현자들은 이런 삶의 태도를 지지했다. 이것이 바로 마음을 따르는 동시에 머리를 쓰라는 말의 의미였다.

결혼 전에 필요한 '자산 실사'

'머리를 쓸 것'이라는 인생의 현자들의 조언을 검토하면서 체계적인 파트너 평가 시스템이 필요하다는 생각이 들었다. 마침 조언들 중에 여기에 꼭 들어맞는 사업과 관련한 비유가 있었다. 사업과 낭만이 무슨 상관이 있겠냐 싶겠지만 인생의 현자들은 '정확히' 이런 방식으로 관계를 평가하고 싶어 한다는 사실을 상기시켜주고 싶다. 이제 낭만적 사랑은 잠시 접어두고 파트너가 평생을 함께할 좋은 반려자로서 객관적인 특성을 지니고 있는지 유심히 살펴보도록 하자.

인생의 현자들은 관계에 헌신하기 전에 '자산 실사(due diligence)'를 해야 한다고 조언한다. 이 딱딱한 회계 용어는 인생의 현자들이 말하는 열정, 무지개와 나비, 장밋빛 전망, 호르몬처럼 비현실적인 낭만과는 전혀 다른 방식으로 사랑을 바라보게 한다.

자산 실사는 경영 분야에서 기업이 합병 가능성을 심사할 때 쓰는 용어다. 자산 실사 절차의 최대 관심사는 후보 기업의 재정 건전성이다. 하지만 두 기업의 경영 스타일이나 원칙이 서로 맞는지 평가하는 '양립 가능성 심사(compatibility audit)' 역시 이에 못지않게 중요하다. 아울러 후보 기업의 미래 성장 가능성 및 적합성 여부를 가늠할 수 있는 안정성이나 기업문화 등도 중요한 평가 항목이다.

'머리를 쓸 것'이는 말의 의미는 이런 경영적 접근법을 '결혼'이라는 합병에 적용하라는 뜻이다. 사랑은 이성을 가만히 모셔두고 사용하지 않는 것을 의미하지 않는다. 면밀한 검증을 견디지 못하는 사랑이라면 애초에 그 깊이를 의심해봐야 한다. 진지한 관계를 원하는 단계에서는 현실적인 질문을 전면에 부각시켜야 한다. "훌륭한 배우자감인가?" "책임감 있고 헌신적인 배우자인가?" 이런 질문들에 객관적으로 답하는 것은 배우자 선택이라는 게임에서 최대한 '내게 유리하도록 하라'는 기본 규칙의 중요한 단계다.

과거에는(몇몇 문화권에서는 현재도) 자산 실사 과정이 양가 부모나 친척에 의해 행해졌다. 인도나 중국 출신의 인생 현자들 중에도 이런 과정을 거친 사람들이 있었다. 라이 리안(79세)은 60년 전에 중국에서 미국으로 온 이민 세대다. 그녀의 친척들이 중국에서 이민 온 한 청년이 신붓감을 구한다는 소식을 듣고 라이 리안의 부모님에게 이야기를 꺼내 만남이 이루어졌다. 두 사람은 사랑에 빠졌고 결혼해서 50년째 행복하게 살고 있다. 그 성공 비결에 대해 리안은 이렇게 설명한다.

"친척 어르신들이 그 청년에 대해 여러 가지를 알아봐주셨고, 그 다음부터는 두 사람이 알아서 했어. 그분들이 중매를 서주신 거지. 조건이 맞나 보고 만남을 주선하는 거 말이야. 그러면 일은 상당 부분 진행된 셈이고 이제 마음의 결정만 내리면 돼. 사람을 만난다는 게 보통 일이 아니야. 배우자는 하늘이 내리는 축복이야. 천생 배필이 눈앞에 나타나는 거지."

독자들 중 자산 실사 과정을 가족이나 친척에게 일임하는 경우는 거의 없을 것이다. 그것은 순전히 자신의 몫이다. 인생의 현자들은

1장 타인과 일생을 함께한다는 것 • 57

반드시 사전에 중요하고 실질적인 사안들을 따져보고 나서 헌신적인 관계를 시작하라고 조언한다. 현대 사회에서 결혼을 비롯하여 그 어떤 헌신적인 관계에도 사전 자산 실사는 필요하다.

자, 이제 파트너 선택에 대해 실질적으로 고려할 마음의 준비가 되었는가? 그렇다면 자산 실사 절차를 위한 3가지 주요 질문에 답해보라고 인생의 현자들은 조언한다. 다음의 3가지 질문은 사랑의 감정을 확인한 상태에서 본격적인 행동 개시 여부를 결정하는 데 도움을 줄 것이다.

첫째, 생계를 꾸릴 만한 사람인가?

'굿 프로바이더(good provider).' 인생의 현자들에게 처음 이 말을 들었을 때 다소 구식으로 들렸지만 지금은 장래 파트너가 될 사람을 평가하는 데 소중한 지침으로 여겨진다. 오늘날에도 가족의 생계를 꾸려나갈 능력은 여전히 중요하다. 현대 사회의 커플은 재정적인 목표를 달성하기 위해 맞벌이를 해야 한다. 따라서 남녀를 불문하고 이 질문을 해봐야 한다. "사랑하는 사람에게 경제력이 있는가?" 결혼은 부부가 공동으로 재산을 관리하는 경제 단체의 성격을 띤다. 부부는 경제적 성공과 생활수준을 공유한다. 그러므로 "굿 프로바이더, 좋은 생계 부양자인가?"를 반드시 확인해야 한다.

인생의 현자들은 '열심히 일하는 사람'을 찾으라고 신신당부했다. 그들은 철저한 직업윤리를 가진 사람, 자기 일에 최선을 다하는 사람, 직업적인 성공(자신이 목표한 대로)을 거두기 위해 전심전력하는 사람과 결혼하는 것이 관건이라 믿는다. 역으로 직업적인 목표의식이 약하다든지(혹은 전무하거나), 성공에 관심이 없다든지, 열심히 일하는 것에 전혀 흥미가 없는 파트너를 만나면 평생 고생한다고 지적한다. 세실리아 파울러(76세)는 첫 번째 남편에게서 야망 없는 삶의 모습을 보았다.

"상대의 매력에 흠뻑 빠져 있을 때는 물질적인 것들이 눈에 들어오질 않아. 물론 매력도 무시할 수는 없어. 그런데 일을 대하는 태도 이거 하나는 꼭 봐야 해. 한쪽은 열심히 일하며 끝없이 성공을 추구하는데 다른 한쪽은 그렇지 않다면 그건 곤란해. 자신은 죽어라 일하는데 상대방은 멀뚱히 앉아서 바라보기만 한다면 너무 힘들 거야. 부부가 똑같이 열정과 야망에 가득 차 있다면 얼마나 많은 걸 이룰 수 있을지 상상해봐. 하지만 한 사람이 모든 걸 떠안아야 한다면 힘들어서 못해. 그러니까 상대방의 성격을 잘 봐야 해. 학교든 직장이든 거기서 성공하려는 욕심이 있는 사람인지, 아니면 성공 따윈 전혀 관심 없는 사람인지? 그런 걸 신중히 고려해야 해."

이처럼 상대방의 일하는 습관을 유심히 관찰하는 것이 자산 실사의 핵심 단계다. 이 직장 저 직장 전전하며 떠돌아다니는가? 경력을 개발하려는 계획도 없이 장래성 없는 직장만 죽어라 붙들고 있지는 않은가? 심지어 직장을 찾을 생각조차 하지 않고 옆에 있는 사람에게 의지하려 한다든지 돈을 꿔달라고 하지는 않는가? 인생의 현자들은 그런 사람은 결혼해서도 바뀔 가망이 전혀 없다고 주장한다. 돈을 잘 버는 직장까지는 아니더라도 자신의 몫을 감당함으로써 각자 경제적 의무를 다하겠다는 합의를 성실히 이행해야 한다. 만약 그런 노력이 보이지 않는다면 그 관계를 신중하게 고려해봐야 한다고 인생의 현자들은 말한다.

둘째, 재정적으로 책임감 있게 행동하는가?

생계를 꾸리는 능력이 좋거나 높은 수입을 올리는 것, 다 좋지만 이것이 전부는 아니다. 파트너의 물질 관리 능력도 살펴봐야 한다. 데이트를 하면서 바로 이런 것을 유심히 관찰해야 한다. 인생의 현자들은 돈 관리를 양심적으로 하는지를 잘 살펴보면 그 관계의 앞날을 훤히 내다볼 수 있다고 믿는다. 그들은 일에 대한 의욕이나 성공 의지도 중요하지만 파트너의 경제적 책임감을 잘 따져보라고 권한다.

돈이 모든 악의 뿌리는 아니지만 결혼 생활에서 야기되는 수많은 불만의 화근임은 분명하다. 인생의 현자들은 결혼이 재정적으로 서로 의지하는 관계임을 일깨운다. 커플은 대개 통장을 합치고 중요한 돈 문제는 함께 결정한다. 아울러 부부는 서로의 빚에 대한 책임도 함께 진다. 결혼은 곧 파트너의 경제적 태도나 행동과의 결혼을 의미하며 한평생 그 영향력 아래 놓이게 된다. 만약 위험하고 무모한 행동을 한다면 그 관계에 헌신하는 것을 신중히 생각해보라고 인생의 현자들은 조언한다. 에릭 굿먼(69세)은 이렇게 주의를 주었다.

"이혼하는 부부들을 보면 거의 돈 문제로 갈라서는 경우가 많아. 결혼 생활이 힘들어지는 이유도 따지고 보면 다 돈 문제야. 그들도 이런 문제가 생기리라는 걸 이미 알고 있었을 거야. 돈 씀씀이가 헤픈 사람이라면 위험신호로 받아들여야 해."

파트너의 재정 습관에 문제의 소지가 있는지 파악할 수 있는 최상의 방법은 무엇일까? 인생의 현자들은 이를 한눈에 알아볼 수 있는 진단 도구를 제시한다. 바로 "심각한 빚 문제를 안고 있는지 살펴보라"는 것이다. 학자금 대출 같은 '좋은 빚'이 아니라 "신용카드 영수증이 잔뜩 쌓여 있다든지 과도한 지출에 허덕이지는 않는지 살펴보라"고 말한다. 에릭은 "빚이 잔뜩 있다면 바로 거기가 문제 지역이야"라고 말한다.

배우자 될 사람의 재정 습관을 미리 다 파악할 수는 없다. 하지만 과거의 행동을 보면 미래에 어떻게 행동할지 예측할 수 있다고 인생의 현자들은 주장한다. 이러한 위험신호를 무시하고 씀씀이가 헤픈 사람과 결혼하기로 마음먹었다면 통장을 따로 관리하고 재정 상태를 수시로 살펴야 한다. 자산 실사를 행할 때 허버트 몽고메리(66세)의 조언대로 이렇게 자문해보라. "재정을 합칠 정도로 그를 신뢰하는가?"

"젊은 부부들이 가장 힘들어하는 것 중에 하나가 재정 습관의 차이야. 결혼 전에는 내 통장, 내 고지서였지만 결혼하고 나면 우리 통장, 우리 고지서가 되는 거야. 결혼할 사람이라면 이제 더 이상 내 것 네 것 구분하지 않아도 될 정도로 신뢰할 수 있어야 해. 그리고 서로 사랑하고 신뢰해서 결혼한 사이라면 당연히 믿고 통장을 합칠 수도 있어야겠지."

셋째, 좋은 부모가 될 자질이 있는가?

처음 관계를 맺을 때는 부모가 된다는 것이 먼 미래의 일처럼 여겨지므로 그 문제를 집중적으로 상의할 일은 거의 없다. 그 주제를 꺼내면 파트너에게 위협적으로 들릴 수도 있다. 괜히 분위기를 심각하게 만들어서 두 사람 모두 "그 이야기는 하지 말자" 이렇게 되면 곤란하다. 하지만 인생의 현자들은 진지한 관계로 들어서기 전에 파트너가 연인이나 동반자로서 뿐만 아니라 장차 부모의 역할도 잘 해낼 수 있는지 반드시 평가해야 한다고 주장한다.

그렇다면 당연히 파트너에게 "정말로 자녀를 원하는가?"부터 물어봐야 한다고 생각하기 쉽다. 하지만 인생의 현자들은 이는 섣부른 판단이라고 말한다. 다들 파트너가 당연히 가정을 이루기 원할 거라고 지레 짐작하는데 그건 오산이다. 이것은 짐작만 할 일이 아니라 반드시 상대방과 신중하게 상의해야 할 문제다. 나딘 퍼킨스(65세)는 다음과 같이 말한다.

"사실 이 문제에 대해서는 서로 생각의 차이가 심해. 가끔 젊은 사람들과 상담을 하면 이렇게 말하지. '지금은 생각하고 싶지 않아요.' 다들 속으로는 한 번씩 자녀를 가질지 말지를 놓고 심각하게 고민하면서 말이야. 한 사람은 '아이를 간절히 원해요'라고 하고 다른 사람은 '글쎄요, 전 잘 모르겠어요'라고 하면서 그냥 넘어가. 하지만 이 말은 자녀를 원치 않는다는 의미인 경우가 가끔 있어. 나중에 그 문제로 마음고생을 심하게 하는 부부를 봤어. 그런 사람들에게는 반드시 이 질문에 답해보라며 도전장을 던지지. '앞으로 10년 후 어떤 모습으로 살고 싶은가? 10년 후 그림에 자녀도 들어 있는가?'라고 말이야."

칼라 버넷(76세)은 자녀를 몇 명 낳을지도 상의해보라고 권한다.

"자녀를 원하는지, 원하지 않는지에 대해 서로 생각이 일치해야 해. 그리고 구체적인 것들까지 알아야 해. 자녀를 여럿 원하는지, 조금만 원하는지도. '세 명은 낳고 싶은데, 자긴 어때?' '글쎄, 두어 명 정도면 적당하지 않을까.' 이런 식으로 상의해서 결정하는 거지."

서로 자녀를 원한다면 이제 여기서 한 걸음 더 나아갈 차례다. 배우자 될 사람의 생각을 정확히 알려면 세부 사항까지 상의하는 게 가장 좋다고 인생의 현자들은 말한다. 파트너가 부모 되기에 동의했다면 어떤 부모가 되고 싶은지도 살펴봐야 한다. 이럴 땐 어떤 가정을 이룰지 구체적으로 대화하는 시간을 가져보라. 거트루드 버넷(71세)은 이렇게 제안한다.

"결혼 전에 자녀를 가질지 말지 합의를 봐야 해. 그런 다음에는 구체적인 것들도 이야기해야 해. 나중에 상황이 바뀌는 한이 있어도 양육 방식 이런 건 아이가 태어나기 전에 협의해놓아야 하지. 이건 이렇게 하고 저건 저렇게 하자 이런 식으로. 일이 닥치고 나서 어찌할 바를 모르는 불상사가 생기기 전에 미리 협의해둬야 해."

인생의 현자들은 각자의 성장 배경에 대해서도 대화하라고 권한다. 관대한 부모 밑에서 자랐는가? 아니면 간섭이 심한 부모 밑에서 자랐는가? 자신의 경험에 비춰봤을 때 자녀를 어떻게 키우고 싶은가? 부모가 자신을 어떻게 키웠는지 서로 이야기해보라. 그러면서 파트너가 어린 아이들에 대한 애착이 있는지 두 눈으로 확인하라. 친구 또는 친척의 자녀와 어울리는 기회를 마련해 파트너가 어떻게 행동하는지 유심히 살펴보라. 아이를 좋아하는가? 아니면 따분해하거나 귀찮아하는가? 아이들과 함께하는 시간은 자녀 양육 방식이나 가치관에 대해 대화할 수 있는 절호의 기회다.

이런 문제는 서로 편안한 사이가 되는 대로 가급적 빨리 상의해두는 것이 좋다. 인생의 현자들은 파트너를 살펴보면서 이렇게 자문해보라고 권한다. "그 사람이 좋은 아빠 혹은 엄마가 될 수 있을까?"(자녀를 가질 계획이 있는데) 그렇지 못할 것 같으면 관계를 재고해봐야 한다. 자녀에 대한 질문은 앞서 나왔던 첫 번째 질문과 밀접한 관계가 있다. 오늘날 부부가 자녀 한 명을 낳고 기르는 데 약 25만 달러가 든다고 한다. 따라서 자산 실사의 현실적인 한 부분으로서 이 두 가지를 연계하여 고려해봐야 한다.

머리를 쓰라는 조언을 담은 앞의 3가지 질문은 사랑의 감정적인 부분을 완벽하게 보완해준다. 물론 이 3가지 외에도 중요한 질문이 많을 것이다. 각자 자신의 주요 관심사를 목록에 추가하여 자신에게 꼭 맞는 자산 실사 계획을 수립하라. 이 과정이 생략된 결혼은 자신의 기대 수준에 부응하지 못하는 실망스런 결혼이 될 가능성이 크다. 꼭 해야 할 질문을 최대한 빨리 하는 것, 이것이 인생의 현자들이 말하는 불행한 결혼을 피하는 방법이다.

| 세 번째 |

하나의 삶을 위한
두 개의 생각

　　　　　　미국인들은 '정반대 사람에게 끌리는 사랑'
에 환호한다. 극과 극인 두 사람이 서로의 차이를 극복하고 오래 오
래 행복하게 잘 산다는 이야기 말이다. 이를 주제로 한 영화도 많다.
하지만 인생의 현자들은 한결같이 '아니올시다'라고 답한다. 파트너
고르기에 대한 조언 중 유독 눈에 띄는 것이 하나 있는데, 인생의 현
자들은 서로 잘 맞는 배우자 선택의 핵심 요소는 바로 이것이라고 조
언한다.
　"두 사람의 핵심적인 가치관이 반드시 일치해야 한다."
　부부가 오랜 세월 같이 살면서 가치관이 같으면 좋은 점이 한두
가지가 아니라고 인생의 현자들은 주장한다. 역으로 가치관이 다르

면 힘든 점이 너무도 많다고 한다. 따라서 확고한 관계를 위한 최우선 선결 과제는 바로 인생의 가장 중요한 문제에 대한 가치관이 서로 일치하는가이다.

그런데 이 질문에 답하는 데는 커다란 장애물이 하나 있다. 근본적인 세계관을 논하는 것이 요즘 세대의 연애 방식과 맞지 않다는 점이다. 젊은이들은 이런 '무거운' 존재론적 대화보다는 과거 금기시되던 섹스 같은 주제를 더 잘 받아들인다. 20대는 선호하는 파트너의 조건으로 외모, 좋은 직장, 유머 감각, 좋은 성격, 비슷한 관심사를 꼽는다고 한다. 하지만 인생의 현자들은 관계에 헌신하기 전에 파악해야 할 것들이 따로 있다고 말한다. 20대가 말한 조건들은 오히려 쉬운 축에 속하며 이보다 더 어려운 과제를 붙들고 씨름해야 한다는 것이다. 그것이 바로 인생에 대한 근본적인 가치관이 일치하는지 확인하는 작업이다.

인생의 현자들이 말하는 핵심 가치관이란 무엇일까? 가치관은 의사 결정의 기본 원칙으로 인생에서 무엇이 중요한지를 판단하는 기준이 된다. 사람들은 자신의 가치관에 따라 우선순위를 정하기도 하고 직장, 친구, 배우자를 선택하기도 한다. 연구에 의하면 성인이 되고 나면 가치관에 큰 변동이 없다고 하니 배우자 될 사람의 가치관은 매우 중요한 정보라 하겠다. 인생의 현자들은 이 점에 공감하며 다음과 같이 조언한다. "자신의 핵심 가치관을 지지하는 사람과 함께할 때 훨씬 더 성공적인 인생을 살 수 있다."

워런 배리스(86세)는 분명히 말한다.

"서로 가치관이 맞는지를 알려면 먼저 상대방의 가치관을 아는 게 급선무지. 인생에서 소중하게 여기는 것은 무엇인가? 이 세계에 대해서 어떻게 생각하는가? 가장 절실하게 여기는 것, 중요하게 생각하는 것은 무엇인가?"

"무엇을 중요하게 생각하는가?"이것은 가치관을 이해하는 데 필수적인 질문이다. 인생의 현자들은 가급적 관계 초기에 이 질문에 대한 답을 찾으라고 당부한다. 밥 메이(65세)는 가치관 탐색 작업을 '뒷조사'에 비유했다.

"가치관이 비슷한 사람을 찾아. 시간을 두고 사귀면서 그 사람의 본모습을 봐야 해. 뒷조사를 좀 해볼 필요도 있어. 경찰들이 하는 그런 거 말고. 어떤 사람인지, 어떤 배경을 지녔는지 알아보라는 말이야. 배우자를 결정할 때는 외모처럼 부질없는 걸 찾지 말고, 더 깊고 중요한 뭔가를 찾아야 해. 믿음, 가치관, 양육의 소중함……. 진정 풍요로운 결혼 생활을 만드는 것들 말이야."

인생의 현자들은 핵심 가치를 공유하면 굉장한 유익이 있다고 귀띔했다. 바로 서로 싸울 일이 없다는 것. 론 메이슨(80세)은 해군 장교로서 베트남 전쟁에도 참전했는데, 간혹 말을 하다보면 군에서 사병들에게 명령하는 투로 돌변할 때가 있다는 사실을 인정했다. 오랜 결혼 생활에서 발생할 각종 문제를 미연에 방지하고 싶었다. 그래서 그는 동일한 가치관을 지닌 배우자를 찾음으로써 성공 확률을 극대화했으며, 결혼 생활 50년 내내 그 일에 감사하고 있다.

"수많은 문제를 사전에 예방할 수 있는 방법이 있어. 반드시 시작하기 전에 손을 써야 해. 먼저 상대의 배경이나 세상을 보는 시각이 자신의 세계관과 맞는지 알아보고 결정을 내려야 한다는 거야. 처음부터 서로 성격도 다르고, 옳고 그름에 대한 생각도 다르고, 원하는 것도 제각각인데, 살다보면 비슷해지겠지? 천만의 말씀. 상황이 나아지기는커녕 더 악화될 거야. 우리 부부가 잘 지내는 이유는 서로 가치관이 일치하기 때문이야. 올해로 결혼 53년째인데, 우린 지금도 손발이 척척 맞거든."

반대로 가치관의 대립은 오랜 결혼 생활에 치명적인 위협이라고 인생의 현자들은 말한다. 대런 프리먼(73세)은 동일한 표현을 쓰면서 이 기본적인 문제를 강조했다.

"그건 시각의 차이 그 이상이야. 가끔 보면 상극인 사람들이 있어. 달라도 어찌 그리 다른지, 사사건건 싸우고 소리 지르고 난리도 아냐. 서로 죽어라고 반대편으로만 가려고 드니 그럴 수밖에."

'상극인 사람들', 이것은 가치관이 맞지 않는 결혼 생활에서 쓰라린 경험을 한 인생 현자들의 집약적인 표현이다. 서로 상극인 사람들이 만났으니 일이 제대로 될 리 만무하다. 인생의 현자들은 이 교훈에 대해 매우 진지하고 일치된 반응을 보이며 강력히 호소한다. "핵심 가치관을 공유하지 않는 사람이라면 헌신적인 교제를 시작하기 전에 한 번(또는 여러 번) 더 생각해보라." 성격의 차이는 서로에게 부족한 면을 보완해줄 수 있고, 관심사의 차이는 새로운 지식이나 활동에 노출시켜주므로 관계에 활력을 더할 수 있다. 하지만 가치관이 충돌하면 결혼 자체가 유지되기 힘들다고 인생의 현자들은 경고한다.

인생에서 무엇이 가장 중요한지를
치열하게 논하라

두 사람의 가치관이 일치하는지 어떻게 판단할 수 있을까? 이에 대해 인생의 현자들이 제시하는 방법은 단 하나, 서로의 가치관에 대해 속속들이 이야기를 나누는 것이다. 서로에게 헌신하기 전은 물론이고 결혼 생활을 하는 동안에도 이렇게 해야 한다. 데릭 개빈(71세)의 삶은 이러한 교훈을 잘 말해준다.

데릭은 결혼의 비극을 경험했다. 첫 번째 아내가 불치의 병을 진단받기 전만 해도 그는 어린 딸이 있는 행복한 가정의 가장이었다. 2년에 걸친 투병 끝에 아내는 세상을 떠났고 그는 마흔의 나이에 홀아비 신세가 되었다. 그러다가 딸이 아홉 살 나던 해에 재혼하여 15년간 잘 살고 있다. 첫 사랑을 여의고 인생이 얼마나 짧은지 절감한 터라 두 번째 얻은 사랑이 더욱 소중하다고 그는 말한다. 두 번의 결혼을 경험한 그가 전하는 교훈의 핵심은 서로의 가치관을 분명히 이해하라는 것이다. 처음에는 사랑의 황홀경에 빠진 나머지 서로의 가치관을 탐색할 기회를 놓치는 우를 범한다고 그는 지적한다.

"두 사람의 가치 체계가 양립할 수 있는지가 가장 중요하다고 생각해. 결혼하는 사람들은 바로 이 부분에서 실수를 범하지. 결혼하려는 사람이 어떤 가치관과 기대를 지니고 있는지 확실히 알아야 해. 젊은이들은 결혼에 실패하고 나서야 이런 넋두리를 늘어놓지. '결혼 전에 이 사실을 알았어야 했는데…….' 하지만 왜 그걸 몰랐는지에 대해서는 생각하지 않아! 젊은이들은 배우자 될 사람의 가치 체계에 대해 탐색하는 진지한 준비 과정 없이 결혼하는 경우가 종종 있어. 사랑만으로도 마냥 행복한 거지. 괜히 가치 체계니 뭐니 깊이 파고들다가 황홀한 사랑을 잃을까봐 두려운 거야."

데릭은 성공적인 결혼 생활을 위해서는 가치관이 일치해야 한다는 교훈을 자녀 양육을 통해 깨닫게 되었다. 그는 가치관의 충돌이 어떤 것인지 온몸으로 체험했다.

"어떻게 이 교훈을 얻게 되었는지 말해주지. 지금의 아내와 재혼할 당시 두 사람 모두 배우자를 여읜 상태였어. 그리고 똑같이 아홉 살 난 딸이 있었어. 공교롭게도 결혼 당시 두 딸 모두 막 사춘기에 접어든 때였지. 결혼 후 처음 5년 동안에는 정신이 하나도 없었어. 두 녀석 모두 외동딸이라 버릇이 없는데다가 특히 내 딸은 더했지. 아이 엄마가 2년간 투병 끝에 죽었으니 아이에게 신경 쓸 틈이 없었어. 딸애는 자기연민에 빠져 있었겠지. '난 불쌍한 아이야. 엄마가 아프시니까.' 할아버지를 비롯해 주위 사람들이 다 딸애를 감싸는 통에 버릇을 완전히 망쳤어. 그리고 나서 바로 사춘기 반항이 찾아오는 바람에 처음 2년은 완전 한계 상황이었어. 사춘기라는 질풍노도의 시기를 통과하는 딸들을 대하는 나의 방식은 아내의 방식과는 완전히 달랐어. 극과 극이었지. 훈육이나 제한, 지침 이런 중요한 문제들이 쏟아져 나오는데 정신을 못 차리겠더라고. 배워야 할 게 한두 가지가 아니었어. 그리고 필요한 것들을 배우는 데 한참 시간이 걸렸지. 우린 사춘기의 모든 증상을 전혀 새로운 방법으로 접근하기로 했어. 지금이야 웃으면서 이야기하지만 그땐 정말 굉장했어!"

데릭의 해법은 가치관을 진지하게 이해하는 것이었다.

"서로의 가치관을 나누기 시작하면서부터 나는 아내의 양육 방식을, 아내는 내 방식을 인정하게 되었지. 다른 문제들도 마찬가지였어. 배우자의 가치관을 이해하고 인정하거나, 자신의 가치관이 변하거나, 배우자와 깊이 교감하는 건 정말 건전한 일이야. 두 개의 가치관이 하나로 합쳐져 새로운 가치관이 탄생하는 거지. 그렇게 되려면 먼저 서로의 가치관을 나누는 시간을 가져야 해. 그런 대화는 빠르면 빠를수록 좋아."

파트너의 가치관을 평가하려면 어떻게 접근하면 좋을까? 가치관의 범위는 여가 활용법부터 자녀 양육 방식에 이르기까지 광범위하므로 두 사람이 머리를 맞대고 어떤 핵심 가치관을 주제로 이야기할 것인지 정해야 한다. 먼저 3가지 주제를 놓고 어떻게 대화할 것인지, 인생 현자들의 제안을 들어보자.

자녀에 대한 가치관

어떤 목표를 두고 자녀를 양육할 것인가? 자녀의 성공인가 아니면 행복인가? 바르게 행동하고 공손한 자녀로 양육하는 것인가? 아니면 실수하건 말건 스스로 알아서 하도록 자유분방하게 키울 것인가?

돈에 대한 가치관

행복한 삶을 위해 돈이 얼마나 필요하다고 생각하는가? 안락한 중산층의 삶을 원하는가? 아니면 그보다 더 높은 수준을 원하는가? 돈보다 시간이 더 중요한가? 적게 일하고 적게 벌더라도 시간적 여유를 가지는 편이 더 좋은가?

종교에 대한 가치관

종교를 어느 정도로 중요하게 생각하는가? 서로 신앙이 다르다면 (혹은 한 사람은 열심히 믿는데 다른 사람은 그렇지 않다면) 자녀에게 어떤 종교를 가지게 할 것인가? 타 종교를 지닌 사람과의 결혼을 가족이 반대한다면 어떻게 하겠는가?

이 밖에도 각자 자신에게 중요한 영역들을 반드시 찾아내야 한다. 자리에 앉아 서로 눈을 쳐다보며 삶에서 진정으로 소중한 것이 무엇인지 깊이 나눠보라. 인생의 현자들은 각자 자신의 가치관을 적어서 서로 비교해보라고 제안한다. 한 커플은 돈, 자녀, 직장, 종교, 친구, 부부 관계를 결혼에서 가장 중요한 영역으로 꼽았다. 그런 후 각자 항목별로 가치관을 적어 내려갔다. 이런 연습을 통해 가치관의 차이에 대해 효과적으로 토론할 수 있다.

인생의 현자들은 한 목소리로 말한다. "동일한 가치관을 지닌 파트너와 결혼한다면 성공할 가능성이 훨씬 높아진다." 사실 핵심 가치관이 비슷하면 알게 모르게 결혼 생활이 한결 수월해진다. 근본적으로 동일한 세계관을 지닌 부부는 화목하고 순탄한 결혼 생활을 하기 마련이다.

그랜트 햄린(67세)은 이 교훈을 이해하기 쉽도록 설명한다. 그에게는 성공한 재즈 음악가다운 멋진 풍모가 흘러 넘쳤고, 그의 표현에는 인생 현자들의 메시지가 그대로 녹아 있었다.

"심각한 갈등을 피하려면 무엇보다 리듬을 같이 타야 해. 서로 혼연일체가 되어야 하지. 내 주위엔 관심사가 달라도 잘 사는 부부가 많아. 하지만 공통의 가치관과 원칙은 반드시 필요하다고 봐. 같은 리듬을 탄다는 건 인생관이나 장기적인 목표를 같이한다는 말이지. 가는 길은 달라도 공동의 목표와 계획을 가지고 있어야 해."

그랜트의 말처럼 '같은 리듬'을 타다고 해서 판박이처럼 똑같아야 한다는 뜻은 아니다. 감미로운 재즈 음악이 다양한 악기의 선율을 타고 흐르듯 가치관이 비슷한 사람들은 각자 아름답고 조화로운 인생의 음악을 연주하면서 동일한 목표를 향해 나간다. 노인들은 가치관이 일치하면 서로 장단이 맞는다고 했는데 이것이 바로 같은 리듬을 탄다는 뜻이다. 서로의 가치관이 화음을 이루지 못하면 심각한 어려움에 처하게 될 것이라는 경고는 기억해둬야 할 것이다.

| 네 번째 |

두 사람
VS
두 집안

　　흔히 결혼하면 독립적인 가정을 이뤄 원가족의 구속으로부터 자유로워진다고 생각한다. 친척들이 결혼한 부부에게 이런저런 간섭을 하는 것은 과거 전통적인 문화에서나 있을 법한 이야기고 오늘날은 사정이 다르다고 생각한다. 결혼 후 핵가족으로 분리되고 지리적 이동으로 인해 친족의 의무에서 벗어나며 가족으로서의 책임 의식이 약화된다는 내용을 소재로 한 책도 많다.

　　하지만 속단은 금물, 가족의 유대는 영원히 따라다닌다. 연구에 의하면 대부분의 사람이 평생 가족과 밀접하게 얽힌 관계 구조를 이룬다. 인간은 생애 전체를 통해 이른바 '사회적 호위대(social convoy)'라는 가족 중심의 관계망에 둘러싸여 있다. 어려운 일이 생기면 곧장 가족에게 달려가 친구나 지인들에겐 기대할 수 없는 감정적·물질적 지원을 요청하는 것이 가장 확실한 증거다. 연구결과를 요약하면 사람들은 결혼한 지 한참이 지나도 여전히 가족에게 얽매여 산다는 것이다. 인생의 현자들도 이 점에 동의한다. 그들은 거의 대동소이한 표현을 써서 이렇게 조언한다.

"결혼은 두 남녀가 아닌 두 집안의 결합이다."

이 말은 파트너의 가족이 평생 결혼 생활에서 빠질 수 없는 요소라는 뜻이다. 그러므로 내게 유리한 조건 택하기의 일환으로 헌신적인 관계에 앞서 파트너의 가족을 고려하는 것은 필수다. 이것이 결혼 생활을 망가뜨리는 인척 간의 갈등을 피하는 최선의 방법이다.

네이트 기간 중에는 인척 관계에 대해 생각하지 않는 경우가 대부분이다. 주로 오가는 말과 행동을 분석한다든지 자신의 느낌, 욕망, 갈등에 골몰한다. 하지만 결혼과 동시에 파트너는 별나고 까다로운 자기 가족 전부를 데리고 온다. 배우자는 내 맘대로 선택 가능하지만 그 가족은 선택 사항이 아니다. 꼼짝없이 인척을 떠안고 살아야 하는 현실, 이것이 바로 결혼 생활의 최대 비극이다. 물론 파트너의 가족과 사이가 좋다면 그야말로 보너스를 받은 기분일 것이다. 그렇지 못한 사람은 평생 갈등을 최소화하려고 안간힘을 쓰거나 그냥 실망하며 사는 수밖에 없다.

결혼 후 인척과 최상의 관계를 유지하는 법에 대해서는 3장에서 집중적으로 다룰 것이다. 하지만 배우자를 선택할 때 이 부분을 신중하게 고려한다면 차후에 발생할 문제를 미연에 방지할 수 있다.

최소한 이 문제에 마음의 준비라도 할 수 있다. 배우자의 집안을 잘 보고 선택하면 결혼에 성공할 가능성이 훨씬 높아진다. 실제로 그렇게 한 사람들은 인척들과 화기애애하게 지내며 이로 인해 배우자와의 유대감이 한층 강화되었다고 증언한다. 앤 프라이스(86세)는 이야기한다.

"결혼해서 남편 가족이 된 건 행운이었어. 시어머니가 정말 좋으신 분이었거든. 시어머니라기보다 친정어머니 같았어. 며느리를 친딸처럼 대하셨지. 시부모님과 그런 좋은 관계를 맺을 수 있다는 건 정말이지 행운이야."

만약 시부모 복이 없다면 초기에 그 사실을 깨닫는 것이 중요하다. 극히 부정적인 측면이 눈에 들어오면 절대 그것을 무시하지 말라고 인생의 현자들은 경고한다. 두 사람이 연합하는 것도 힘든데 하물며 두 집안의 연합은 얼마나 더 힘들겠는가? 신디 바버(72세)는 이 근본적인 문제를 간단명료하게 설명한다.

"전혀 다른 집안에 적응하려면 많이 힘들 거야. 그래도 어쩔 수 없잖아. 가족이 없는 사람은 없으니까. 이미 오래 전에 깨달은 거지만 인척의 문제는 단 하나, 그들이 내 가족이 아니라는 것밖에 없어. 그들과 나는 각기 다른 삶을 살아왔어. 자기 집 식구들은 속속들이 아니까 훨씬 대하기가 편하지. 그들은 내가 아니고 내 가족이 아닌 죄밖에 없어."

대런 프리먼(73세)은 두 번 결혼했다. 두 번 다 인척들과 관계가 복잡했다. 그는 언제 터질지 모르는 인척 관계의 지뢰밭을 통과하며 직면하게 될 문제에 해결의 빛을 선사한다.

"인척들과 발을 끊고 지낼 수는 없잖아. 추수감사절을 어디서 보낼 건지 전화 드려야지, 가끔 조부모에게 손주들 얼굴 보여드려야지, 만날 일이 좀 많아? 그렇다고 서로 다른 집안을 하나 되게 하는 법, 배우자 부모 때문에 불행해지지 않는 법, 이런 걸 가르쳐주는 교과서가 있는 것도 아니고 말이야. 윈도 프로그램에도 인척과 더불어 사는 법, 이런 건 아직 안 나왔어!"

과학자들도 이에 동의한다. 신혼부부를 대상으로 한 연구에 의하면 인척 관계에 대한 만족도는 결혼 생활 전반의 행복도와 밀접한 상관관계가 있다. 특히 자신이 파트너의 집안에서 '가족의 일원'으로 받아들여졌다고 느끼는 사람은 더 긍정적이었다. 가시적인 보상도 있었다. 인척들과 좋은 관계를 유지하는 커플은 재정적 지원이나 자녀 돌봄과 같은 도움을 더 많이 받는 것으로 드러났다. 반면 인척 관계에서 삐걱거리는 결혼은 장기간 지속될 가능성이 더 낮았다.

로라 클레인(73세)은 시댁 식구들과 익숙해지는 일이 그토록 힘들 줄은 몰랐다. 끝까지 견뎠고 좋은 관계를 위해 최선을 다했지만 결혼 전에 좀 더 주위를 기울였더라면 하는 아쉬움을 토로한다.

"결혼하면 인척 관계는 의무니까 단단히 각오해야 해. 결혼하면 어쩔 수 없이 인척 관계를 맺게 되니까 어떻게든 잘 지내겠다고 결심해야 해. 나도 시댁에 대해 너무 몰랐고 남편도 처가 식구들에 대해 잘 몰랐어. 사람들은 그 사람과 결혼하는 거지 그 집안의 사람들과 결혼하는 게 아니라고들 말하지. 하지만 그건 틀린 말이야. 그 집안과도 결혼하는 거야. 당연히 시댁 식구들에게 잘 해야지. 하지만 내 가정도 지켜야 해. 인척들과 잘 지내지 않으면서 행복한 결혼 생활을 기대할 수는 없어. 결혼하기까지 3년간 교제하면서도 그 사실을 깨닫지 못했지."

일부 인생의 현자들은 이 문제에 대해 확고한 입장을 취한다. 만약 파트너 집안과의 관계가 극단적으로 힘들다면 더 이상 관계를 진전시키지 말라고 권고한다. 인생의 현자들 중에는 파트너 가족의 반대와 비상식적인 행동에 직면하자 가차 없이 이런 결정을 내리고 물러선 사람들이 있었다. 결혼이 무산된 주된 결별 사유는 상대 집안의 반대였다.

윌리엄 슐츠(68세)는 그런 반대에도 끝까지 버틴 경우지만 그도 시작 단계에서 집안의 상황을 주의 깊게 살피고 결혼할 만한 가치가 있는지 심사숙고하라고 조언한다.

"이런 상황을 한번 상상해봐. 남녀가 서로 상대 집안에 인사하러 갔는데 한쪽 집안의 반대가 심하다고 쳐. 그러거나 말거나 결혼할 수는 있어. 하지만 상대 집안이 극구 반대하면 웬만한 사람이 아니고는 결국 그 집안의 승리로 끝나게 되어 있어. 결국 이혼 아니면 관계에 금이 가게 되고 이로 인해 말할 수 없는 고통을 겪게 돼. 나의 경우 처가 식구들이 대놓고 나를 싫어한다고 말했어. 날건달이라 부르는 장인의 말을 웃으며 받아넘겨야 했지. 더럽고 치사하지만 어쩌겠어. 그건 사람 할 짓이 못 돼. 처가 식구들은 결혼식 전 주까지 그 결혼 취소하라고 아내를 설득했어. 두 사람 모두 명심해야 해. 결혼은 그 사람하고만 하는 게 아니야. 집안 전체를 떠안아야 해. 교제 초기에 상대 집안이나 그들의 가족 관계나 행동을 유심히 살펴봐야 해. 분별력 있는 사람이라면 그게 관계에 치명적인지 아닌지 금방 판단이 설 거야. 더 이상 안 되겠다 싶으면 억지로 맞추려고 애쓰면서 상황이 나아지길 바라느니 차라리 손을 떼는 게 나아. 그건 로키산맥을 오르려는 거나 마찬가지지. 과연 그렇게까지 해야 할까?"

여기서 핵심은 '더 이상 안 되겠다 싶으면'이다. 왜냐하면 상당수 인생의 현자들이(3장에도 등장한다) 배우자 집안과의 관계가 평균 이하지만 참을 만큼 참으면서 어떻게든 사랑받으려 열심히 노력했기 때문이다. 어떤 이들은 배우자의 지지에 힘을 얻고 멀리 이사함으로써 불편한 문제를 해결했다. 지리적으로 떨어져 있다는 것은 불편함을 줄이는 안전밸브다. 인생 현자들의 말에 의하면 최악의 상황이 겹치는 것, 다시 말해 집안 전체가 극구 반대하는데다 배우자마저 그들을 감싸고돈다든지 분명히 선을 긋지 못한다면 이는 비상경계경보령이다. 인생의 현자들이 대신 결정을 내려줄 수는 없다. 다만 배우자를 선택하면서 장차 결혼할 집안을 계산에 넣지 못하는 치명적인 실수를 범하지 말라고 간곡히 당부할 뿐이다.

| 다섯 번째 |

관계를
시작해선 안 되는
3가지 위험신호

인생의 반려자를 선택하는 문제는 참으로 복잡한 과제다. 불확실성과 싸우고 불충분한 정보에 의지해 장차 발생할지도 모를 잠재적 가능성을 예상하며 열심히 궁리해야 한다. 현재 파트너에 대한 감정이 1년 후에 어떻게 바뀔지는 자신도 모른다. 하물며 50년 후를 어떻게 정확히 내다보겠는가? 장차 결혼 생활에 어떤 어려움이 닥칠지는 아무도 예견할 수 없다. 인생의 현자들은 이미 경고했다. "인생의 반려자를 정하면서 자신의 선택이 옳았다고 확신할 수 있는 사람은 아무도 없다."

이런 사실에 절망한 나머지 배우자 선택에 대한 조언을 더 이상 구하지 않을지도 모르겠다. 하지만 겉보기와 달리 실제로 그다지 복잡하지 않은 일들도 있다. 건강관리를 예로 들면, 언론을 통해 수많은 연구결과가 쏟아지는데다 서로 상반되는 주장도 있어 올바른 결정을 내리기 어려울 때가 많다. 그럼에도 과학자들은 흡연, 비만, 마약처럼 절대 해서는 안 되는 것들에 대해 '분명히' 말해줄 수 있다. 건강보조제, 다이어트법, 운동 프로그램을 선택하는 문제로 막막할 때가 있긴 하지만 건강에 해로운 습관이 무엇인지는 너무나 확실하기 때문이다. 선택은 자유지만 잘못된 선택을 올바른 결정이라고 속일 수는 없다.

결혼도 마찬가지다. 인생의 현자들은 3가지 위험신호를 주의하기만 해도 결혼 생활에서 겪는 고통의 상당 부분을 피할 수 있다고 권고한다. 이 3가지 명백한 신호가 보이는데도 관계를 진전시킨다면, 그것은 돌이킬 수 없는 실수가 될 것이다. 자넷 뉴먼(66세)은 분명히 말한다.

"붉은 깃발이 보이면 조심해야 해. 제발 사서 고생하지 말라고. 조금 있으면 상대는 정체를 드러낼 거야. 수많은 사람들이 그런 실수를 저지르고 나서 '몰랐다'고 둘러대. 모르긴 뭘 몰라, 다 알았으면서! 사랑하니까 그런 위험쯤은 감당할 수 있다고 생각했겠지. 하지만 잘 들어. 그 사람을 자기 인생에 끌어들인 것도 나고, 그를 믿고 따른다고 말한 것도 나 자신이야. 그러니까 그런 사람과 덜컥 결혼하기 전에 생각을 좀 해봐. 바보같이 알면서 실수하지 말고. 몰랐다고? 아니야, 분명히 알고 있었어."

수많은 사람들이 이런 위험신호를 무시한 채 결혼해서 끔찍한 시기(혹은 결혼 기간 내내)를 보내며 재앙에 가까운 결정으로 인해 고통당한다. 혹자는 이렇게 질문할지도 모른다. "그런 당연한 말을 듣자고 굳이 인생의 현자들을 찾아야 하나?" 나는 이렇게 되묻고 싶다. "그것이 당연한 것임을 알면서 왜 해마다 그토록 수많은 사람들이 배우자 선택에 실패하는가?" 부디 결혼에 대해 산전수전 다 겪은 700여 명의 노인들이 말하는 위험신호를 새겨들음으로써 일생일대의 실수를 피할 수 있기를 바란다.

하나. 아무도 내 파트너를 좋아하지 않는다

흔한 시나리오를 예로 들어보겠다. 어떤 여성이(베스라 하자) 한 남성을 만나(짐이라 하자) 서로 강하게 끌린다. 둘은 데이트를 시작하고 대부분의 시간을 함께 보낸다. 짐을 친구들에게 인사시키고, 몇 달 후 베스는 짐을 추수감사절 가족 만찬에 초대한다. 이전에 여러 사람을 사귄 경험이 있고 이제는 정착하고 싶은 베스는 드디어 결혼할 사람을 만났다고 생각한다.

그런데 찬란한 지평선 너머로 어두운 먹구름이 드리우기 시작한다. 가족이나 친구들이 짐을 경계하는 눈치다. 물론 대놓고 뭐라 하는 사람은 아무도 없다. 그건 예의가 아니니까. 하지만 크리스마스 때 다시 만난 아버지가 지난 번 추수감사절에 짐에게 무슨 걱정거리가 있었는지 아니면 항상 그렇게 우울한지 묻는다. 어머니도 눈치를 살피며 뜸을 들이더니 짐에게 축구 경기나 주식 말고 다른 관심사는 없느냐며 궁금해한다.

뭔가 석연치 않은 느낌은 베스와 친구들이 어느 금요일 저녁 바에서 회포를 풀던 중 더욱 분명해진다. 술이 한두 잔 들어가자 베스는 온통 짐 이야기다. 하지만 짐 이야기만 꺼내면 입을 다무는 친구들을 이해할 수 없어 마음이 아프다. 모임이 끝나고 지하철역으로 걸어가는데 절친한 벗이 독하게 마음먹고 입을 연다.

"베스, 이런 말 해서 미안한데, 그렇다고 절대로 날 미워하면 안 돼. 전에 짐과 같이 어울렸을 때 있잖아, 짐이 널 함부로 대한다는 인상을 받았어. 재미있게 놀려고 모인 건데 빈정대기나 하고. 그리고 지난번 모임 때는 네가 좀 늦었다고 화를 불같이 냈지. 네가 사과하는데도 화를 풀지 않았어. 나만 그렇게 느낀 게 아니라 다른 친구들도 다 그렇게 느꼈대."

베스는 할 말을 잃는다. 이럴 땐 어떻게 해야 하나? 우선 짐은 그런 사람이 아니라며 화를 낼 수 있다. 친구들은 짐을 이해하지 못한다. 두 사람 사이를 질투하고 있는지도 모른다. 좀 더 친해지면 친구들도 짐을 좋아하게 되리라. 지금이 행복해질 수 있는 절호의 기회인데 왜 사람들은 축복해주지 않는 걸까? 그런 말을 들을 때마다 베스는 더욱 짐을 감싸주고 더 많은 시간을 내어 그를 만나며 헌신적인 관계로 자신을 몰아간다.

주위 사람들 말에 귀를 기울일 수도 있다. 그리고 스스로에게 질문하는 시간을 가진다. 혹시 그들의 말이 옳은 건 아닐까? 인생의 현자들도 친구나 가족이 파트너에 대해 전하는 조언에 귀를 기울이라고 말하지 않았던가. 물론 그들의 부정적인 평가를 부정하고 싶겠지만, 그들의 말도 일리가 없는 것은 아니다. 아무도 내 파트너를 좋아하지 않는다면 그것은 매우 심각한 위험신호이기 때문이다.

마틴 로손(68세)은 관계에 대한 다른 사람의 조언을 무시하고 싶은 유혹, 그것을 경계하라고 충고한다.

"여동생이 그러더군. 내가 실수하는 거라고. 가장 친한 친구도 좀 더 두고 보라고 했어. 그런데 나는 예사로 들었지. 그때 그 경고를 들었어야 했는데 그렇게 하지 않았어. 물론 이런저런 일들을 떠올리며 위험신호를 찾아볼 수도 있겠지. 하지만 눈에 콩깍지가 씌었는데 그런 게 보이겠어? 그래서 가족이나 친구들의 의견을 들어보라는 거야. 그랬더라면 고통스러운 시간을 겪지 않아도 됐을 텐데. 두 사람을 잘 아는 제3자를 찾아가서 지금 벌어지는 상황을 근본적으로 볼 수 있게 도와달라고 부탁해봐."

배우자에 대해 가족으로부터 정식 승인을 받던 시대는 이미 오래전에 지났다(여전히 그런 관습을 지키는 민족도 있지만). 현대인들은 대부분 제한적인 경험과 결혼 문화를 바탕으로 배우자 선택이라는 복잡한 방정식을 스스로 풀어야 한다. 중매인이나 중매결혼이 사라진 시대에는 가족이나 친구들에게 적극적으로 의견을 구하는 것이 스스로를 보호하는 길이다.

단지 편견(인종 문제 같은) 때문에 탐탁지 않게 여기는 거라면 그런 우려는 무시해도 된다. 하지만 믿을 만한 사람들이 계속해서 파트너가 잘 대해주지 않는 것 같다, 행복하게 해주지 못하는 것 같다, 적당한 배우자가 아닌 것 같다며 우려하는 말들을 해주는데도 무시한다면 그것은 실수라고 인생의 현자들은 말한다.

둘. 심하게 화낼 일이 아닌데 화를 폭발한다

이 프로젝트를 시행하면서 즐거웠던 추억 중의 하나는 60년 이상 행복한 결혼 생활을 이어온 부부들과 자리를 함께할 때였다. 마치 햇볕 잘 드는 창가에서 안락의자에 앉아 휴식을 취하듯 언제까지나 그곳에 머물고 싶었다. 그리다가도 결혼 생활이 갑자기 혹은 천천히 곤두박질치는 끔찍한 경험을 들려줄 때면 의자 끝에서 안절부절못했다. 거기서 살아남은 이들 중에는 두 번째 결혼에서 성취감(과 안정감)을 찾은 사람도 있었지만, 사람을 신뢰하고 관계를 맺는 능력에 돌이킬 수 없는 상처를 입은 이들도 있었다.

결혼에 대한 지침을 부탁했을 때 젊은이들을 향한 그들의 조언에는 하나의 일관된 흐름이 있었다. 결혼이 처참한 실패로 끝난 사람들 역시 동일한 위험신호를 제시했다. 그들이 한결같이 젊은이들에게 심각하게 받아들이라고 당부한 위험신호는 바로 '데이트 중에 심하게 화낼 일이 아닌데 화를 폭발시키는 경우'였다.

물론 누구나 한 번씩 화가 치밀 때가 있다. 망치질하다 엄지손가락을 내리쳤을 때, 줄서서 기다리고 있는데 바로 앞에서 줄이 끊어졌을 때면 화가 치민다. 여기서 인생의 현자들이 말하는 화는 좀 다르다. 그들이 주의를 당부한 사람은 성질이 불같고 별 것도 아닌 일에 화를 내는 사람, 특히 상황에 비해 과도하게 화를 내는 사람을 말한다. 인생의 현자들은 이들이 종종 데이트 도중 상대에게 화낼 일이 없는데도 공연히 분노를 터트린다는 점에 주의하라고 경고한다. 교제 기간 중에는 상대에게 좋은 인상을 주려고 애쓰기 때문에 화를 자제하는 게 정상이다. 그러므로 파트너가 절망스러운 상황에서 다른 사람에게 어떻게 반응하는지 유심히 살펴봐야 한다.

셸린 칼슨(76세)은 진지하게 사귀던 한 남성에게서 간신히 벗어난 이야기를 들려주었다.

"한 사람과 데이트를 하던 중 지하철을 타려던 참이었어. 그런데 반대편 선로에 서는 바람에 지하철을 놓치고 말았지. 계단을 올라가는데 그가 주머니에서 잔돈을 있는 대로 꺼내 입에 담지 못할 상스런 말을 하며 계단 아래로 집어 던졌어. 지하철을 놓친 게 너무 화가 났던 거야. 그 순간 이런 생각이 들었어. '내가 평생 함께 살기를 원하는 사람은 이런 사람이 아냐.' 비록 짧은 순간이었지만 많은 것을 말해줬지. 어쩌다 비행기를 놓치게 되었을 때, 여행 가방을 잃어버렸을 때, 밖에서 갑자기 쏟아지는 비를 맞게 되었을 때, 이럴 때 그 사람의 본모습이 드러나기 마련이야. 그렇게 스트레스 받는 상황에서 그가 폭우를 저주한다든지 뭔가를 집어던지는 행동을 한다면, 매사에 그런 식으로 대처하는 사람과 평생을 같이하고 싶은지 자문해봐."

인생의 현자들은 다른 사람을 향해 화내는 행동은 반드시 주의 깊게 살펴봐야 한다고 지적한다. 이와 유사한 감정이 관계 초기에는 명백히 드러나지 않아도 훗날 결혼해서 배우자에게 날아올 가능성이 매우 크기 때문이다. 베벌리 엘리엇(69세)은 불행했던 첫 결혼을 3년 만에 끝냈다. 직장에서 목격한 분노의 증거를 좀 더 심각하게 받아들였더라면 이런 실수를 피할 수 있었을지도 모른다.

"행동으로 나타나는 신호에 주의해야 해. 직장 구할 생각을 하지 않는 사람, 고용주와 사이가 좋지 않은 사람, 이게 다 위험신호였어. 내가 지금 만나는 사람이 세상에서 제 구실을 못하고 극단으로 치닫는 사람이라는 신호 말이야. 그는 항상 직장 사람들을 욕하고 다녔어. 그래서 늘 직장에서 잘렸지. 바로 그 화 때문에 어느 직장엘 가더라도 만족하지 못했을 거야. 그 사람이 직장 누군가에게 화를 내지 않은 적이 한 번도 없었어. 그때 경고를 알아채고 그를 떠났어야 했어."

분노의 폭발이나 반골 기질의 위험을 알아차렸어야 했다고 탄식하는 사람은 여성만이 아니다. 데릭 크로스(77세)는 아내 샐리를 통해 그런 상황을 경험했다. 종교적인 신념으로 50년간 결혼 생활을 이어 오긴 했지만 과연 이 결혼이 잘한 결정인지 데릭은 여전히 의문이다.

"절대 결혼을 서두르지 마. 우린 약혼한 지 6개월 만에 결혼했는데 교제 기간이 더 길었다면 결혼을 취소했을지도 몰라. 왜냐하면 샐리가 툭하면 화를 냈거든. 그게 몹시 거슬렸어. 화내지 않고도 얼마든지 차분히 해결할 수 있잖아. 샐리가 화를 이성적으로 통제할 수 없는 사람이란 걸 알아봤어야 했어."

이야기 도중 그의 목소리가 갈라졌다.

"어떤 경우엔 그저 훌쩍 떠나는 것 외엔 아무것도 할 수 있는 일이 없더군. 차에 올라타 무작정 운전하는 거야. 아마 결혼한 첫 해 겨울이었을 거야. 추운 날 밖으로 나왔는데 어찌나 눈물이 나던지 운전도 못할 정도였어. 마음속에 이런 의문이 들었어. 어떻게 평소에 그렇게 잘 지내던 사람들이 몇 주 후면 또 그렇게 죽어라고 싸우는 걸까? 그 화가 모든 걸 망쳐놨어. 난 아내뿐 아니라 어떤 사람과도 싸우는 건 딱 질색인 사람이야. 나는 평화주의자야. 내게 싸움은 곧 폭력이지. 아내는 나와 정반대였어. 마치 언제 터질지 모르는 시한폭탄 같았어. 아내는 아이들이나 남편에 대해 조금도 참지 못해. 초기에 그걸 유의했어야 했는데. 분명히 위험신호가 있었거든. 하지만 불행히도 난 그렇게 하지 않았어."

화를 잘 내는 사람과 결혼한다면 관계에 몹시 불리한 조건을 택하는 것이다. 소설이나 영화에서는 그런 사람이 매력적으로 보일 수도 있다(에밀리 브론테의 장편소설《폭풍의 언덕》에 나오는 히스클리프를 생각해보라). 하지만 인생 현자들의 오랜 경험상 설명이나 통제 불능의 화는(타인이나 사물을 향한 분노도 포함해서) 결코 무시할 수 없는 위험신호다.

셋. 술을 절제하지 못한다

이것은 너무도 명백한 위험신호다. 세상에 알코올 중독자인 줄 뻔히 알면서 결혼할 사람이 누가 있겠는가? 이미 답은 정해져 있다. 하지만 인생의 현자들에 의하면 사람들은 꼭 그렇게 하고 나서 후회한다. 글렌다 라이트(81세)처럼 말이다.

"윌리엄을 처음 만난 건 그가 제대했을 때야. 아주 잘생긴 청년이었지. 다소 거친 면이 있었지만 그를 사랑했어. 음주 문제도 그중 하나였어. 어느 날은 잔뜩 취해서 날 만나겠다며 집으로 찾아온 거야. 내가 돌아가라고 하니까 가긴 가는데 자기가 뭘 잘못했는지 전혀 이해하지 못하는 눈치였어. 더 확실한 신호도 있었어. 어느 날은 친구들과 어울리며 술을 엄청 마셨어. 나를 집까지 바래다주는데 걸음을 못 가눌 정도였어. 내가 집 안에 못 들어오게 했더니 우리 집 잔디밭에서 몇 시간을 쓰러져 잤어. 그때 알아봤어야 하는 건데. 데이트할 때는 상대에게 잘 보이려고 노력하는 게 당연하잖아. 그런데 데이트하면서도 술을 절제하지 못하는 사람이 결혼하면 오죽하겠어?"

하지만 젊은이들의 경우 술을 진정한 위험신호로 봐야 할지 판단하기 곤란한 측면이 있다고 인생의 현자들은 지적한다. 젊은이들은 보통 10대 후반이나 20대 초반에 진지한 관계를 시작하며, 상당수가 대학 시절에 미래의 배우자를 만난다. 그 시절에는 말 그대로 방종한 생활을 한다(대학 인근 동네에 살다보면 그 또래 학생들이 얼마나 방종한지 실감할 것이다). 이런 생활방식이 20대 초반 내내 이어지는 데다가 도심 지역 학생들은 주로 바에서 만나 데이트를 한다. 그런 이들에게 술이 결혼의 위험신호라는 말은 현실성 없는 터무니없는 주장처럼 들릴 것이다.

음주 문제에 대한 인생 현자들의 조언은 '술꾼과는 결혼하지 마라'처럼 흔히 들을 수 있는 말과는 미묘한 차이가 있다. 이 위험신호에 대해 인생의 현자들은 3가지 절대적으로 중요한 메시지를 던진다.

첫 번째 메시지는 너무도 분명하다. "상대가 알코올 중독자임이 확실하다면 관계를 중단하라." 노인들치고 결혼 생활을 하며 알코올 남용 문제를 겪지 않은 사람은 거의 없을 것이다. 그 시절에는 점심 때 마르티니 두 잔쯤은 기본이고, 칵테일파티가 일상인 그런 '매드멘(Mad Men)'의 시대였다. 그뿐인가. 수많은 사람들이 2차 세계대전이나 한국전쟁 등 군 생활을 통해 음주 습관이 몸에 밴 채 전쟁터에서 귀환했다. 그들은 심각한 음주 문제를 대수롭지 않게 여긴 자신을 두고두고 후회했다. 인생의 현자들은 알코올 의존도가 명백한 사람과 결혼하면 행복한 결혼 생활의 가능성이 희박해진다고 강조한다.

두 번째 메시지는 이 질문과 관련이 있다. "음주 행동이 정상 범위에서 크게 벗어나지 않는 사람은 괜찮은가?" 알코올 음용이 어느 정도여야 위험신호라 할 수 있을까? 그것은 '자기 통제(self-control)'의 문제라고 인생의 현자들은 답한다. 그들은 위험 행동에 대해 경계 의식을 지니고 적정 수준을 지키는 성실성을 매우 중요시한다. 성실한 사람은 자기 통제가 안 될 정도가 되면 문제의식을 느낀다.

파트너가 음주 행동을 통제할 수 있는가? 아니면 오히려 음주 행동에 통제당하는가? 소피아 스펜서(77세)는 이 사안에 대한 노인들의 지혜를 압축적으로 보여준다.

"음주에 관해서는 파트너를 유심히 지켜보면 알 수 있어. 그들의 행동이 선을 넘어섰는가? 그날 저녁에는 절대 술을 많이 마시지 않겠다고 해놓고는 계속 마시는가? 적당한 음주가 요구되는 자리에서 과음하지는 않는가? 옛날에 남편과 내가 데이트할 적에 성탄절 만찬을 같이하려고 남편과 함께 부모님 댁으로 갔어. 술이라고는 브랜디가 들어간 펀치 하나밖에 없는데 남편이 계속 그것만 마시는 바람에 가족들 앞에서 창피해 죽는 줄 알았어."

세 번째 메시지는 이것이다. 절제하겠다는 약속과 달리 술을 절제하지 못하는 행동은 바뀔 가망이 없다. 아무리 변화되기를 간절히 바란다 해도 현실로 이뤄지지 않는 것들이 있다. 음주가 그렇다. 물론 젊은 시절 제멋대로이다가 결혼 후(간혹 한 번씩) 정신을 차리는 사람도 있다. 하지만 기억하라. 인생의 현자들은 지금 '성공 확률 높이기'에 대해 말하고 있다는 사실을. 만약 행복한 결혼의 가능성을 높이고 싶다면 자기 통제력을 잃지 않는 사람을 선택해야 한다. 자기 통제력만 있다면 음주를 즐기는 사람도 괜찮다. 인생의 현자들이 알코올에 중점을 둔 것은 그 시대에는 마약 중독이 드물었기 때문이다. 지금은 시대가 변했다. 마약 중독에 대해서도 동일한 규칙이 적용된다. 그것을 절대 무시해서는 안 될 명백한 위험신호로 바라보라.

| 여섯 번째 |

최고의 짝을 선택하는 5가지 비결

지금까지 반려자 찾기에 대해 많은 것을 살펴보았다. 인생의 현자들은 성공적인 결혼에 유리하도록 배우자를 선택하는 방법을 알려주었다. 배우자의 어떤 자질을 추구하고 또 피해야 하는지를 자세히 알려주었다. 노인들의 장점은 구체적으로 말하기를 전혀 개의치 않는다는 것이다. 이제부터 결혼과 관련하여 잘못된 결정을 피할 수 있는 인생 현자들의 비결을 소개하겠다. 5가지 비결 모두 시대를 초월한 영원한 질문, 이 선에서 머무를 것인가 아니면 더 나아갈 것인가를 결정하는 데 적용할 수 있을 것이다.

하나. 도전적이고 색다른 상황에 처해보라

누군가를 만났고 한동안 데이트도 했다. 이제 여기서 한 단계 더 나아가길 원하는가? 그렇다면 인생의 현자들이 제시한 관계의 미래를 가늠해볼 핵심 진단 테스트를 조기에 사용해보자. 데이트를 하거나 '시간을 함께 보낸다'고 하면 클럽에 가거나 영화를 보거나 집에서 텔레비전 함께 보기를 생각할 것이다. 아니면 일주일 정도 같이 여행을 떠날 수도 있다. 그런데 인생의 현자들은 그것만 가지고는 부족하다고 말한다. 관계를 진전시킬지 아니면 한 걸음 물러나서 계속 지켜볼 것인지를 결정하려면 일상을 벗어나 뭔가를 함께 경험하는 기회가 반드시 필요하다.

돌이킬 수 없을 정도로 관계가 깊어지기 전에 최악의 상황에서 파트너가 어떤 모습인지 살펴볼 기회를 반드시 가지라고 인생의 현자들은 조언한다. 최악의 상황이 어려우면 극심한 스트레스 상황이나 힘든 도전에 직면해보라. 인생의 현자들에게는 관계를 테스트해볼 방법에 대한 아이디어가 무궁무진하다. 야외 활동이 대표적인데 이를 통해 일상의 안전지대를 벗어나는 경험을 할 수 있다.

랠프 퍼킨스(67세)는 대학 때 아내를 만나 함께 봉사 활동을 하게 되었다. 그때 그 경험을 통해 서로에 대해 깊이 알게 되었고 그 덕분에 42년간 행복한 결혼 생활을 할 수 있었다.

"기회가 된다면 함께 캠핑을 떠나보는 것도 좋은 방법이지. 흙투성이가 된 채 지저분한 모습으로 야외 활동을 하면서 상황을 지켜보라고. 일상을 벗어나 활동하면서 테스트를 해보는 거야. 그런 상황에 어떻게 대처하는지 살펴봐. 우리는 자원 봉사 활동을 같이 하면서 가난한 사람들이 얼마나 어렵게 살아가는지 알 수 있었어. 그런 활동은 누구나 할 수 있어. 사랑의 집짓기에 동참하거나 단체 활동을 한다든지 아니면 이색적인 경험을 해볼 수도 있어."

다른 인생의 현자들은 캠핑 여행을 강력 추천하면서 험한 여행일수록 더 좋다고 덧붙였다. 진 로이(75세) 역시 그런 경험을 통해 값진 교훈을 얻었다.

"처음에는 대화로 시작해서 관계의 기반을 마련하는 게 좋아. 하지만 활동을 통해 그 기반을 강화할 수도 있고 약화할 수도 있지. 그러니까 이런 활동이 반드시 필요해. 아내를 만나기 전에 상당 기간 알고 지내던 한 여성이 있었는데 그녀와 국립공원으로 등산을 갔어. 산속으로 들어가 지내다보니 마실 물도 없고 곰이 출몰하기도 하고 식량이나 생필품도 다 떨어졌어. 그제야 우리가 서로에 대해 아는 게 전혀 없다는 생각이 확 드는 거야."

캠핑족이 아니라면 다른 방법이 있다. 어떤 인생의 현자들은 단둘이 자동차로 장거리 여행을 해보라고 제안한다. 둘이서 꼼짝없이 차 안에 갇힌 채 무사히 여행을 마칠 수 있다면(친구들과 어울려서 비치 하우스에서 주말을 보내는 정도가 아니라) 일단 합격점을 받은 것이다. 도리스 스틸(71세)은 이야기한다.

"결혼하고 싶은 사람과 자동차로 하루 8시간씩 달리며 장거리 여행을 떠나봐. 여행 기간 내내 서로에게 얼마나 관심이 있는지, 고속

도로를 어디서 빠져나갈 것인지, 식사는 어디서 할 것인지를 놓고 싸우지는 않는지 살펴봐. 중요한 정보를 많이 얻게 될 거야."

 굳이 다른 곳으로 떠나지 않더라도 서로의 한계를 시험해볼 방법을 2가지 소개하겠다. 첫째로 노인들은 자신이 아플 때 애인이 어떻게 반응하는지 주의 깊게 보라고 제안했다. 적극적으로 간호해주는가? 아니면 고열, 오한, 구토가 끝나기까지 멀찌감치 달아나 있는가? 물론 미리 계획하고 아플 수는 없다. 하지만 오랜 기간 만나다 보면 한 번은 이런 기회가 온다. 서로 잘 지낼 수 있는지 판단하려면 페인트칠을 같이 해보는 것도 좋다(아니면 협력이 필요한 다른 힘든 가사일도 좋다). 인생 현자들의 요지는 다음과 같다. "관계 초기에 한 단계 더 나아갈지 결정하려면 평소 하던 데이트 코스를 벗어나 어렵고 색다른 일을 해보라."

둘. 원하는 것들과 원하지 않는 것들의 목록을 작성해보라

 너무 타산적이며 비낭만적인 말 같지만 상대방과의 관계에서 얻기 원하는 것들의 목록을 작성해보라고 인생의 현자들은 권한다. 무엇을 얻는지도 중요하지만 무엇이 '필요하지', 즉 행복한 결혼 생활을 하려면 어떤 자질을 갖추어야 하는지가 더 중요하고 바로 여기에 주목해야 한다. 인생의 현자들은 목록 작성이 헌신 여부를 결정하는 데 좋은 연습이 되는 것은 물론 배우자를 물색하는 단계에서도 요긴하다고 말한다. 어떤 파트너를 원하고 또 원하지 않는지 생각해보는 것은 가망 없는 관계를 피할 수 있도록 도와준다.

로웨나 메카비(69세)는 이 목록 덕을 톡톡히 보았다. 하지만 그녀도 처음부터 성공적인 결혼 생활을 한 것은 아니었다. 어느 날 남편이 소리 소문 없이 떠나는 바람에 첫 번째 결혼은 갑자기 끝장났다. 두 번째 결혼 역시 몹시 힘들었다. 남편이 정신적으로 문제가 있었고 폭력적이었다. 아이에 대한 불안 때문에 두 번째 남편과도 이혼했다. 그녀는 두 번의 실패 후 목록을 작성하기 시작했다. 그리고 세 번째 남편을 만났다. 그와는 18년째 행복한 결혼 생활을 누리고 있다. 그녀는 이렇게 말한다.

"그레이엄을 만나 그와 함께하기로 결심한 후, 종이 한 장을 꺼내 들고 자리에 앉아 장단점을 써내려갔어. 당시 나는 30대였지. 목록을 보며 이렇게 중얼거렸어. '이런 사람이 내가 원하는 사람이야.' 그레이엄은 그런 자질을 갖춘 남자였지. 단점보다 장점이 훨씬 많았어. 서른 살이 훨씬 넘어서야 원하는 배우자 상을 확실히 깨달았어. 그게 다 종이 한 장 덕분이었지. 나더러 냉혈인간이라고 말할지 모르겠지만 각자가 관계에 기여할 수 있는 점들을 목록으로 만들었어. 무엇보다 아직 어린 아이에게 좋은 아빠가 되어줄 사람이 가장 절실했지. 결과는 대만족이었어."

목록을 작성하는 일은 장래 배우자의 장점과 단점을 견주어보는 데 도움을 준다. 크리스틴 벡(83세)은 약혼자에게 싫증이 나기 시작했을 때 이 방법을 썼다.

"가끔 이런 생각이 들었어. '내가 왜 이 사람과 결혼해야 하지? 그 사람이 너무 싫고 더 이상은 못 견딜 것 같아.' 그러고는 '이게 다 그가 잘못하고 있는 점들이야' 하면서 종이를 꺼내 잘못된 점들을 하나하나 적기 시작했어. 그리고 생각했지. '공평해야 하니까 장점도 한번 생각해보자.' 그런데 항상 장점이 더 크고 많은 거야! 그래서 그냥 그 사람과 결혼해버렸지."

목록에 들어갈 것들은 정해져 있는 게 아니라 스스로 정해야 한다. 인생의 현자들은 상대와의 관계에 헌신할지 여부를 결정할 때 이 목록이 아주 요긴할 거라고 말한다.

셋. 유머 감각을 살펴보라

인생의 현자들은 장차 있을 결혼 생활의 문제점을 진단하려면 다음의 질문을 던져보라고 권한다. "두 사람이 똑같은 걸 보고 웃는가?" 노인들은 유머 감각이 중요한 이유를 2가지로 설명한다.

첫째, 유머 감각은 두 사람이 함께할 수 있는지를 단적으로 보여주는 지표다. 만약 똑같은 걸 보고 웃는다면 서로 '장단이 잘 맞을' 가능성이 크다. 세상을 보는 눈이 같다는 말이다. 앨 데이비드슨(70세)은 파트너를 찾을 때 반드시 이렇게 물어보라고 한다.

"내가 던진 농담에 상대방이 웃는가? 내 농담을 이해하는가? 그저 예의상 웃어주는가? 아니면 진심으로 재미있어 웃는가? 이건 중요한 문제야. 왜냐하면 서로 비슷한 세계관과 인생관을 지닌 사람을 찾는다고 하는데 그게 말처럼 쉬운 일이 아니거든. 이때 유머 감각을 보면 그 사람에 대해 많은 걸 알 수 있어."

둘째, 앞으로 평생 파트너의 유머를 상대하며 살아야 하기 때문이다. 만약 파트너가 유머랍시고 방귀를 뀌며 짓궂은 장난을 쳤는데 전혀 유쾌하지 않다면 지금 그 방귀 방석은 50년 후에도 여전히 우습지 않을 것이다. 안젤라 브릭스(74세)는 이야기한다.

"유머는 아주 중요해. 우리 부부는 날이 갈수록 서로의 유머 취향이 다르다는 걸 깨닫고 깊은 괴리감을 느꼈어. 그는 재미있다고 난리인데 나는 그게 도무지 이해가 안 되는 거야. 갈수록 그의 행동이 거슬리는 걸 어떡해. 그게 은근히 사람을 힘들게 만들더라고."

반면 두 사람이 같은 걸 보고 동시에 웃으면 그것은 향후 수십 년간 관계의 활력소가 된다. 조던 셔먼(94세)은 평생 함께 웃을 수 있다는 것이 얼마나 큰 유익을 가져다주는지를 몸소 보여주었다.

"내가 좀 특이한 유머 감각을 갖고 있어. 그런데 아내가 그걸 무지 재미있어 하는 거야. 그 모습이 참 보기 좋았어. 그래서 우린 엄청 많이 웃으며 살아. 이런 게 좋은 관계 아닐까. 난 매일 재미난 말이 떠올라. 그러면 아내는 웃느라 정신을 못 차리지. 그래서 우리 부부가 66년을 잘 살았나봐. 그게 우릴 하나로 묶어 주었던 것 같아. 지금도 우린 같이 농담하고, 같이 웃고 그래."

넷. 파트너가 게임하는 모습을 관찰하라

놀랍게도 상대방이 게임하는 모습을 보면 그가 결혼 배우자로 적합한지 최종 판단하는 데 많은 정보를 얻을 수 있다고 인생의 현자들은 제안한다.

중국계 미국인의 복지기관인 노인회관에서 첸 슈(74세)를 인터뷰할 때였다. 인터뷰하러 들어가면서 커다란 방을 지나게 되었는데 그 안에는 중국 노인들이 카드 테이블에 둘러 앉아 패를 딸깍거리며 게임에 열중하고 있었다. 마작이라는 게임인데 회관에서 가장 인기가 좋다고 노인회관 관장이 넌지시 알려주었다. 그러니까 나는 마작의 마 자도 모르는 상태에서 첸 슈와 근처 가게에서 사온 달콤한 크림빵과 커피를 사이에 두고 마주 앉았다.

첸 슈는 결혼 50년차이며 중국 역사상 가장 격동의 시기에 남편을 만났다. 몇 년 후 부부는 미국으로 이민했고 두 자녀를 두었다. 미국 사회에 잘 적응했지만 중국 전통의 세계관에 대한 자부심도 대단했다. 그녀는 자신의 가족들에게 배운 소중한 교훈을 자손들에게 전해주었다.

"중국 사회는 노인 세대에 귀를 기울이는 문화야. 노인들 말씀이, 배우자를 만나고 그 사람 됨됨이가 어떤지, 남에게 예의를 갖추는지 등을 알려면 마작 하는 걸 지켜보라고 하셨어. 따거나 잃을 때, 복잡한 상황에 처할 때 어떻게 대처하는지 보라고 말이야. 그걸 보면 그 사람이 스트레스나 손실, 성공에 어떻게 대응할지 알 수 있어. 그리고 인생의 실패에 어떻게 대처할지도 말야. 사소한 행동을 보면 그 사람을 알 수 있어."

이런, 마작이 뭔지도 모르는 사람에게 마작을 비유로 들다니! 나중에야 마작이 상당한 기술, 계산 그리고 스트레스 대처 능력을 요한다는 사실을 알게 되었다. 슈는 이렇게 덧붙였다.

"사람이 말로는 어떤 것도 포장해서 말할 수 있어. 생각나는 대로 둘러댈 수 있단 말이야. 하지만 실제로 뭔가를 할 때는 본 모습이 드러나기 마련이야. 마작이 그래."

마작만이 아니다. 제시카 크루즈(68세) 역시 출신 문화권의 전통 놀이인 도미노 게임에 대해 동일한 생각을 가지고 있었다. 인터뷰에 응한 푸에르토리코 출신의 노인들은 거의 도미노 게임을 즐긴다고 했다. 제시카도 마찬가지였다.

"함께 클럽에 가서 도미노를 즐기곤 했지. 우린 둘 다 도미노를 좋아했어. 건전하고 재미있는 게임이니까. 머리도 좋게 해주고. 어느 가정에나 들어가면 맨 먼저 탁자 위에 도미노가 있는 걸 보게 될 거야."

제시카는 남편을 선택하게 된 이유가 도미노 때문이었다고 말한다.

"남편이 나와 결혼할 사람인 줄 어떻게 알았느냐 하면, 같이 도미노 게임을 하면서 알았어. 요즘 젊은 사람들은 바에서 사람을 찾잖아. 하지만 도미노 게임을 같이 해보는 것도 좋은 방법이야. 게임하는 걸 지켜보면 그 사람의 성격을 웬만큼 알 수 있거든."

마작, 도미노, 축구, 소프트볼, 스크래블, 모노폴리, 무엇이든 게임을 하면서 파트너의 행동을 관찰하는 것이 말보다 더 나을 수도 있다고 인생의 현자들은 조언한다.

다섯. 결혼하기 전에 믿을 만한 현자에게 조언을 구하라

만약 이제 결혼(혹은 진지하고 헌신적인 관계)을 향해 도약하려 한다면 그전에 해야 할 일이 있다. 바로 결혼한 지 수십 년 된 노부부를 방문하는 것이다. 얼굴을 마주 하고 앉아 대화하라. 그들을 관찰하라. 아주 특별한 경험이 되리라 장담한다. 그 시간으로 인해 그동안 얼마나 이런 조언을 학수고대하고 있었는지 새삼 깨닫게 될 것이다. 지금의 파트너와 함께 이런 노부부처럼 살 수 있을지가 더욱 분명해질 것이다.

그들에게 질문을 쏟아 부어라. 그들에게 현재 상태와 당면한 결정에 대해 이야기한 후 이렇게 물어보라. "과연 이 사람인지 어떻게 확신할 수 있을까요?" 앞으로 어떤 어려움이 기다리고 있는지, 또 어떻게 극복할 수 있는지도 물어보라. 노부부와의 대화를 통해 장기적인 안목을 얻게 될 것이다. 50년 후의 모습을 내다보며 함께 결혼생활을 완주할 수 있을지 가늠해보라. 이보다 더 좋은 조언을 어디서 찾을 수 있겠는가?

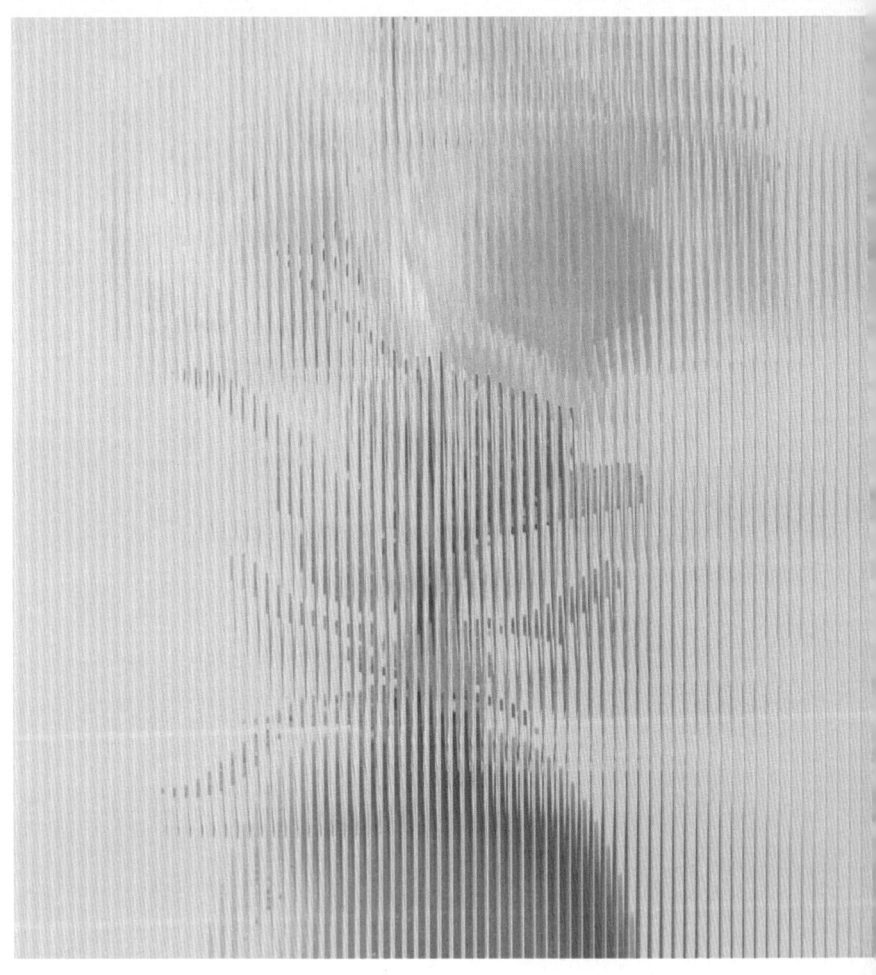

항상 대화와 토론의 문을 열어둬야 해. 무슨 일이 있어도 대화를 멈추지 마. 중요성을 떠나 모든 것에 대해 대화를 나눌 수 있어야 해. 이제 서로 알 만큼 아는 부부 사이에 무슨 대화냐는 식의 안일한 생각은 버려. 대화와 소통은 모든 관계의 핵심이지. 특히 서로에게 깊이 의존하고 너무도 많은 걸 공유하는 부부에게는 더더욱 중요해. 부부 좋

2장
함께 살아갈 날들을 위한 대화

다는 게 뭐야. 부부는 서로 할 말, 못할 말 다 할 수 있는 사이야. 다른 사람에게는 절대 할 수 없는 말을 부부끼리는 자유롭게 할 수 있지. 서로에 대해 너무 잘 아니까. 서로를 잘 안다는 그런 친밀감이 있으면 대화가 얼마나 즐거운지 몰라. 이 대화의 샘이 절대 마르지 않도록 해. 그게 바로 결혼의 생명줄이니까.　　　　페데리코(83세, 결혼 60년차)

30 LESSONS FOR LOVING

대화와 소통을 이야기할 때 곧바로 노인들을 떠올리는 사람은 없을 것이다. 이들은 솔직하게 '있는 그대로 말하는' 자유로운 분위기를 중시하던 1960년대 이전 세대다. 그들이 성장한 시대는 오늘날처럼 심리치료가 보편화된 문화가 아니었다. 성 역할의 구분이 보다 철저했고 남성은 강인함과 과묵함의 대명사였다. 그래서인지 고령의 노인들이라고 하면 벽시계가 똑딱거리는 소리만 요란한 거실에서 묵묵히 뜨개질하는 할머니나 신문 읽는 할아버지를 떠올린다.

하지만 이는 극히 잘못된 생각이다. "오랜 결혼 생활의 비결이 무엇입니까?"라고 인생의 현자들에게 물었을 때, 놀랍게도 '대화하는 법을 배우라'는 응답이 되돌아왔다. 사실 본 연구에서 언급 횟수로만 따진다면 대화와 소통의 주제가 인터뷰 내용 중 가장 많은 부분을 차지한다. 결혼 생활의 문제점에 대해 질문하면 인생의 현자들은 여지없이 대화를 언급하면서, 모든 문제는 대화 부족에서 비롯되며 대화를 개선하는 것이 해결책이라고 조언했다.

특히 이런 대답이 누구에게서 나왔는지를 알면 더욱 놀랄 것이다. 바로 '거친 남자'라 불릴 만한 사람들이다. 주위를 둘러보면 이런 사람이 꼭 있기 마련이다. 정비소 직원일 수도 있고 아랫동네에 사는 농사꾼, 아니면 술집에서 맥주를 마시는 재향군인일 수도 있다. 가족 중에도 이런 사람이 있을 것이다.

이들은 겉으로는 강해 보인다. 팔십 노인이라 해서 만만히 보고 팔씨름을 걸었다간 큰코다친다. 그들은 깡마르고 가죽만 남았으며 평생 고된 육체노동을 하며 열심히 살았다. 꼭 할 말 이외에는 하지 않고 묵묵히 일만 하며 살았다. 이들 대부분은 군인으로 복무했으며 2차 세계대전이나 한국전, 베트남전 등 한두 차례 참전 경험이 있다. 직장을 잃었고, 맨손으로 다시 일어서야 했으며, 총상을 입기도 했고, 싸워서 쟁취해야 했으며, 가족의 소박한 식사를 위해 하루 종일 땀 흘려 일해야 했다. 최근 이뤄지는 남성상에 대한 철학적 토론에 대해 이들은 요즘 사람들이 '진정한 남자' 운운하는데 남자면 남자지 진정한 남자는 또 뭐냐고 의아해할지도 모른다.

그런 연고로 결혼을 주제로 고령의 노인층을 인터뷰하면서 이런 분들을 만나면 잔뜩 긴장이 되었다. 이들은 탁자를 가운데 두고 조사자와 대치한 상태에서 '서둘러 끝내자고'라는 표정으로 앉아 있었고 나는 녹음기를 작동하느라 허둥대고 있었다. 다과 따윈 필요 없고, "언제 끝낼 거야?" 그랬던 그들이 결혼에 대한 인터뷰에 동의했다(옆에서 아내가 쿡쿡 찔러서 동의한 경우도 있었지만).

그 고비를 넘기고 나자 놀랍게도 그들이 마음을 터놓기 시작했다. 아내에 대해, 자녀에 대해 그리고 결혼 생활의 의미에 대해 이야기 보따리를 풀어놓았다. 결혼식을 치른 지 몇 주 만에 전쟁터로 떠나 신부와 편지로 소식을 주고받았다는 이야기도 있었다. 안정적이고 확고한 결혼 생활을 이루고 좋은 생계 부양자로 산 것에 대해 남자로서 말할 수 없는 자부심을 느낀다고 했다. 그리고 아내에 대한 사랑을 이야기할 때면 목이 메어 말을 잇지 못했다.

하지만 무엇보다 놀라웠던 것은 이 강철 같은 사나이들의 입에서 나온 권고였다. "대화하는 법을 배워라." 그들 대부분은 자신의 감정을 표현하는 경험이 부족한데다가 군대에서 소리만 지르다 나오고 보니 상황이 더욱 악화되었다. 그들은 결혼 초기에 겪는 최대 난제로 대화의 어려움을 들었다(아내들도 마찬가지였다). 그런 그들조차 대화하는 법을 배웠다. 그중에서 반평생이 지나서야 대화법을 터득한 한 사람의 이야기는 지금도 잊을 수 없다. 잭 심슨(71세)은 거친 남자이며 누구보다 힘겨운 삶을 살았다. 정중한 남부 신사답게 언뜻 봐서는 전혀 그런 티가 나지 않지만 자신의 경험을 이야기하는 그의 목소리는 왠지 침울했다.

"집안에 문제가 많았어. 전부 술을 마셨거든. 나도 마셨지. 감옥에도 여러 번 갔어. 전부 합해 한 8년 있었을 거야. 소년원에도 있었어. 체격이 큰 편은 아니야. 키 170에 몸무게 63 정도. 하지만 사람들이 날 건드리지 못하게 했지. 칼에 찔리고, 총에 맞고, 건물에서 떨어지기도 했지만 살아남았어."

잭의 결혼 생활 역시 마흔이 되기까지 풍파를 겪었다. 그러다가 더는 이렇게 살아선 안 되겠다고 생각했다. 삶을 변화시키고 여자 관계도 정리하기로 결심했다.

"여러 여자와 짧은 결혼 생활을 한 뒤에 지금의 아내를 만났어. 곧 결혼 31주년이야. 얼굴만 보고 이 여자 저 여자 쫓아다녔지. 문제가 많았고 관계는 얼마 가지 못했어. 좋은 배우자를 찾아야 해. 그리고 대화해야 하고. 파트너의 됨됨이가 어떤지, 삶에서 추구하는 바가 같은지 살펴보라고."

"마흔이 되니 이런 생각이 들었어. '이제부터는 나를 위해 살지 않겠다.' 사십 평생 내 뜻대로만 살았어. 그제야 비로소 철이 든 거지. 진지하게 평생을 약속했으면 자신도 뭔가 조금은 줘야 해. 모든 걸 자기 위주로 할 순 없어. 그러다 아내를 만났고 행복하게 해주고 싶었어. 아내는 나보다 훨씬 힘들게 살았으니까. 세상에는 나 말고도 힘들게 사는 사람이 많다는 걸 비로소 깨달은 거지."

무엇이 잭을 변화시킨 것일까? 무엇이 그로 하여금 불행과 실패한 관계와 고통으로 점철된 40년의 인생 끝에 행복한 30년의 결혼 생활로 이끈 것일까? 그의 대답은 간단했다.

"대화하는 법을 배운 덕분이지. 중요한 건 자리에 앉아 이야기하는 법을 배운 거야. 새 차를 사야 한다든지 결정할 일이 생기면 늘 이런 식이었지. '나 하고 싶은 대로 할 거야. 그게 싫으면 관두든가.' 그러다가 누군가의 생각이 중요하게 다가올 정도로 사랑하는 사람을 만난 거야. 이젠 내 뜻은 중요하지 않아. 둘이 같이 앉아 상의하고 아내의 생각이 더 좋으면 아내를 따라. 그게 내가 배운 최고의 교훈이야."

모든 노인들은 남녀, 빈부, 학력 고하를 막론하고 서로 간의 대화가 장기적이고 행복한 결혼에 필수적인 조건이라고 확신한다. 이제 대화의 벽을 허물고 평생 마음을 터놓는 구체적이고 실용적인 조언을 살펴보자.

| 일곱 번째 |

어떤
상황에서도
대화하라

나는 어쩌다 부부를 만날 일이 있으면 그들의 대화 방식부터 보게 된다. 부부 동반 저녁식사를 마치고 집으로 돌아가는 차 안에서 사람들 이야기로 이야기꽃을 피우는 부부가 있다. "밥은 너무 말이 없는 거 같아, 자기 생각은 어때?" 그러면 파트너가 이렇게 응수한다. "맞아, 하지만 캐롤이 말할 틈을 안 주는 걸 어떡해!" 그런가 하면 위트 넘치는 대화로 즐겁게 농담을 주고받으며 서로에 대한 관심과 애정을 보여주는 부부도 있다. 이처럼 부부가 대화를 주고받는 모습은 주위 사람들에게 강한 인상을 남긴다. 일상에서 말과 행동을 주고받는 방식을 보면 그들의 관계를 대번에 파악할 수 있기 때문이다.

부부마다 대화하는 방식도 다양하고 대화의 양도 각기 다르다. 항상 말이 많은 부부가 있는가 하면 꼭 말해야 할 때를 제외하고는 입을 다무는 부부도 있다. 말을 하지 않으면 견딜 수 없는 수다형이 있는가 하면 과묵하고 내성적인 사람도 있고, 오히려 침묵하는 게 더 편해서 말을 하지 않을 뿐이라고 주장하는 침묵형도 있다. 부부마다의 대화 방식이 이토록 다양한데 인생의 현자들이라고 무슨 뾰족한 수가 있을까? 각자 편한 대로 대화하는 것이 최고라고 조언하면 끝 아닌가? 대화에 대한 만고불변의 원칙을 제시한다는 게 과연 가능할까?

하지만 인생의 현자들에게는 대화와 관련하여 나누고픈 평생의 교훈이 존재하고, 이것이 너무도 중요하고 보편타당한 조언이기에 강하게 주장한다. 모든 부부는 말의 양과 대화 방식을 떠나 결혼할 때 혼인서약에 하나 더 추가해야 할 사항이 있다. "아플 때나 건강할 때나 서로 아끼고 감싸주며 사랑하겠습니다. 그리고 대화하겠습니다."

그렇다. 대화해야 한다. 굳이 하기 싫은 대화를 억지로 하라는 말이 아니다. 파트너가 이성을 잃을 지경이 되도록 대화를 몰아붙이라는 말도 아니다. 서로의 관계를 위해 중요한 사안이 있을 때나 뭔가를 결정해야 할 때, 실망과 불만족이 극심할 때는 대화를 해야 한다. 그런 때는 '무조건' 중요한 사안에 대해 이성적이고도 건설적으로 자유롭게 대화할 수 있어야 한다. 그렇지 않으면 행복은커녕 결혼을 유지하기도 어렵다.

방 안에 노인들이 한가득 모여 청문회를 한다고 상상해보라(단언컨대 그들 중 몇몇은 이렇게 하고도 남았을 것이다).
"저는 말을 많이 하는 편이 아니에요."
"그래도 파트너와는 꼭 대화를 해야 해."
"개인적인 일까지 상의하려니 어색해서요."
"파트너는 그럴 때 대화하라고 있는 거야!"(목소리가 점점 높아진다.)
"실은 정신없이 바빠 대화할 시간도 없어요."
"바쁠수록 파트너와 대화해야지."
"남자가 대화는 무슨 대화예요! 힘든 걸 일일이 표현할 순 없잖아요."
"대화에 남자 여자가 어디 있어! 잔말 말고 어서 가서 대화하라니까!"(더 이상 언성이 높아지기 전에 이쯤에서 그만두도록 하자.)

대화를 피해 갈 방법은 없어 보인다. 트랙터와 날씨 이야기가 대화의 대부분을 차지하는 중서부 지방의 95세 농부부터 매일 심리치료를 받으러 다니는 65세 뉴요커에 이르기까지 전부 이에 동의했다. "30~40년 이상 행복한 결혼 생활을 유지하는 비결은 단 하나, 대화하는 길밖에 없어." 물론 편안하게 자기 생각과 느낌을 나눌 수 있는 사람이 있으면 가장 좋겠지만, 설사 그렇지 못하다 해도 이 부분에 대해서만큼은 확고한 입장을 가지고 있어야 한다. 만약 내 편에서 어렵게 대화를 청했는데 파트너가 이를 받아주지 않는다면 부부로서 당연한 의무를 내세워 대화를 요구하라고 노인들은 조언한다.

수백 명에 달하는 노부부들의 인생 이야기에 푹 빠져 지내다보니 이런 확신이 들었다. "평생 대화하며 사는 것이야말로 가장 행복한 결혼 생활이구나. 오로지 대화밖에 없구나."

클리프턴 그리프스(71세)는 허심탄회하고 지속적인 대화를 적극 지지하는 사람들을 대표한다. 그는 걸쭉한 입담을 과시하며 이 점을 강조했다.

"둘이서 집안이 떠들썩하도록 계속 지껄여대야 해. 조용하면 뭔가 심각한 문제가 있는 거야. 우린 문제가 생기는 족족 해결하려고 노력하는 편이야. 비법 같은 건 없어. 끊임없는 관심, 그것뿐이야. 좋은 쪽으로 해결을 보려면 평소부터 준비를 해야 해. 한 달에 한 번 대화하자, 이렇게 해서 될 문제가 아니라는 거지. 대화는 흐르는 물이야. 절대 멈추면 안 돼."

클리프턴에게는 이 방법밖에 없었다.

"놀라운 건, 한 발 뒤로 물러나서 찬찬히 들여다보면 결혼 생활을 지속해야 할 이유가 하나도 없어. 반드시 결혼이 30년, 40년, 50년 이어져야 한다는 법은 어디에도 없다고. 성경에 나와 있는 것도 아니고 말이야. 그런데도 결혼은 계속되지. 그건 두 사람이 항상 관심을 가지기 때문이야. 항상 떠들며 쉬지 말고 대화하라, 이게 답이야. 문명의 이기를 동원하는 것도 한 방법이야. 우린 서로 다른 층에 사무실을 두고, 항상 메일을 주고받아. 또 다른 대화의 수단인 셈이지. 맞부딪힐 위험을 줄일 수 있어 좋아."

조슈아 깁스(81세)는 단도직입적으로 말한다. "대화가 없는데 무슨 정이 생기겠어. 그게 어디 부부야. 죽은 두 마리 오리지." 정말 끔찍하지 않은가? 실제로도 인생의 현자들이 결혼 관계를 끝낸 이유를 들어보면 대화의 실패가 가장 큰 비중을 차지한다. 그들은 소생시킬 가망이 없는 '죽은 두 마리 오리'인 것이다.

베서니 던(74세)은 첫 번째 결혼의 실패를 되돌아보며 한 가지 주의할 점을 지적했다. 그것은 바로 형식적인 대화다. 형식적인 대화만 오가면 관계에 균열이 생겨 결국 파국에 이른다고 경고한다.

"민감한 문제는 그냥 덮어버렸어. 현명한 방법이 아니란 걸 알면서도. 문제를 정면으로 접근하면 싸움이 일어나니까. 싸울 거리를 만들고 싶지 않았지. 가장 큰 문제점은 둘 다 서로 대화하는 방법을 배우지 못했다는 거야. 분노가 쌓이기 시작했어. 그렇게 되면 안 되는데 말이야. 나의 가장 큰 잘못은 솔직한 감정을 말해야 하는데 그렇게 하지 않았던 거야. 대화가 필요한 것은 바로 그런 때인데 말이지."

간혹 처음에는 열심히 대화하다가 변화가 생기는 (천천히 또는 갑자기) 경우가 있다. 인생의 현자들은 분명히 말한다. 말을 잘하던 사람이 갑자기 대화를 멈추면 뭔가 잘못되었다는 위험신호다. 잰 데니스(90세)의 이야기를 들어보자.

"배우자와 사이도 좋고 아무 문제 없었다고 쳐. 그런데 어느 순간부터 대화가 뜸해지기 시작한단 말이지. 그렇다면 위험신호가 나타난 거야. 배우자를 앉혀놓고 무슨 걱정거리가 있는지 말해보라고 해. 그리고 과연 내가 도울 수 있는 일인지, 혹시 나한테 무슨 섭섭한 일이라도 있는지, 아니면 처음 결혼했을 때와 내가 너무 많이 달라졌다고 생각해서 그런지도 물어봐. 대화하는 게 예전 같지 않다면 그건 결혼 생활에 문제가 있다는 위험신호야."

인생의 현자들은 대화의 질을 끊임없이 관찰하고 상태가 악화되면 조처를 취하라고 조언한다. 문제를 너무 오래 방치하면 그땐 이미 늦는다는 것이다.

그렇다고 문제 해결에만 초점을 맞춰서도 안 된다. 이에 못지않게 활발한 대화를 자주 나눔으로써 역동적이고 신명나는 관계로 만드는 것 역시 중요하다. 코라 체임버스(72세)는 단도직입적으로 말한다.

"배우자와 터놓고 즐거운 대화를 나누는 걸 빼고 나면 결혼이 무슨 소용이야? 항상 서로 대화하는 게 중요해. 대화를 잃는다면 결혼을 잃게 되는 거야. 두 사람이 함께 사는 건 서로 가족사나 세상사나 두루 이야기를 나누라고 그런 거 아냐? 이야깃거리가 좀 많아? 정치도 있고 건강도 있고 뭐든 같이 이야기할 수 있잖아. 대화가 계속되도록 항상 대화의 문을 열어놓으라고. 대화만큼 좋은 게 어디 있어. 대화하지 않는 이상 부부가 잘 지내기는 힘들어."

많은 인생의 현자들이 다음의 진단 테스트를 제시했다. "저녁 외식하러 가서 두 시간 동안 정찬 코스를 먹는 내내 서로 즐겁게 대화할 수 있는가?" 물론 부부라면 서로 한동안 침묵해도 편안할 수 있어야 한다. 하지만 결혼한 지 얼마나 됐든 외식하러 나가 서로 친구처럼 대화할 수 있어야 한다고 주장한다. '소금 좀 건네줘요'라고 말할 때를 제외하고는 대화가 끊이지 않아야 한다.

잰 데니스는 이렇게 표현했다.

"부부는 어떤 경우에도 서로 이야기할 수 있어야 한다고 생각해.

하루는 남편과 내가 근사한 한 호텔에서 점심을 먹은 적이 있었어. 들어가 자리를 안내 받고 식사하며 이야기를 나눴지. 그러다가 갑자기 남편에게 말했어. '여보, 주위를 한번 돌아봐요.' '점심 먹으며 이야기하는 사람이 거의 없어요.' 밥 먹을 때고 언제고 이야깃거리는 얼마든지 찾을 수 있어. 찾을 수 있고말고! 두 사람 모두 관심 있는 뭔가를 찾으려면 궁리깨나 해야겠지만 어쨌든 늘 서로 대화해야 해."

독자 중에는 회의적인 반응을 보이는 이들이 항상 있다. 이 책을 읽는 남성 독자라면, 그리고 이미 방어적인 자세를 취하고 있다면 잘 듣기 바란다. "이 프로젝트의 표본으로 삼은 수많은 인생의 현자들은 수많은 남성으로 구성되어 있으며 결혼 당시는 그들 역시 무뚝뚝하고 말이 없기로 소문 난 사람들이었다." 그랬던 그들이 지금은 어떻게 되었을까? 터놓고 대화하는 법을 터득했다.

말이 많은 사람이 있는가 하면 적은 사람도 있다는 사실을 이해한다면 대화 방식의 차이는 충분히 인정할 수 있다. 하지만 대화 자체가 중단된다면 결혼 생활에서 그보다 큰 위협은 없다. 이런 사태가 발생한다면 고민해야 한다. 그것도 아주 심각하게. 다만 대화를 시작하기에 너무 늦은 시점이란 없다. 늦었다고 생각될 때가 가장 빠른 때다. 못 믿겠다고? 이를 증명해줄 극적인 이야기 하나를 소개하겠다.

인터뷰를 진행하면서 특별하고 재미있는 부부들의 이야기를 수없이 많이 접했다. 그런데 이 일도 오래 하다보니 권태감 같은 걸 느겼고 더 이상 흥미로운 사례는 없으리라 생각했다. 하지만 크리스티 (90세)와 션 윌킨스(92세)의 놀라운 이야기를 듣는 순간 내 생각이 잘못된 것이 없음이 드러났다. 그들의 이야기는 두 번째 기회라는 것이 진정 존재하며, 관계에서 긍정적인 변화를 만드는 데 너무 늦은 시점은 없다는 감동적인 증거다.

이들 부부는 두 가지 다른 대화 방식을 경험하게 되었다. 각각의 방식이 가져온 결과는 하늘과 땅 차이였다. 크리스티가 자신의 결혼에 얽힌 사연을 이야기하기 시작했다.

"남편과 나는 일찍부터 데이트를 시작해 어린 나이에 결혼했어. 어린 애들이나 다를 바 없었지. 처음엔 별 문제 없었어. 1941년 결혼해 1944년 딸을 낳았지. 알다시피 그땐 전쟁이 한창이었어. 아기가 4개월 되었을 때 남편은 조국의 부름을 받아 떠났고 나 혼자 아기를 키우며 2년을 살았어. 그때 비로소 우리는 아이에서 노인이 되었지. 각자 홀로서기를 배우기 시작했어. 전쟁이 끝나 다시 합치게 되었을 때 몇 년을 겨우 버티긴 했지만 우리의 대화는 두절되었어. 완전히 불통이었지. 남편은 자기 일에 바빴고 나는 나대로 집안일이며 엄마 노릇이며 온갖 잡다한 일로 정신이 없었지. 시간이 지날수록 대화는 사라졌어. 더 많은 관심을 받고 싶은 욕구가 충족되지 못했던 것 같아. 서로 대화나 교감이 없다는 걸 알고는 이혼했어. 남편은 다른 여자를 만나 50년을 살았고, 나도 재혼해 35년을 살았어. 남편이나 나나 그럭저럭 두 번째 결혼 생활에 만족하며 살았지. 서로를 완전히 잊고 살았어. 하지만 일말의 가능성은 열어두었나봐!

세월이 흘러 두 사람 모두 배우자를 여의었지. 내가 먼저 1980년 말에 두 번째 남편을 잃었고, 남편은 10년 전쯤 상처했어. 남편이 상처했다는 소식을 듣고 남편에게 전화해 뒤늦게나마 조의를 표했고 혼자되어 살아가는 데 필요한 조언 몇 마디도 잊지 않았지. 그러다가 2005년 다시 이야기할 기회가 있었는데 남편이 다음날 전화해서 같이 저녁식사를 하자고 했어. 한참 만에 다시 만났는데 마치 한 번도 떨어져 있지 않았던 것처럼 느껴졌고 시간이 1952년으로 다시 되돌아간 것 같았어. 우린 거의 날마다 만났고 6개월 만에 재결합했어. 6월, 그러니까 처음 결혼했을 때로부터 정확히 64년 후에 다시 결혼한 거야. 우린 한 번 더 시도해보기로 했지. 과거지사는 다 잊고 지금은 하루하루를 행복하게 살 뿐이야."

어떻게 실패와 상처로 끝난 결혼이 반세기가 지나서 그토록 만족스러운 삶으로 변화될 수 있단 말인가? 50년 전과 후의 너무도 극적인 변화를 가능하게 한 것이 무엇인지 알고 싶었다. 이에 대해 크리스티는 주저 없이 '대화'라고 말했다.

"대화를 꼭 하라고 말하고 싶어. 결국 그게 망가져서 탈이 난 거야. 대화를 회복해야 해. 대화의 눈높이를 맞춰야 하고 서로를 필요로 할 때 항상 그 자리에 있어야 해. 그게 채워지지 않으면 결국 더 나은 사람에게로 눈을 돌리게 돼 있어. 바로 우리가 그랬거든. 그런 일은 애당초 일어나지 말았어야 했는데 그걸 이제야 깨달았어. 끝까지 함께하지 못했던 게 한스러울 따름이야. 지금 같았으면 부부 상담을 받으며 대화의 문제를 바로잡아나갔을 텐데 말이지. 우리처럼 실수 하지 말고 이혼 전에 부부 상담부터 받으라고 말해주고 싶어. 대화를 절대 잊으면 안 돼."

크리스티의 마지막 말에는 션과의 첫 번째 결혼을 두 번째 결혼과 구분 짓는 한 가지, 바로 대화의 힘에 대한 그녀의 신념이 잘 드러나 있다. 대화를 배우려고 60년을 기다릴 필요가 없다. 대화의 보상은 정말 놀라웠다.

"이 말밖엔 할 말이 없어. 서로를 오해하고 실수를 저질렀더라도 속마음을 털어놓고 서로 대화해야 돼. 지금은 함께할 수 있어 행복하다고 자신 있게 말할 수 있어. 다시는 이 행복을 놓치지 않을 거야. 다시 함께하게 돼서 얼마나 다행인지 모른다며 서로 안도해. 그 옛날 철없던 12년의 세월 동안 우린 행복했었어. 그런데 그런 행복을 지금 다시 12년째 누리고 있어. 우리가 재결합했을 때 이렇게 말했지. '하느님의 뜻이라면, 과거 우리가 맛보았던 12년의 행복을 다시 한 번, 대신 이제는 제대로 한번 누려보자고!' 선하신 하느님의 뜻대로 우린 그렇게 하고 있어."

| 여덟 번째 |

말하지 않아도
알 수 있는
사람은 없다

　　　　　　　　　　부부간의 대화에서 최고의 장애물은 바로
자신이 파트너의 생각과 감정을 잘 알고 있다는 착각이다. 결혼의
좋은 점 가운데 하나는 누군가 나를 아주 가까이서 깊이 아는 사람
이 있다는 점이다. 그래서 오랜 대화와 관찰을 통해 파트너를 자기
자신만큼이나 잘 안다는 착각에 빠질 때가 많다. 파트너가 좋아하는
것, 습관, 관계를 대하는 태도, 전반적인 세계관에 대해 안다고 생각
한다. 더 큰 문제는 자신의 생각을 '구태여 말하지 않아도' 파트너가
알아주기를 은근히 바란다는 사실이다. 상대방에게 너무 익숙하다
보니 이런 기대 심리가 발동하는데 이 부분을 확인하지 않으면 관
계를 망치기 십상이라고 인생의 현자들은 경고한다.

그들의 촌철살인 한마디, "독심술사는 없다." 메이비스 그리스월드(76세)의 이야기를 들어보자.

"남편한테 그 점을 계속 이야기했어. 말을 안 하는데 내가 어떻게 알겠느냐고. 아무리 부부라지만 원하는 게 있으면 제발 말하라고. 그렇게 말해도 소용이 없었지."

파트너가 알아서 척척 해주리라는 믿고 싶은 유혹이 드는 것은 어쩔 수 없다. 나를 진정으로 사랑하고 관심을 갖고 있는 파트너라면 내가 뭘 원하고 뭘 필요로 하는지 '척 보면 안다'고 지레짐작한다. 그런데 이런 생각은 '전혀 근거 없는 믿음'이라고 인생의 현자들은 말한다. '말 안 해도 알 거라는 착각'은 결혼 생활의 다툼과 불협화음의 주요 원인이며 심지어 이혼에 이르게도 한다.

니나 호건(78세)은 너무 어린 나이에 결혼했고 첫 남편의 관심사나 성격에 대해서도 충분히 알지 못했다. 15년이 지나서야 비로소 그를 떠날 용기를 낸 자신이 대견하긴 했지만 말 안 해도 알 거라는 착각에 빠졌던 자신에게도 잘못이 있음을 인정했다.

"내가 결혼 생활에서 배운 평생의 교훈은 배우자와 대화해야 할 뿐만 아니라 반드시 자기 생각을 말로 표현해야 한다는 거야. 첫 남편과의 이혼을 결심했을 때 그에게 '당신이 이런저런 것들을 하지 않았노라'고 분명히 말했어. 그랬더니 뭐라는 줄 알아? '그럼 그때 말하지 그랬어?' 처음엔 그가 책임을 내게 떠넘기려는 거라고 생각했지만 이내 그의 말이 옳다는 걸 깨달았어. 그러니까 원하는 게 있으면 반드시 말로 하라고. 문제의 발단은 우리 가족에게 있어. 조지

아에 사는 가난한 흑인계 미국인 가정에서 태어난 나는 1930~40년대에 태어나 성장한 세대야. 그 시절에 내가 스스로에 대해 무슨 기대를 할 수 있었겠어. 자녀들만큼은 더 나은 삶을 사는 게 유일한 소원이었지. 만약 그때 내가 지금의 나처럼 생각이 있었다면 첫 남편에게 이렇게 말했을 거야. '어리석은 짓 그만 해요. 나도 더 이상은 못 참아요. 계속 그렇게 행동할 거면 같이 살아야 할 이유가 없어.' 아쉽게도 그때 난 그 정도로 똑똑하지 못했어. 그러니 내가 해주고 싶은 말은, 원하는 게 있으면 반드시 말을 해라 이거야! 남이 내 머릿속에 든 걸 알 거라는 착각은 버리고."

인생의 현자들은 지적한다. 말 안 해도 알 거라는 이 환상적이고도 치명적인, 하지만 커플들을 곧잘 곤경에 빠트리는 이 가정은 어떤 사건이나 상황에 대해 그들이 똑같은 생각을 갖고 있다고 착각하게 만든다는 걸. 그게 더 편할 텐데, 어차피 평생 함께 같은 경험을 하며 살 사람들인데, 왜 같은 것을 두고 서로 해석이 다를까? 노인들이 말하는 이유는 지극히 단순하다. "사람이 다르니 생각이 다를 수밖에." 그러니 똑같은 상황에 대해 전혀 다른 반응을 만드는 요인들을 면밀히 검토하지 않으면 해결의 가망이 없는 논쟁에 빠져들 수밖에 없다.

베벌리 엘리엇과 르우벤 부부(72세)의 경우를 보자. 이 두 사람은 서로 생각이 거의 일치하는 편이다. 그런데 아들이 대학 생활에 적응하는 데 힘들어하다가 결국 학교를 그만두게 되었을 때 이에 대한 두 사람의 생각이 너무도 달랐다.

"찰리가 대학을 중퇴하게 되었을 때, 두 사람 다 힘들었지. 하지만 이 문제가 각자에게 어떤 의미인지를 놓고 수많은 대화를 나누었어. 이 문제에 대해 나와 남편은 시각이 달랐어. 남편은 성공한 기업가를 아버지로 두고 자랐지. 학교도 명문 학교를 다녔고. 하지만 내 부모님은 이민 2세대였고 집안에서 나만 대학을 나왔어. 아들이 대학에서 중퇴한다는 게 내겐 커다란 충격이었지만 남편은 전혀 그렇지 않았어. 나만큼 그 문제를 심각하게 생각하지 않았던 거야. 각자 성장 배경이 다르니 생각이 다를 수밖에 없었어. 하지만 대화를 통해 어떻게 해야 할지를 의논했고, 잘 해결되었어."

르우벤은 자신의 생각을 보다 포괄적으로 멋지게 요약했다.

"서로 노력할 각오를 해야 해. 한 번씩 정말로 힘들 때가 있거든. 다른 사람이 그 상황에서 무슨 생각을 하고 있는지 이해하려고 노력해야 해. 중요한 것은 사람은 모두 주변 세계에 대해 각자 다른 생각을 갖고 있다는 거야. 아무리 친한 부부 사이라도 남남이야. 피차 남남일 뿐이야."

대부분의 인생 현자들이 결혼 생활 도중 '각자 다른 사람'이라는 깨달음이 신의 계시처럼 두 사람 사이로 들어왔다고 했다. 두 개의 세계관을 하나로 합치는 난제를 진정으로 이해하려면 오랜 시일이 지나야 한다. 하지만 빨리 시작할수록 좋다. 셰릴 심스(66세)는 이를 핵심적으로 요약했다. "젊었을 때는 잘못 이해하고 있다가 나이 들수록 결혼 생활에는 타협이 필요하다는 사실을 깨닫게 돼. 서로 완전히 다른 두 사람이 하나 된 삶을 추구하려면 어쩔 수 없잖아." 이런 본질적인 차이를(그리고 두 사람 모두 남의 속을 꿰뚫어보는 재주가 없다는 사실을) 이해하면 갈등의 상당 부분을 해결할 수 있을 것이다.

'말 안 해도 알겠지'라는 착각을 버려라

어떻게 하면 파트너가 나의 감정, 생각, 요구를 말하지 않아도 알 거라는 근거 없는 믿음에서 벗어날 수 있을까? 만만찮은 일이지만 인생의 현자들에게 구체적인 묘안이 있다. 미로처럼 복잡한 결혼 생활이지만 인생의 현자들 말로는 그게 생각보다 '단순하다'니 안도의 한숨이 절로 난다. 말 안 해도 안다는 착각에 대한 해결책은 간단하다.
"안다는 확신이 들 때까지 계속 물어보라."
인생의 현자들에 의하면 부부지간에는 편안하게 서로의 생각을 물어보고 이것저것 확인해봐서 서로의 동기와 소원을 확실히 파악할 수 있는 통로를 만들어놓아야 한다. 한 존경할 만한 부부의 사례를 통해 이들이 이 문제에 어떻게 접근했는지 살펴보자.

본 프로젝트를 진행하면서 결혼 생활의 진정한 멘토들을 만났는데, 이들은 기나긴 세월을 함께 재정, 건강, 자녀 양육 문제를 협의하며 동반자 관계를 이어왔다. 행복한 결혼 생활에 지장을 초래하지 않도록 세심한 주의를 기울이는 한편 각각의 경험으로부터 배우고 성장했다. 무엇보다 중요한 것은 많은 사람들이 행복한 결혼 생활의 조언을 구하기 위해 이들을 찾기 때문에 교훈을 나누는 데 매우 익숙하다는 사실이다.

루시아와 스탠리 워터스 부부(75세)가 그러했다. 55년간 그토록 역동적이고 여전히 낭만적인 관계를 유지한 비결은 끊임없이 관심을 갖고 대화하려고 노력한 것이었다. 그들은 아무리 가까운 부부라도 대화하지 않으면 서로의 마음을 알 수 없다는 사실을 한시도 잊지 않았다. 루시아는 말한다.

"살다보면 원하는 게 있어도 차마 말을 꺼내지 못할 때가 있어. 그래도 두려워하지 말고 자기가 정말 원하는 것을 이야기해야 해. 나만의 비법을 소개하면, 남편이 하는 말을 꼭 확인해. 남편이 한 말을 내가 제대로 이해했는지 확인하는 거지. 내가 이해한 바를 남편에게 다시 이야기해. 지레짐작으로 남편 말을 오해했을 수도 있으니까. 왜 그러냐면 경험상 열에 아홉은 꼭 틀리더라고. 그러니 꼭 확인 질문을 하고 내가 이해한 바를 다시 들려주는데 이때 가급적 화내지 않으려고 노력해. 우리는 진즉 그걸 깨달았어. 부부 싸움은 상대방이 그런 말을 하게 된 배경을 제대로 이해하지 못하는 데서 생기는 경우가 많아. 그래서 꼭 이렇게 물어봐. '그러니까 당신 말은 이렇게 하자는 거예요?' '방금 한 말이 그 뜻이에요?' 그러면 남편은 꼭 그래. '그럴 리가 있나. 대체 당신은 어떻게 그런 생각을 할 수가 있어?' 그런 적이 한두 번이 아냐. 남편이 왜 그런 말을 하는지 완전히 오해하는 거야. 이런 적도 있어. 내가 '당신은 이렇게 생각하는 게 분명해요'라고 하면 남편이 이래. '그게 무슨 소리야? 난 한 번도 그렇게 생각해본 적 없어.'"

반백년을 같이 살았어도 루시아는 지금도 여전히 이 방법을 고수한다.

"이것은 우리를 수많은 어려움에서 건져주었어. 상대방의 말을 확인 질문하고 내가 이해한 바를 다시 이야기해주면서 진정 하고자 했던 말이 무엇인지 가슴 깊이 생각해보는 거야. 사실 그것밖엔 한 일이 없어. 실은 요 며칠 전에도 그런 일이 있었어. 하루는 별 일도 아닌 걸 가지고 내가 괜히 실없는 소리를 해서 남편을 화나게 만들었어. 남편은 전혀 그런 뜻이 아니었는데 내가 그의 말을 내 생각대로 들었고 역시나 틀렸던 거야. 이런 일이 있을 때마다 얼마나 큰 깨달음을 얻는지 몰라. 이런 일이 있을 때마다 마치 이런 사실을 처음 깨달은 것처럼 감동해. '와, 그랬었구나!'"

파트너의 말을 자신이 이해한 그대로 되풀이하는 이 재확인 기법을 꼭 활용해보기 바란다. 수많은 사람들이 이런 확인을 통해 말의 의미가 얼마나 왜곡되어 전달될 수 있는지를 깨닫고 충격에 빠진다.

파트너의 생각을 척보면 안다는 착각을 극복할 고난도 기술에 대해 몇몇 인생의 현자들은 이렇게 제안한다. "사실만 가지고 파트너의 시각에 의문을 제기해보라." 길버트와 제니 발라드 부부(72세 동갑)는 정말 멋지고 남다른 사람들이며 둘 다 대화와 협상 관련 직업을 갖고 있었다. 그들은 다툼이 생길 때 가장 효과적인 방법 하나를 소개했는데 그것은 바로 자신이 파트너가 되었다고 생각하고 파트너의 시각으로 자신의 생각을 온 힘 다해 반박하는 것이다. 제니는 말한다.

"경험상 세상에서 가장 어려운 일은 자신과 의견이 다른 사람의 시각을 이해하는 거야. 그래서 종종 이런 조언을 해주지. '미운 감정을 느끼는 사람과 자신을 일치시킨 후 갖고 있는 모든 지식을 총동원해서 나와 반대되는 사람의 입장을 강력히 지지하라.' 예를 들어, '저 사람이 나를 미워하는 게 틀림없어.' 이런 생각이 들잖아? 그럼 그것을 반대로 생각하는 거야. '아니야, 그럴 리가 없어. 저 사람도 무슨 사정이 있겠지.' 이런 연습은 특히 장기적인 관계의 기반을 마련하는 데 아주 중요해. 다른 사람이 나를 해할 작정이 아니라면 어떻게 그런 생각과 말을 할 수 있는지 이해하지 못하기 때문에 상대를 더욱 괴롭히고, 이해심이나 동정심 없이 대하며, 피해의식을 느끼게 되지."

다른 노인들도 이에 동의한다. 데브라 던컨(87세)은 이를 아주 명확히 표현했다. 이것을 냉장고에 써 붙여놓고 볼 때마다 명심하라. "그들의 형편을 떠올려봐. 내가 그들이고 그들의 감정이 내 감정이라고 상상해봐. 내가 그들이라면 과연 어떻게 할 것인가?" 파트너의 입장이 되어 생각해본다는 게 말처럼 쉬운 일은 아니다. 하지만 이 바꿔치기 기술에 능하게 되면 상대방의 마음을 읽을 수 있다는 착각에서 벗어나 파트너가 지금 어떤 생각을 하고 있는지에 대한 진정한 이해에 이를 수 있다.

마지막으로 인생의 현자들은 만약 상대의 생각을 여전히 잘 모르겠다면 '계속해서 물어보라'고 조언한다. 의심스러운 점이 있다면(거의 확실해 보이는 것조차도) 파트너가 지금 무슨 생각을 하고 있으며 어떤 감정인지, 그리고 무엇을 원하는지 물어보라. 이때 파트너가 해야 할 일은 자신의 머릿속에서 일어나는 일들을 솔직히 이야기하는 것이다. 앤디 존스턴(75세)은 매우 직설적인 성격의 소유자다. 그는 관계를 시작하는 바로 그 순간부터 넘겨짚는 일 따윈 하지 않겠다고 다짐했다.

"우린 결혼 초기에 아예 못을 박았지. '절대 넘겨짚지 말 것. 알고 싶은 게 있으면 무조건 물어볼 것. 괜히 상대방이 이런저런 생각을 하겠거니 혼자 넘겨짚지 말고 직접 물어볼 것. 그럼 다 말해줄 테니!' 이 방법이 아주 효과가 있었어. 아내는 절대 내가 뭘 원하는지 어림짐작하지 않아. 궁금한 게 있으면 반드시 물어봐. 나도 아내에게 그렇게 하고. 아내가 어딜 가고 싶어 하고 어딜 가기 싫어하는지 절대 지레짐작하지 않아. 그냥 바로 아내에게 물어봐. 대신 자기 생각을 있는 그대로 솔직하게 말해야 해."

부부는 각기 서로 다른 눈으로 세상을 바라보는 서로 다른 두 사람이라는 사실을 늘 인식해야 한다. '적어도 남편이라면 아내가 생일선물로 뭘 원하는지 정도는 말 안 해도 알겠지?' '축구경기가 있는 월요일 밤에 사친회가 있는데 굳이 물어보지 않아도 남편이 알아서 참석하겠지?' 인생의 현자들은 이런 혼자만의 착각을 버리고 파트너에게 진심을 물어보라고, 그래서 그의 생각을 자기 말로 요약할 수 있을 정도로 확실히 이해하라고 조언한다.

| 아홉 번째 |

가까울수록
예의가 필요하다

어느 날 한 사무실로 신형 복사기 구입 문제를 상의하겠다며 남녀 한 쌍이 들어선다. 여성이 먼저 말을 꺼낸다.

"이 신형 복사기를 꼭 사고 싶어. 업무 처리를 원활하게 하려면 이런 복사기가 필수니까."

남자가 말한다.

"솔직히 나는 그렇게 생각하지 않아. 지금 우리는 이런 비싼 복사기를 구입할 형편이 못 돼. 무리를 해가면서까지 살 필요는 없다고 생각해."

여자는 말한다.

"우리 직원들이 마르고 닳도록 사용할 복사기야. 우리 마음먹기에 달렸어. 예산 문제는 어떻게든 해볼 수 있을 거야."

여기까지는 흔히 들을 수 있는 전형적인 비즈니스 대화다. 상호 간의 만족스러운 결정에 이르기 위해 실랑이를 벌이는 모습을 연상할 수 있다.

그런데 바로 그때 남자가 탁자를 손으로 탁 치며 "어떻게 그토록 이기적일 수가 있어! 당신은 항상 그래. 자기 필요만 생각하지 다른 사람 생각은 눈곱만치도 안 하잖아. 어쩌면 그토록 어리석고 자기중심적으로 행동할 수 있지?"라며 소리를 지른다고 상상해보라.

여자가 응수한다.

"당신은 입 다물고 가만히 있어! 당장 입 다물라고! 어디서 그딴 소리를 해! 툭하면 성격 문제로 날 인신공격하는 거, 이제 더는 못 참아. 쥐꼬리만 한 자존심마저 깔아뭉개야 속이 시원하겠어?"

이렇게 대화는 격앙된다.

이번엔 사무실 칸막이 안에 있다고 상상해보자. 일을 하고 있는데 한 여직원이 지나는 길에 잠깐 얼굴을 내민다. 마음씨는 고운데 수다스럽고 좀 맹하다. 지겹지만 몇 분만 참으면 끝난다며 마음을 다독인다. 여직원이 생글생글 웃으며 이렇게 말한다. "아휴, 얼마나 정신없는 주말을 보냈는지 좀 들어볼래요?"

그러면 이런 생각이 절로 들게 될 것이다. '지금 바쁜 거 안 보여? 한참 일하고 있는데 방해하면 정말 돌아버린다고. 했던 말 또 하는 거 지겹지도 않아?'

칸막이 예화의 요점은 이런 일이 사무실에서 자주 발생하는 일은 아니며 일어날 수도 없는 일이라는 사실이다. 아무도 직장 동료나 지인, 마트 직원, 인터넷 서비스 기사에게 이런 식으로 대하지 않는다. 사회 생활을 하려면 모름지기 '예의를 지켜야' 하기 때문이다.

하지만 가정에서 아내와 남편에게는? 여기에 결혼의 패러독스가 있다. 가정에는 편안함과 따뜻함이 있다. 그리고 내가 어떤 행동을 하더라도 있는 모습 그대로 받아주는 배우자가 있다. 역설적이게도 바로 이런 이유 때문에, 너무 편안하고 너무 신뢰하기 때문에, 사회생활에서 동원하는 예의, 위트, 배려, 듣기 좋은 목소리, 말조심 등의 갖가지 사회적 윤활유를 가정에서는 내팽개쳐버리는 것이다. 이런 의미에서 결혼은 양날의 검과도 같다. 가장 편안함을 느껴야 할 곳에서 가장 퉁명스럽고 무례하게 행동하며 심지어 못된 언행을 일삼는다.

이것이 얼마나 비논리적인지 인생의 현자들은 개탄한다. 다른 데서는 버젓이 지키는 기본적인 예의를 정작 가정에서는 지키지 않는 것, 이것이 부부간의 대화를 해치고 끝없는 소모전으로 이끄는 주범이다. 다른 상황에서는 예의 바르게 행동할 줄 알면서 말이다.

인생의 현자들은 한 걸음 물러나서 부부간의 대화를 관찰해볼 것을 권한다. "직장 동료나 같은 교인, 친구한테도 이런 식으로 이야기하겠는가? 혹시 내가 너무 직설적이고 거칠게 가족을 대하는 건 아닐까?" 호프 위버(70세)는 사회생활할 때의 기준을 가족과의 대화에도 똑같이 적용하라고 지적한다. 사회생활하면서 다른 사람을 대하는 것과 똑같은 기준으로 가족들과 대화하는 것이 부부 대화의 가장 부정적인 측면, 즉 심한 말을 퍼붓고 나서 두고두고 후회하는 일을 피하게 해준다고 지적한다.

"가까운 가족에게 무뚝뚝해지기가 쉽지. 스트레스 받는 일도 많고, 얼른 출근하거나 하던 일을 마쳐야 하고, 즐거움은 늘 뒷전이지. 일상에 갇히거나 순간적인 절망과 분노에 사로잡혀 주먹을 휘두르거나 상처를 주기도 해. 별 것도 아닌 일을 가지고 말이야. 짜증이나 불만족을 분출시키는 거지. 욱하는 순간 돌이킬 수 없는 아픔과 상처를 입힐 수도 있어. 한 시간만 지나면 지금처럼 느끼지 않을 수도 있는데 지금 당장의 감정에 못 이겨 우발적인 행동을 저지르고 마는 거야. 자신의 언행과 처신이 적절한지를 보라고. 점잖게 대화로 풀 생각을 하라고 말해주고 싶어."

매정하고 무례한 말 한마디가 상대에게 엄청난 상처를 줄 수 있다. 기분 나쁜 말 한마디가 평생 마음에 못을 박고 말 한마디 잘못하는 바람에 그간 좋았던 관계가 물거품이 되는 수도 있다. 마르시아 메세이(68세)는 대체로 무난했던 결혼 생활에서 이를 경험했다.

"하루는 남편이 이러는 거야. '당신 말은 들어봐야 별 것도 없어.' 분명히 남편은 내가 쓸데없는 말을 주절거린다고 생각했을 거야. 그 말이 어찌나 상처가 되던지 충격에서 헤어 나오는데 한참 걸렸어. 그런 일이 있은 후 남편은 미안하다고 말하는 법을 배웠지. '내가 잘못했어. 미안해.' 이렇게 말하는 것 역시 중요해."

누구나 다른 사람들을 대할 때는 눈치 있게 행동하고 예의를 지킨다. 분노하거나 상처 받는 일을 피하려고 하루에도 수십 번 마음

2장 함께 살아갈 날들을 위한 대화 • 131

을 다잡는다. 앞의 예처럼 할 일 없는 직장 동료가 지겨운 이야기를 늘어놓을 때도 이야기를 들어주는 척, 재미있는 척해주며(최대한 간단한 말로) 점잖게 곤경에서 빠져나온다. 절대 한숨을 크게 쉰다든지, 표나게 무시한다든지, 휴대폰을 들여다본다든지, 참다못해 귀찮게 하지 말라고 호통을 치는 일 따윈 하지 않을 것이다. 불행히도 결혼 생활에서는 이런 행동을 거리낌 없이 한다.

그러므로 날마다 공손해지는 연습을 하자. 재닛 그린(65세)과 로빈 팔루(67세)는 21년의 세월을 함께하며 행복하고 헌신적인 관계를 이어오고 있다. 재닛은 말한다.

"부부는 서로 존경해야 해. 이건 다른 사람에게 하지 않는 말을 배우자에게도 하지 않는다는 걸 뜻하지. 배우자나 파트너이기 때문에 남에게 하듯 그렇게 상대방의 감정에 신경 쓰지 않아도 된다는 말이 아니야. 예의를 지키고 친절하게 대해야 한다는 뜻이지. 화가 나도 친구에게 최소한의 예의를 갖추듯 배우자에게도 그렇게 해야 해. 지극히 당연한 일인데도 수많은 부부들이 그렇게 못하고 있어. 그런 사실을 까맣게 잊어버린 채 상대방에 대한 배려 없이 마구 행동하고 말해버리지."

정중함과 예의는 결혼 생활의 힘든 고비를 극복하도록 돕는 든든한 지원군이다. 트레이시 깁슨(86세)은 자신을 성찰하는 논리적인 여성으로 남편이 급작스럽게 세상을 떠나기까지 43년 동안 복잡한 결혼 생활을 했다. 이들에게는 늘 긴장하며 살아야 하는 전문직 종사자라는 스트레스가 따라다녔다. 남편의 압력으로 어쩔 수 없이 몇 년간 직장을 쉬었지만 그것이 자신의 경력에 좋지 않은 영향을 주리라는 것은 뻔한 노릇이었다. 부부 관계에서 만족을 얻지 못해 불륜을 저지르기도 했다. 이처럼 복잡하고 애증이 엇갈리는 전력을 지닌 사람답지 않게 행복한 결혼 생활을 위한 트레이시의 교훈은 놀라우리만치 단순했다. 그저 "잘해주라"는 것이다.

"황금률대로 남에게 베푼 만큼 자기한테 돌아오는 거야. 배우자에게 상냥하고 다정하게 대해줘. '그런 짓은 할 생각도 못하게 만들어놔야 해.' '버릇을 단단히 고쳐놓겠어.' 이러지만 말고. 항상 잘해주려고 최선을 다해야 해. 이것이 무슨 세상을 떠들썩하게 하는 해법은 아니지만, 어디서 뭘 하든 소중한 삶의 교훈인 것만은 틀림없이. 남편이 니한테 더 잘했어. 정말 좋은 사람이었지. 어떤 관계도 마찬가지지만 특히 삶의 대부분을 나누는 사람이라면 말할 필요도 없지."

파트너를 정중하게 대하라는 인생 현자들의 말을 잘 이해했을 것이다. 아울러 이것이 일반적인 결혼 생활의 모습과 얼마나 대조적인지 너무도 잘 알고 있으리라 생각한다. 노인들에 의하면 '정중하라'라는 지극히 단순한 규칙을 따르는 것만으로도 부부 사이가 금세 좋아지는 걸 느낄 수 있다고 한다. 어린 시절 암송하던 동시 중에 이런 것이 있다.

마음은 문과 같아
쉽게 열리지

아주 작은 열쇠로도

그 열쇠는 바로

'감사해요'

'잘 부탁드려요'

이것을 항상 잊지 말아요

바로 이것이 인생의 현자들이 당부하는 것이다. "기본적인 예의를 잘 지켜라." 아내가 커피 한잔 내오면 고맙다는 인사를 하라. 부딪히거나 컵을 엎질렀다면 미안하다고 말하라. 격식 차릴 필요가 없는 편안한 부부라는 이유로 자칫 기본 예의마저 갖추지 않을 때가 얼마나 많았던가. 그리고 이것이 얼마나 중대한 실수였던가. 토니 매튜스(75세)는 이렇게 이야기한다.

"이건 애정 표현과 상호 존중의 문제야. 한 사람과 오래 같이 살다보면 상냥함이나 '부탁해요' '고마워요'라는 말, 작은 도움, 이런 사소하지만 중요한 것들을 생략하게 되나봐. 부부 중 한 사람이 일이 자기 뜻대로 안 된다고 성질부리는 모습을 수도 없이 봤어. 중요한 건 이런 단순한 것들과 더불어 상냥함을 잊지 않는 거야."

광고에도 이런 말이 나오지 않는가. "일주일간 실천해보시고 일상의 대화에 변화가 있는지 살펴보세요. 그동안에는 배우자에 대해 '이 사람은 내가 잘 보여야 하는 중요한 사람이다'라고 생각해보세요. 단순한 정중함이 부부간의 대화를 언쟁에서 존경어린 대화로 변화시켜줄 것입니다."

| 열 번째 |

무엇을 말하느냐보다 언제 말하느냐가 중요하다

　　　　　　　　누구나 한번쯤 무언가를 간절히 소망한 적이 있을 것이다. 특히 어린 시절의 경험을 떠올려보라. 친구 집에서 하룻밤 자고 오기, 밤늦도록 텔레비전 특별 프로그램 시청하기, 옆집 강아지를 집으로 데려오기 등등. 이런 바람이 생기면 부모님께 언제 요구해야 가장 잘 들어줄지 밤낮으로 궁리하게 된다. 설거지 당번인데 깜빡해서 엄마한테 혼난 직후라든지, 아빠가 직장에서 힘든 하루를 보내고 집에 들어서는 때는 절대 피해야 한다. 최적의 시점을 노리다가 이야기를 꺼내야 한다. 상황이 좋지 않으면 잠시 후퇴했다가 더 나은 기회에 재도전할 것을 기약한다.

　이 상황은 부부간의 대화라는 주제에도 썩 들어맞는다. 인생의 현자들에 의하면 부부간에 원만한 대화를 원한다면 적절한 시점에 대해 좀 더 주의를 기울일 필요가 있다. 그들은 "과연 지금이 적기인가?"라는 단순한 질문만으로도 수많은 다툼이 전면전으로 확대되지는 않는다고 말한다. 탁월한 대화와 갈등 해소의 관건은 파트너가 내비치는 단서를 읽는 것이다. 따라서 파트너 편에서 사안을 꺼내기에 가장 적합한 시기가 언제인지 그리고 언제 물러서야 하는지를 아는 것은 상당히 중요하다.

대화하기에 적당한 시간을 찾아라

흔히 대화하기에 가장 좋은 시간은 '자신이 대화하기를 원하는 시간'이라고 생각하는 경향이 다분하다고 인생의 현자들은 말한다. 하지만 그것은 배우자가 가장 안 좋을 때 그를 불러 세우고 걱정거리를 떠안길 위험이 크다. 논쟁의 소지가 있는 문제를 상의하려면 먼저 파트너의 기분 상태와 기력 유무, 산만함 정도를 유심히 살핀 후에 말을 꺼내야 한다. 대화에 앞서 배우자의 마음을 녹이려고 우아한 저녁 식사나 꽃과 사탕으로 선물 공세를 펴지 않아도 된다. 갈등이 커지는 것을 막으려면 오히려 파트너가 받아들일 마음의 준비가 된 때를 잘 포착하는 것이 훨씬 효과적이다.

매리앤 던(68세)과 로다 뉴먼(64세)은 오래도록 동반자 관계를 이어오면서 따뜻함과 이해심을 가지고 대화하는 방법을 배웠다. 로다가 말하기를, 문제가 생겼을 때 대화하다가 안 풀리면 다음 번 기회를 기다릴 인내가 필요하다고 한다.

"그건 균형의 문제라고 생각해. 뭔가 골치 아픈 일이 생기면 그걸 밖으로 꺼내야 해. 하지만 혹시 그렇게 하다가 상대방에게 영원히 상처를 줄까봐 말을 꺼내려 들지 않지. 우리는 많이 다투는 편은 아니지만 그럴 일이 생기더라도 도가 지나치다 싶으면 잠시 중단했다가 다음에 다시 이야기해. 다른 때 다시 그 문제로 돌아와서 이렇게 말하지. '좋아, 일전에 대화를 나누다 만 그 문제를 다시 한 번 이야기해보자고.' 균형이 필요해. 사랑하니까 상처주고 싶지 않아. 하지만 두 사람 모두 서로를 괴롭히는 문제를 드러내야 할 때도 있는 거야. 적당한 때에 말을 꺼내면 큰 도움이 돼."

리오나 스티븐슨(65세)은 상의해야 할 어려운 문제가 있으면 파트너가 가장 잘 받아들일 때를 생각해서 말하라고 제안했다. 리오나와 그녀의 남편은 이 사실을 깨닫고 난 후부터는 다툴 일이 크게 줄었다.

"나는 저녁형이고 남편은 아침형이야. 나는 일어난 직후에는 절대 건드리면 안 돼. 잠에서 깨어난 지 5분밖에 안 된 사람에게 달려들어 '문제가 있는데 어떻게 해야 하지?' 이렇게 하면 절대 안 돼. 반대로 남편은 밤 10시만 되면 졸려서 죽을 지경이라 또렷한 정신으로 대화를 나눌 수가 없어. 그래서 서로 머리를 맞대고 생각했어. '의견이 일치하지 않을 때 상의하려면 하루 중 어느 때가 가장 좋을까?' 궁리 끝에 초저녁 시간이 좋다는 걸 발견했어. 일을 마치고 둘이 함께 있을 때, 하지만 너무 또 늦어지기 전에. 이렇게 시간을 맞줘놔야지 안 그러면 남편은 내가 아침에 일어나기만 기다리고 있다가 문제를 들이미는데 그 시간에는 상의는커녕 싸움만 나거든. 그리고 저녁 시간에는 남편이 너무 피곤해서 뭘 상의하려 해도 도저히 의미 있는 대화가 이뤄지지 않아. 그래서 우리는 실제로 대화가 가능한 둘 다 좋은 시간을 찾았지."

휴지기를 가져라

대화가 잘 안 풀리면 '한 발 물러서라.' 너무 간단해 보이는 조언이지만 노인들은 이것이 어렵게 배운 교훈임을 인정했다. 부부치고 한번쯤 이런 대화를 해보지 않는 사람이 있을까?
"더 이상 여기에 대해 이야기하고 싶지 않아. 잠시 쉬어야겠어."
"어디서 발뺌을 하려고 들어? 지금 이 자리에서 끝을 봐야 하니까 꼼짝 말고 있어!"
이런 전략은 대개 상황을 악화시킨다고 인생의 현자들은 말한다. 사실 이 상황에서 필요한 것은 전략적 후퇴다.
일전에 만났던 잭 사이먼은 가족과 결혼의 역경을 극복하고 드디어 31년의 행복한 결혼 생활을 찾았다. 하지만 갈등 상황에서는 화를 참지 못하는 것이 문제였다. 그가 생각해낸 해결책은 분노의 수위가 높아지기 전에 그 상황에서 한 발 물러서는 것이었다.
"보다시피 난 성질이 불같은 게 문제야. 그래서 입을 다물고 있는 게 상책이라는 걸 깨달았지. 화가 치밀면 다른 사람에게 상처 주는 말을 내뱉거든. 절대 해선 안 될 말들을 하지. 그래서 무조건 밖으로 나와 차고에서 시간을 보내거나 잔디 깎는 기계나 연장을 이리저리 살피면서 모든 게 진정되길 기다려. 그런 다음 안으로 들어가 다시 대화를 시도해. 더 이상 아무도 화내는 사람이 없을 때 말이지. 일단 퇴장해서 진정한 다음에 다시 대화를 시도할 것, 그게 내 조언이야."

인터뷰한 수많은 커플들이 목소리 높여봤자 얻을 것 하나 없는 싸움을 중단할 그들만의 특별한 방법을 개발해냈다는 사실이 참으로 신기했다. 메이 파워스(71세)는 심리치료사이기도 하지만 53년에 걸친 결혼 생활의 경험에서 늘 영감을 얻곤 한다. 메이와 그녀의 남편은 어떤 전략을 쓰는지 들어보지.

"우리는 너무 심하게 구는 게 하나 있어. 그래서 늘 서로 놀리곤 하는데, 그게 뭐냐 하면 툭하면 다시 시작하는 거야. 우린 늘 이렇게 말해. '좋아. 새로 다시.' 원래 난 뭘 하나 시작하면 끝을 보는 사람이고 남편은 정반대야. 내가 죽기 살기로 물고 늘어지는 걸 보면 남편은 기겁을 하지. 아무리 그래봐야 되는 일은 하나도 없고, 정말 난 감하더라고. 그걸 통해 우린 깨달았지. 가끔은 거기서 멈추고, 조용히 돌아서서, 새롭게 시작해야 할 때도 있다는 걸 말이야."

'물러서다'라는 표현에는 여러 가지가 있을 수 있다. 베라 파텔(67세)과 수아레스 파텔(72세) 부부는 서로 대립하는 상황이 되면 "자, 자, 줌 아웃(zoom out), 줌 아웃 알지?"라고 말한다. 이들 부부가 사용한 '줌 아웃'이라는 표현은 멀리 떨어져서 크게 바라보고 소소한 언쟁일랑은 잠시 접어두자는 의미다. 캐슬린 헌터(76세)와 그녀 남편의 표현은 좀 상스럽게 들릴지 모르겠지만 그들 부부에게는 효과 만점이다. "우리는 이렇게 말해. '지퍼 닫아(zip it).' 그리고 잠시 숨을 돌린 후 다시 시작해."

부부마다 나름의 표현을 만들어보라. 한 단어 또는 짧은 문장으로 된 암호를 정해도 좋다. '더 이상 이야기 못하겠다. 나중에 다시 하고 싶다. 지금은 그만하고 싶다'라는 뜻만 전달할 수 있으면 무엇이든 상관없다. 어쨌거나 인생의 현자들이 피하라고 한 것만 잊지 않으면 된다. 하지만 '이걸로 끝이다'라는 뉘앙스를 풍기면 안 되고 나중에 적당한 때 다시 하자는 합의의 의미여야 한다.

첸 슈(74세)는 인터뷰한 사람 중에서도 진정한 현자로 기억되는 한 사람이다. 그녀의 삶에 대한 철학에는 중국 문화의 영향이 깊이 스며들어 있다. 그녀는 언성이 높아진다 싶으면 대화를 잠시 중단하는 것에 적극 찬성한다.

"중국 속담에 이런 말이 있어. '한 발 물러서면 하늘 전체를 볼 수 있다.' 갈등이 생기면 그냥 나와버리는 거야. 한 걸음만 벗어나보라고. 한 걸음만 물러서면 다른 세계가 보일 거야."

잠시 게임이라도 하라

집안이 살벌한 전쟁터로 변했다면 인생의 현자들은 머리를 식힐 수 있는 활동을 개발하는 것이 갈등을 완화하는 데 도움이 된다고 조언한다. 우선, 장소를 바꿔보라. 새로운 환경으로 발걸음을 옮겨보라. 하루 종일 물고 뜯고 싸웠던 장소에 머무는 것보다 당연히 효과가 있다. 거투르드 버넷은 이 전략을 지지했다.

"본능적으로 이런 생각이 드는 거야. 그래, 여긴 좋지 않아. 그럼 어쩌지? 사태를 수습하려면 어떻게 하면 좋겠어? 잠깐 산책을 해볼까? 밖으로 나가 분식점 같은 데 가서 뭐라도 좀 먹으면서 이야기하자고 해볼까? 사람들 없는 곳으로 가서 휴대폰도 꺼놓고 '오늘은 일진이 안 좋았어. 무엇 때문에 그랬지? 어떻게 풀 수 있을까?' 조용히 생각하는 시간을 가져볼까?"

만약 의견의 차이가 심해 화해하기가 어렵다면 뭔가 즐거운 일을 함께하면서 간격을 좁혀보는 것도 좋은 방법이다(그런 상황에서 즐길 거리를 찾으라니 가당키나 한 소리냐고 말할 사람도 있겠지만). 이런 생각에 대해 노인들은 다양한 방안을 내놓았다. 거투르드의 제안처럼 장소를 변경해보라. 혹시 아는가? 더 좋은 결과가 나올지! 아니면 소모적인 논쟁에서 벗어날 수 있는 다른 활동을 해보는 것도 좋다. 창의력을 발휘해야 한다. 애나 오스트로그니(81세)는 다음과 같이 말한다.

"남편과 결혼한 뒤에 유럽에서 살았어. 그러다보니 주위에 조언해줄 만한 사람이 하나도 없는 거야. 다들 신혼 초기에는 많이 힘들어 하잖아. 서로가 하는 일이 못마땅할 때도 있고. 그런데 하소연할 사람이 아무도 없는 거야. 아무리 둘러봐도 우리 두 사람뿐이었지.

그래서 둘이서 해결을 봤어. 어떻게 했냐면 말이야, 둘이서 크리비지(포켓 당구의 일종-옮긴이) 게임을 즐겨 했어. 그래서 부부 싸움을 할 경우 남편은 크리비지 판을 들고 오고 나는 카드를 들고 와서 게임을 하기로 약속을 했어. 크리비지 판이 우리 구세주 역할을 톡톡히 한 셈이지."

일단 먹어라

심각한 싸움으로 번지는 것을 막을 방법을 찾고 있다면 파트너에게 음식을 대접하라고 수많은 인생의 현자들은 권한다. 심각한 대화를 나누기에 최악의 때는 배가 고플 때다. 혈당이 떨어지거나 피곤해져서 그럴 수도 있지만 이유야 어쨌건 큰 싸움이 벌어질 듯한 불길한 예감이 들 때 이것 하나면 만사 해결이다. 바로 '샌드위치.' 글로리아 에르난데스(73세)는 아들의 결혼을 지켜보며 힌트를 얻었다.

"아들 내외는 결혼 첫해부터 몹시 힘들어 했어. 결혼식장에 앉아서 '둘이 저렇게 사랑하니 평생 행복하게 잘 살 거야' 이랬는데, 웬걸. 6개월이 지나자 이런 생각이 들었어. '아이고, 이제 나도 모르겠다.' 하지만 재미있는 건, 아들 내외의 싸움이 맹렬해지려 할 때마다 며느리가 샌드위치를 만들어주는 거야. 그러면 아들은 또 너무 좋아하는 거야. 싸울 때 화해시켜주는 단골 메뉴가 있는데 아들은 샌드위치, 며느리는 차야. 아들이 이렇게 말하면 화해를 요청한다는 신호야. '나 샌드위치 좀 만들어줄래? 내가 배도 고프고 피곤하기도 하고 그래서 이러나봐.' 며느리가 화가 나면 아들이 차를 갖다주지. 아들 내외가 우리 집에 와 있을 때 '샌드위치 먹을래?' '차 좀 마실래?' 이런 소리가 들리면 '아, 쟤들이 서로 도움이 필요하다고 신호를 보내고 있구나' 생각해."

나도 이런 경험이 있었다. 특히 부부 동반 여행을 할 때는 둘 다 관광을 즐기느라 바빠 식사하는 걸 잊어버릴 때가 있다. 저녁 7시 무렵이면 마치 시계바늘처럼 정확하게 우리는 뭔가를 놓고 싸우기 시작했다. 누구 때문에 길을 잃었다는 둥 박물관 관람 시간을 놓친 게 누구 탓이라는 둥 이런저런 사소한 문제로 싸웠다. 그러다가 불현듯 누군가 이렇게 묻는다. "우리 밥 먹은 지 얼마나 됐지?" 저녁을 먹자마자 기분이 좋아진 건 말할 것도 없다.

샌드위치나 파이 한 조각이 결혼 상담보다 훨씬 시의적절할 때가 있다. 타이밍에 주의하라. 가끔은 '무엇'을 말하느냐보다 '언제' 말하느냐가 더 중요할 수도 있다는 것이 인생의 현자들이 전하는 인생의 지혜다.

| 열한 번째 |

관계를 파괴하는
3가지 위험신호

지금까지 살펴본 내용은 부부 구성원 모두가 좋은 의도를 지닌 사람들로 서로를 아끼고 관계를 잘 이뤄나가려는 기본적인 의사가 있다는 전제하에 논의된 것들이다. 부부가 최선을 다해 노력했는데도 대화가 원만하지 못할 수도 있다. 하지만 관계를 잘 이뤄보겠다는 마음만큼은 진실한 것이다. 대화가 실패로 끝난다 해도 그것은 그들이 잘 모르거나 미성숙하거나 기술이 부족해서이지 결코 악의가 있어서는 아니다. 문제는 모든 부부간의 갈등과 대화가 이처럼 선하지만은 않다는 점이다.

이 책을 집필하기 위해 결혼의 기쁨을 맛본 사람들뿐만 아니라 문제 있는 결혼 생활을 한 사람들에게도 조언을 구했다. 따라서 파트너에게 버림받거나 위협당하거나 감정적·신체적 학대를 당하는 등 결혼의 어두운 일면이 인터뷰에 드러나기도 했다. 이들의 이야기를 듣는 것은 고통스러운 일이었지만 또한 이들을 통해 가장 값진 교훈을 얻을 수 있었다.

이들을 통해 알게 된 부부간 대화의 단절은 일반 가정요법으로 해결할 성질의 것이 아니었다. 인생의 현자들은 자신의 경험과 주변 사람들에게 목격한 것들을 근거로 결혼의 잠재적인 문제 3가지를 알려줌으로써 그 심각성에 경종을 울리고자 했다. 이들이 말하는 위험요소들은 지금까지 언급한 사소한 대립이나 말싸움, 의견 차이와는 차원을 달리한다. 이 중 한두 가지가 존재한다면 부부 관계에 심각한 문제가 있는 것이니 반드시 외부의 도움을 구하길 바란다.

하나. 폭력은 한 번으로 족하다

가정 폭력이 위험하다는 사실은 누구나 알 것이다. 인생의 현자들 또한 이것을 가장 위험한 요소라고 힘주어 말한다. 데이트 중에 폭행을 경험하고도 결혼하는 사례가 얼마나 많은지를 알면 경악을 금치 못할 것이다. 지난 수십 년에 걸쳐 상담사, 의사, 학자들이 수없이 경고했는데도 이런 결과가 나온다는 것은 실로 충격적이다. 실제로 교제 중인 커플의 40퍼센트가 폭행을 경험했다고 보고한 바 있으며, 그중 상당수가 결혼을 감행했다. 이런 사실을 통해 사람들이 폭행의 심각성을 얼마나 안일하게 생각하는지 알 수 있다.

인생의 현자들은 폭행을 절대 용인하지 말라고 경고한다. 폭행에 관한 한 그들의 입장은 강경하다. "만약 파트너가 나를 때린다든지 어떤 형식으로든 신체적인 가해를 행한다면, 단 한 번이라 할지라도, 그를 떠나라." 순간적으로 따귀를 때리거나 몸을 밀치고 나서 깊이 후회하고 용서를 구했다는 예외적인 사례도 있지만 이는 극히 드문 경우다. 인생의 현자들은 이런 예외조차 허용하기를 거부하면서, 데이트 도중 이런 일이 일어난다면 틀림없이 결혼해서도 반복될 거라고 엄중히 경고한다. 인생의 현자들은 다른 잘못에 대해서는 기회를 줄 수 있다고 보았지만(불륜을 저지른 경우에도 상황에 따라서는 한 번 더 시도해볼 수 있다고 답했다), 폭행이 있었던 관계를 유지해야 한다고 생각하는 사람은 '단 한 사람도 없었다'.

이 위험신호에 주의를 기울이지 않고 평생 후회하며 살아온 사람들의 목소리를 들어보자. 바이올렛 마시(70세)는 "만약 파트너가 관계 초기에 폭력을 휘두른다면 시간이 지나도 상황은 좋아지지 않아. 오히려 더 악화될 거야. 한 번이라도 폭력적인 상황이 있었다면 그를 당장 떠나"라고 말한다.

리아 스톤(71세)도 강경하다. "결혼하기 전에 말다툼을 하는데 그가 나를 때렸어. 그때 나는 바로 뒤돌아 나와버렸고 그걸로 끝이었어! 정신 번쩍 차리고 냉철히 생각해야 해. '가만, 이건 내가 원하는 게 아니야'라고 말이야."

자넷 뉴먼(66세)도 경고한다. "만약 그가 한 번 때렸다면 또 때릴 거라는 걸 명심해. 결코 폭행당하도록 자신을 내버려두면 안 돼. 절대로! 여성이라면 어느 누구도 자신에게 절대 손대지 못하게 해야 해."

이들 외에도 교제 중에 폭행을 당하고도 결혼하는 실수를 저지른 대가로 갈수록 심해지는 학대를 당한 사실을 낱낱이 털어놓은 피해자들의 진술은 얼마든지 있다. 이런 피해자들은 대체로 여성이지만 남성도 있었다. 가정 폭력은 자녀들의 인생마저 파괴할 정도로 심각한 결과를 초래한다.

데보나 패튼(68세)은 데이트 중에 파트너에게 폭행당했던 사건을 무시했고 그 잘못된 선택의 대가로 10여 년의 세월을 폭력의 두려움 속에서 살아야 했다. 벼랑 끝에 몰린 그녀는 지푸라기의 심정으로 남편에게 대들었고 아들을 보호하려다 자기도 모르게 프라이팬으로 남편을 내리쳤다. 그 일로 남편을 떠나 새로운 삶을 시작할 수 있었지만, 그때 받은 상처는 수십 년이 지난 지금도 여전히 그녀와 자녀들의 마음속에 남아 있다.

"초기에 그 살인마와도 같은 행각이 드러나면 대번에 깨달아야 해. 때로 어떤 단서들은 발견하는 즉시 촉각을 곤두세워야 하는 것들이 있어. 만약 파트너가 폭력을 행사한다면 가만있지 말로 즉각 도망쳐, 도망치라고! 그 망할 놈의 단서를 알아보는 눈을 키우고 속히 도망가란 말이야!"

둘. 지나친 통제를 허용하지 마라

결혼해서 살다보면 배우자에게 간섭하고 싶은 마음이 들기 마련이다. 자신의 마음에 들지 않는 배우자의 행동이나 선택이 있으면 그것을 바꾸도록 회유하거나 심지어 명령조로 요구하기도 한다. 부부는 이런 합의를 통해 자신의 간절한 소원을 알리고 상대방을 움직여 자기 방식을 따르도록 만들려고 애쓴다. 하지만 서로 영향력을 주는 정도를 넘어서 상대방을 '통제'하려 든다면 이것은 심각한 위험신호다.

나의 삶과 인간관계 그리고 행동을 사사건건 파트너가 통제하려 든다면 그와의 관계를 심각하게 재고해야 한다. 인생의 현자들은 이 같은 통제 행위의 이면에는 불안, 의심, 시기가 숨어 있으며 이런 요소들에 기초한 결혼은 한마디로 부실공사라고 말한다. 상대방을 통제하려는 시도는 처음엔 미미할지 몰라도 나중에는 개인 생활의 사소한 부분에까지 확대된다.

비키 모리슨(67세)은 파트너의 통제가 조금씩 정체를 드러내다가 결국은 파경에 이르고 말았다고 한다.

"혹시 파트너가 강압적인 성격은 아닌지 유심히 살펴봐야 해. 약속 장소에서 몇 시간씩 기다리게 한다든지, 가족과 떨어트려놓으려 한다든지, 다른 사람들로부터 고립시키려 한다든지 자기 식대로 사사건건 통제하지는 않는지 주의 깊게 보라고. 또 한 가지, 그가 내 손을 잡고 어떻게 하는지 봐봐. '손잡는 게 뭐가 어때서?'라고 반문하겠지만 정도껏 잡아야지 내 손을 절대 안 놓아준다면 말이 달라지지. 우리가 공공장소에 있을 때면 그는 잠시도 내 손을 놓지 않았어. 그게 바로 통제지 뭐야. 데이트하는 내내 나를 통제해야 안심이 되었던 거야. 내가 다른 이야기를 하는 걸 절대 원치 않았어. 자기에게만 집중해달라는 거지. 그때는 그게 잘 안 보였어. 왜냐하면 세상이 온통 장밋빛으로 보였거든. 그땐 그랬어. 결국은 이혼하고 말았지. 힘든 결정이었어. 아이 둘을 데리고 여자 혼자 살 생각을 해봐. 너무나도 힘겨운 시작이었지. 하지만 그 방법밖에 없었어."

통제 행위는 몇 가지 예상 가능한 영역에서 그대로 드러난다. 돈과 관련된 일들이 가장 흔한 사례다. 메리 모튼(71세)은 이야기한다.

"첫 남편은 나를 사사건건 통제하려 들었어. 통장은 부부 공동 명의였지만 수표장은 남편이 전부 관리했어. 식료품비는 다달이 타서 썼고, 그 외에 필요한 것들은 식료품비를 아껴서 남편 몰래 사야 했어. 내가 돈 좀 달라고 하면 남편이 싫어했거든. 내가 일해서 번 돈으로 내가 사겠다는데도 말이야."

엘리노어 베일리(69세)는 질투심 또한 위험한 통제 행위 중 하나라고 말한다.

"열아홉 철없던 어린 나이에 첫 결혼을 했어. 젊고 잘생긴 남편이 그토록 질투심이 많을 줄 누가 알았겠어. 원래 난 거짓말이라고는 모르는 사람이야. 그런데도 남편은 내가 어떤 사람과 어떤 상황에 있었다고 이야기해도 도무지 내 말을 믿질 않는 거야. 얼마 지나지 않아 내가 원하는 삶이 아니라는 걸 깨달았지. 그래서 그 결혼을 끝장냈어. 상대가 유난히 질투심이 많은 사람은 아닌지 잘 봐야 해. 그건 파멸의 지름길이야. 항상 옆에 붙들어두려 한다든지 외간 남자와 함께 있는 걸 무조건 의심의 눈으로 보는 사람은 조심해. 사람을 그런 식으로 통제하려 들면, 정말 생지옥이 따로 없어."

통제 행동은 은연중에 이루어지므로 교제 초기에는 눈치 채지 못할 수 있다. 그러다 그것이 명백히 드러날 때면 이미 관계가 깊어져 벗어나기 힘든 상태가 된다. 파트너에게 의심스러운 증상이 한둘이 아니라면 신뢰하는 사람에게 조언을 구해보라고 인생의 현자들은 권한다. 가족이나 친구들을 찾아가 당신의 파트너에게서 위험한 통제 행동을 발견했는지 물어보라. 이런 '사실 확인' 작업을 통해 장차 발생할지 모를 마음의 상처를 미연에 방지할 수 있을 것이다.

셋. 모욕은 주지도 받지도 말라

지나친 통제와 마찬가지로 모욕을 주는 행위 역시 은밀하게 서서히 진행된다. 인생의 현자들 눈에는 둘만 있을 때든 여러 사람과 같이 있을 때든 파트너에게 모욕을 주거나 깎아내리는 행위는 명백히 위험한 신호다. 파트너라면 당연히 서로를 세워주고 좋게 이야기해줘야 마땅하다.

결혼에 대한 연구조사에서는 이런 부정적인 행동에 대해 '경멸'이라는 강한 용어를 사용한다. 심리학자이자 부부 관계 전문가인 존

가트먼은 결혼과 관련해 모욕을 설명하면서 "말세에 등장하는 말 탄 자(horsemen of the apocalypse)"와도 같다고 표현했다. 다시 말해 파트너가 할 수 있는 가장 파괴적인 행위라는 것이다. 깎아내리고 경멸하는 행위는 비난의 차원을 넘어서는 학대 행위다. 경멸에는 적의가 포함되어 있으며 존경받아 마땅한 개인의 가치를 떨어뜨린다.

깎아내리는 행동의 대표 주자는 욕설이다. 언쟁을 하다보면 도를 넘어설 때도 있고 욕이 절로 나오기도 한다. 하지만 인생의 현자들은 이 점에도 분명한 태도를 취한다. "말다툼을 할 때 욕하는 파트너를 조심하라. 그것은 상대방을 무시한다는 중차대한 신호다."

수전 화이트(69세)는 이야기한다.

"욕은 절대 안 돼. 한번 내뱉은 말은 다시 주워 담을 수 없는 법이야. 두 번째 결혼한 남편은 그걸 잘 이해하는 사람이었지. 첫 번째 남편은 그러지 못했고. 농담과 욕을 구분 못하면 안 되지. 싸우더라도 도를 넘어서면 안 돼. 특히 욕은 입에도 담지 마. '멍청한' '멍텅구리' '바보 천치' 같은 말도 안 돼. 사소한 욕도 엄연히 욕이야."

대놓고 모욕하는 것은 금방 알아차릴 수 있는 위험신호다. 하지만 깎아내리는 행동은 경우에 따라서는 감지하기가 상당히 까다롭다. 비하 발언한 사람이 그냥 웃자고 한 소리라며 은근슬쩍 넘어가버리면 당한 입장에서 모욕감을 느끼더라도 '농담이 심하다'며 대수롭지 않은 척 받아 넘기는 수밖에 없기 때문이다. 인생의 현자들에 의하면 비꼬는 말이나 놀리는 말을 가장한 비하 발언은 '정체를 숨기는' 비하 행동 중에서도 가장 위험하다.

세이디 싱글턴(70세)과의 인터뷰는 그녀의 안락한 거실에서 차와 비스킷을 들며 이루어졌다. 재치 넘치고 지적인 세이디는 두 번째 남편 월터(73세)와의 결혼 생활에 대단히 만족하고 있었다. 결혼 40년 차인 이들은 두 사람 모두 풍파가 많았던 첫 결혼을 통해 두 번째 결혼에 성공할 수 있는 비결을 배웠다. 세이디가 말하는 그 비결은 서로 존경하며 대화하는 것이었다. 그 중요성을 배우기 위해 첫 남편 해리와의 3년에 걸친 결혼을 경험해야 했다.

"첫 결혼에선 이해심이나 경청이 뭔지 몰랐어. 일단 행동을 잘 봐야 해. 위험신호가 있는지 주의하면서 말이야. 만날 때마다 시종일관 끝까지 빈정대고 비판적이라면 그것이 위험신호인 줄 알아야 해. 지금 마주하고 있는 이가 사람 구실 제대로 못하고 극단적으로 생각하는 사람이란 걸 말이야. 빈정대는 사람은 보나 마나야. 위험신호지. 저질스러운 말을 재치 있는 농담인 양 지껄이기나 하고. 정말 밥맛이야. 그래도 용서해줬어. 재미있었으니까. 자기 빼고 모든 사람을 놀리는 재미로 사는 사람이었지. 처음에는 그게 그토록 웃길 수가 없었어! 풋내기들한텐 그게 중요하잖아, 그치? 한마디로 너무 멋졌어. 하지만 인생에는 하등의 도움이 안 돼. 결혼 생활에는 말할 것도 없고."

남을 비하하는 언어 습관이 변화되는 경우도 가끔 있다. 하지만 관계 초기에 이 문제를 반드시 짚고 넘어가야 한다. 욕이나 빈정대는 말, 경멸적인 비판을 해놓고 '그냥 해본 소리'라고 변명하는 사람이 있다. 인생의 현자들은 이를 전혀 허용하지 않는다. 루비 버지스

(69세)는 타인들 앞에서 파트너의 면을 세워주는 것이 관계의 본질적 요소라고 강조한다.

"파트너를 헐뜯으며 쓸모없는 인간이라느니 형편없는 인간이라고 한다면 듣는 사람은 어떻게 생각하겠어? 정말 자신이 나쁜 사람이라는 생각이 들기 시작하겠지. 함께 있으면 내가 정말 좋은 사람이라는 느낌이 들도록 만드는 사람인지 자문해봐. 나로 하여금 자기 비하를 느끼게 하는 것만큼 파괴적인 행동은 없어. 내 평생의 교훈은 이거야. 내 남편이 스스로 자신을 세상에서 가장 훌륭한 남편이라고 느끼게 만들어주자. 타인을 비난한다면 그 말을 듣는 사람의 인생을 망치는 거야. 그것만큼 나쁜 건 없어."

각자 질문해보자. 나의 파트너가 나로 하여금 자기 존중감을 느끼게 만드는가? 만약 그렇지 않다면 이는 심각한 위험신호다.

이 3가지 위험신호를 맞닥뜨렸다면 다른 사람에게 이야기하고 조언을 구하라고 인생의 현자들은 권한다. 혼자 끙끙 앓는 사람은 하나같이 후회한다. 문제점을 누군가에게 이야기했더라면 얼마나 좋았을까? 가족이나 친구에게 터놓고 이야기하는 것부터 시작해보라. 아울러 전문가의 심리 상담을 받는 것도 좋다(4장 참조). 위험신호들 앞에서 절대로 하면 안 되는 일은 바로 '막연히 차차 나아지길 바라며 무작정 기다리는 것'이다. 파트너의 폭력과 통제 그리고 비하 행위는 나의 안전에 대해 고민해보고 도움을 찾으라는 강력한 위험신호다.

| 열두 번째 |

아름다운 소통을 위한 5가지 비결

인생의 현자들은 부부간에 효과적인 대화를 하려면 개방적인 분위기가 조성되어야 하고, 지나친 판단을 삼가야 하며, 파트너를 정중하게 대해줘야 한다고 말한다. 물론 이런 대화 분위기를 확립하려면 수년에 걸친 끈질긴 노력이 필요하다. 이처럼 드높은 이상을 실현하기 위해 현실적으로 할 수 있는 직접적이고 구체적인 대책이 필요하다. 실제적인 면을 중시하는 인생의 현자들은 이에 대해 기꺼이 도움을 주었다.

부부간의 대화 통로는 항상 열려 있어야 하지만 현실은 그렇지 못하다. 지금부터 이 대화의 통로를 여는 현자들의 비법을 공개하려 한다. '대화하라'는 말로 2장을 시작했음을 기억할 것이다. 그것은 말처럼 쉽지 않은 일이다. 노인들은 이 점을 십분 이해하고 있으며 따라서 오늘 당장 써먹을 수 있는 대화의 비결을 제시한다. 하나가 유용하지 않는다고 걱정할 필요는 없다. 다른 걸 하면 되니까.

하나. 대화의 규칙을 정하라

논쟁적인 사안을 가지고 대화한다는 게 결코 쉽지 않다. 가끔은 언제 터질지 모르는 지뢰밭을 조심조심 걷듯 신중한 협상을 통해 서로의 의견차를 좁혀나가야 한다. 이 같은 상황에서 인생의 현자들은 대화 체계를 개발하라고 권한다. 어떻게 서로 대화할 것인지에 대한 일련의 규칙을 만들어 각자 자신의 의견을 말할 기회를 갖도록 장치한다면 대화의 지뢰밭에 숨은 뇌관을 피할 수 있다는 것이다. 가령 어려운 문제를 논의할 때 30분 등 시간제한을 두고, 정해진 시간 내에 해결책을 찾지 못하면 나중에 다시 논의해본다.

일부 현자들은 이미 각자 일정 시간 '발언의 장'을 가진다는 규칙을 활용하고 있었다. 앨리슨 로크(63세)와 그녀의 남편은 부부 중 한 사람이 출장에서 돌아오면 서로 자기 이야기를 먼저 들어달라고 성화였다. 그들은 멋진 해결책을 찾았는데 그 이야기를 듣고 나도 실천하고 있다.

"우리는 출장 갔다 오면 꼭 문제가 생기곤 했어. 회의다 뭐다 해서 출장 갈 일이 생기면 잔뜩 들떠서 한 일주일 집을 떠나 있다 와.

문제는 한 사람이 출장 잘 다녀오는 새에 다른 사람은 집안에서 죽어라 허드렛일이나 한단 말이지. 그래서 이런 방법을 생각해냈어. '좋아. 나나 당신이나 집에 오면 출장 다녀온 사람이 먼저 이야기하기로 해. 자리 깔아줄 테니 하고 싶은 말 다 하는 거야. 여행이 어땠는지, 무엇이 좋았는지 전부 다. 더 이상 할 말이 없을 때까지 이야기하라고. 상대방은 이따금 관심을 보이면서 일단 듣기만 해. 한 사람의 이야기가 끝나면 그때부터 다른 사람이 지난 한 주를 어떻게 보냈는지 말하기 시작하는 거야.' 각자 자신의 이야기를 할 수 있는 자리를 마련해주고 자신이 주인공이라는 느낌을 갖도록 만들어주는 거지. 우린 이 방법으로 큰 효과를 봤어. 여기에 이런 말까지 더하면 금상첨화겠지. '오늘 밤은 외식하자고!' 좋은 데서 맛난 음식 먹으며 이야기보따리를 풀어놓는 거지."

부부들마다 중요한 대화를 위한 그들 나름의 규칙은 상당히 다양해서 한마디로 요약하기가 어렵다. 중요한 과제는 각자에게 맞는 규칙을 발견해내는 것이다. 심각한 문제는 언제 상의하면 좋을지, 시간제한을 두는 게 좋을지, 각자 발언할 시간을 얼마로 정하면 좋을지 등 한 번씩 기본 규칙을 점검하는 시간을 가진다면 더 건전한 대화 방식을 만드는 데 도움이 될 것이다.

둘. 그저 들어줘라

인생의 현자들은 '대화를 죽이는 무기'가 있다고 말한다. 딴에는 상대방을 사랑하고 염려해서 한 행동이 사실은 대화를 죽이는 무기로 작용한다는 것이다. 이따금 슬프고 화나고 힘들 때면 그저 내 이야기를 묵묵히 들어주는 이야기 상대가 필요할 때가 있다. 상대방이 뭘 해주길 바라서가 아니다. 그저 이야기를 들어주고 스스로 이 문제를 해결할 수 있도록 도와달라는 뜻인데, 그것을 모르고 직접 나서서 문제를 해결하려 드는 사람이 있다. 이처럼 '해결사를 자처하는' 배우자의 태도는 그다지 반갑지 않으며 대화의 문을 닫게 할 뿐이다.

사람에 대해 특정한 고정관념을 갖는 것은 그리 바람직하지 않지만 인생의 현자들이 말한 사실 그대로를 옮기자면 대개 이런 행동을 저지르는 '주범'은 남성이다. 흔히 남성을 일컬어 '백마 탄 기사'라고 하지 않던가. 아내의 문제를 해결하려고 백마 타고 달리는 기사님 말이다. 팻시 슐츠(72세)가 전형적인 예다.

"세상에, 스트레스가 얼마나 심했는지, 말도 마. 결혼하고 2주 만에 어머니가 돌아가셨고, 남편은 어쩔 줄 몰라 했지. 둘 다 너무 어려서 아무것도 몰랐어. 남자는 여자의 말을 들을 생각은 안 하고 무조건 자기가 나서서 문제를 해결하려 들어. 남편은 항상 '그렇다면 우린 이런저런 일을 해야 해'라며 대화에 끼어드는 식이었지. 그냥 내 말을 조용히 듣는 법을 배우기까지 오랜 시간이 걸렸어."

다행히도 인터뷰했던 사람들은 이 문제를 잘 인식하고 있었으며 백마 탄 기사 노릇에 대한 충동을 잘 조절하고 있었다. 클라크 휴(77세)는 이 험난한 배움의 과정을 잘 묘사했다.

"대부분의 남자들은 나서서 문제를 해결하려는 기질이 있어. 나 역시 아내가 뭐라 불평하면 그걸 바로잡기 위해 뭔가를 하려 들었지. 그러나 세상에는 해결할 수 없는 문제가 산더미처럼 많다는 게 바로 문제야. 또 상대방이 원하는 건 단지 자기 말을 들어주고 이해해주길 바라는 것뿐이고. 그러니 해결사 노릇 그만하고 상대방의 말을 들어줘야 해. 사람의 힘으로 해결할 수 없는 문제들 앞에서 고통을 참고 이겨낼 수 있도록 말이야. 물론 막상 고통스러운 일이 닥치면 무슨 수를 써서라도 문제를 해결하고 싶은 생각이 도질 때도 많지. 그런 생각 자체가 나쁘다는 말은 아니야. 자기 문제를 해결하려는 건 당연한 거야. 하지만 정말로 큰일을 당하면 그렇게 해서 될 일이 아니야. 그때는 그저 곁에 있어주고 함께 고통을 이겨나가는 수밖에 없어. 사랑하는 사람이 고통 받는 걸 그냥 바라만 보고 있기가 너무 힘들지만 말이야."

| 셋. 때로는 행동으로 보여줘라

'항상 대화하라'라는 조언에서 보듯 인생의 현자들은 언어적 소통을 굉장히 중시한다. 그런데 때로는 말보다 행동이 더 강한 메시

지를 준다고 한다. 가령 상대에게 찬사를 남발하지 않는 것이 더 깊은 관심과 애정을 표현하는 방법일 수도 있다는 것이다.

이 주제에 대해 인생 현자들의 조언을 듣던 중에 문득 〈지붕 위의 바이올린(Fiddler on the Roof)〉이라는 뮤지컬이 생각났다. 테비에와 고르데 부부는 전통적인 가치관을 중시하며 수십 년간 결혼 생활을 이어간다. 어느 날 테비에가 아내에게 정말 자신을 사랑하는지 분명히 말해보라고 조른다. 고르데는 남편과 함께한 25년의 세월을 추억한다. 돌이켜보니 그 모든 순간에 남편이 곁에 있었다. 싸울 때나 잘 때나 심지어 굶을 때도……. 그리고 나자 이렇게 인정할 수밖에 없었다. "25년을 그토록 지지고 볶으며 살았는데 그게 사랑이 아니면 뭐겠어요?"

물론 중요한 사안을 논의할 때는 반드시 대화가 필요하다. 하지만 대화 도중 유심히 살피기만 한다면 따뜻한 눈빛, 다정한 모습, 작은 배려로도 대화할 수 있다. 연구에 의하면 부부간에 배우자의 센스 있는 행동을 의식적으로 알아차리지는 못하지만, 그런 행동의 영향으로 기분은 한결 좋아진다고 한다. 배우자가 자신이 듣고 싶은 말을 전부 다 해주지 않는다고 느낄 때가 있는가? 그렇다면 혹시 배우자가 말이 아닌 다른 방식으로 자신의 사랑과 관심을 입증하고 있지는 않은지 주의해서 살펴볼 일이다. 루시아 워터스(75세)의 이야기를 들어보자.

"그럴 때면 난 요리를 해. 요리하는 걸 아주 좋아하거든. 가족에 대한 사랑이 담뿍 담긴 맛좋고 영양 많은 초코칩 쿠키! 더 이상 말이 필요 없어. 남편이 집에 돌아오면 언제든 식사할 수 있도록 준비를 해둬. 집안은 쥐죽은 듯 고요하지만 우리에겐 음식과 올망졸망한 아이들이 있지. 때론 말보다 더한 걸 해야 돼. 말뿐만 아니라 행동으로도 보여줘야 하거든."

셰인 킹스턴(73세)은 서슴없이 대화하는 아내와 달리 어지간해선 속내를 드러내지 않는 타입이다. 하지만 때로는 말이 없어도 대화할 수 있다고 그는 믿는다. 특히 애정 표현을 꼭 말로 해야 아느냐고 반문한다.

"이런 방법도 있잖아. 손을 잡아주거나 머리카락을 쓰다듬거나, 아니면 꽃이나 다른 걸 선물할 수도 있고. 말하지 않는 순간에도 수많은 방법으로 여전히 대화할 수 있어."

건전한 관계를 위해서는 대화가 매우 중요하다는 것이 인생 현자들의 중론이다. 하지만 사랑과 관심과 지지를 표현하는 방법에서라면 파트너의 말뿐만 아니라 행동까지 유심히 살펴보자.

넷. 정직하라

인생의 현자들이 최상의 대화를 위한 비결로 '정직'을 꼽은 것은 너무도 당연해 보인다. 하지만 이들이 얼마나 강력한 어조로 정직을 강조하는지 새삼 놀라울 지경이었다. 예를 들어 인생의 현자들에게 "배우자를 고를 때 반드시 봐야 할 점이 있다면 어떤 게 있을까요?"

라고 물었을 때 가장 먼저 언급한 자질이 바로 정직이었다. 좋은 대화를 위해서는 부부간에 처음부터 정직이 바탕이 되는 분위기를 확고히 해야 한다.

트레버 가필드(81세)는 결혼 57년차다. 그와 인터뷰하며 정직에 관해 참으로 많은 이야기를 나누었다.

"파트너에게 솔직하고 정직하며 그를 신뢰해야 해. 반드시 정직해야 하고 숨기는 게 있으면 안 돼. 돈 문제, 직장 문제, 결혼 자체에 대해 스스럼없이 이야기할 수 있어야 해. 좋은 출발을 하고 숨기는 게 없으면 정직이 몸에 배게 돼. 결혼이 뭐야? 두 사람이 서로에게 정직한 거 아냐?"

인생의 현자들에 의하면 정직한 파트너는 독립적인 생활을 가능하게 하며 질투로부터 자유롭게 한다. 이는 평생 만족을 유지하는 관계의 특징 중 하나다. 클래리스 갤러웨이(73세)는 메간과 44년간 헌신적인 관계를 이어오고 있다. 그래서 그녀의 조언은 신뢰할 만하다.

"신뢰는 모든 걸 꿰어주는 실과 같아. 그게 제일 중요해. 그게 있으면 다른 많은 것을 극복할 수 있으니까. 관계에 대해 안심하지 못하고 파트너의 정직성을 신뢰하지 않는다면 그가 혼자서 다른 친구들을 만나도 불안하고, 나만 쏙 빼놓고 자기만의 관심사를 갖는 것도 염려될 거야. 항상 새롭고 즐거운 관계를 유지하기 위해 24시간 늘 붙어 다니며 감시할 수는 없잖아. 정직하면 그럴 일이 없지. 하루 종일 같이 있지 않아도 안심할 수 있는 사람인 걸 믿으니까 말이야."

다만 여기서 한 가지 중요한 뉘앙스의 차이가 있다. 인생의 현자들은 한 손에는 '정직과 신뢰'를, 다른 한 손에는 '요령'을 가지라고 조언한다. 양자를 구분하되 균형을 이루라는 것이다. 또한 상황을 봐서 곧이곧대로 말했다가 상대방이 상처를 받을까 염려된다면 완곡하게 표현하는 것도 중요하다고 말한다. 가령 파트너가 "이 바지를 입으니까 뚱뚱해 보이지?"라고 묻는다면 적당히 얼버무려라. 관계의 모든 문제에서 정직은 반드시 필요하지만 취향과 의견의 문제라면 요령도 필요하다.

다섯. 편지를 써라

인생의 현자들이 알려주길, 대화가 문제될 때 요긴하게 써먹을 수 있는 비법은 바로 서로에게 편지 쓰기다. 어떤 경우든 편지를 써서 해가 될 일은 없다. 오히려 어떤 사안에 대한 자신의 감정을 조심스럽고 분명하게 그리고 자세히 써서 보내는 행위는 접근하기 어려운 대화의 문제를 푸는 데 도움을 준다. 사브리나 버트(90세)는 결혼 초기에 이 사실을 깨달았다.

"의견이 대립하는 문제가 있으면 일단 자리에 앉아. 그는 그대로, 나는 나대로 자기 생각을 써내려가. 그러고 나서 편지를 교환해. 각자 상대방의 편지를 읽어. 그런 다음 문제가 되는 부분에 대해 뭔가를 하기로 결정을 내리지. 그래서 난 서로에게 편지 쓰기를 추천해.

왜 화가 났는지, 뭐가 잘못되었는지, 이런 걸 쓰는 거야. 그러고 나서 편지를 교환해. 각자 상대방의 편지를 읽고 나면 이런 생각이 들지도 몰라. '이런, 내가 너무 심했군.' 그리고 자기 행동을 고쳐야겠다고 마음먹게 되지."

하지만 이때 한 가지 유의할 점이 있다. '서로에게 편지를 쓰라'는 것은 문자나 구글 채팅, 또는 다양한 SNS 메시지를 말하는 게 아니다. 대화가 막힌 상황에서 이를 돕기 위한 수단으로 편지를 쓸 때는 깊이 생각하고 성찰하며 잘못된 의사 전달을 막기 위해 충분한 시간을 갖고 행해야 한다. 이메일을 쓰더라도 되는 대로 급하게 자판을 두드려 보내지 말고 최소한 편지의 형식을 갖추기 바란다. 인생의 현자들은 그런 순간적인 대화를 '잘못된 의사 전달'의 지름길로 본다. 때로는 낡은 방식이 관계에 도움이 될 때가 있다. 편지가 바로 그렇다.

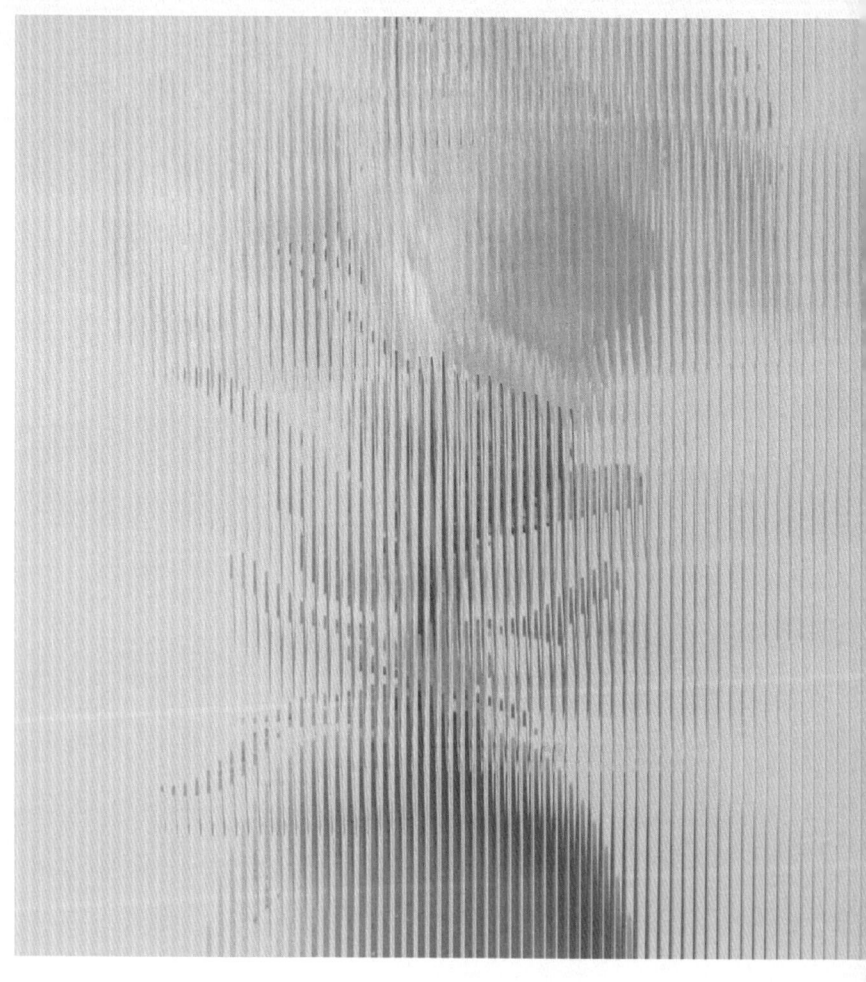

생각보다 아주 많이 힘들 거야. 누군가와 1년 365일 한시도 떨어지지 않고 같이 지낸다는 게 그리 호락호락한 일은 아니지. 모든 걸 내팽개치고 포기하고 싶은 심정일 때가 한두 번이 아니야. 왜 결혼했나 싶을 때도 있어. 이를 악물고 견뎌야 할 때도 수두룩해. 하지만 늘 마음으로 생각하지. '내가 이 결혼을 얼마나 소중하게 생각하는데. 난 이 생활을 원해. 남편을 사랑한다고.' 물론 반짝이는 순간들도 있어. 타인에겐 절

3장
어두운 인생길에 서로가 등불 되어

대 느낄 수 없는 진정한 교감을 맛볼 때, 천만금을 준대도 바꾸지 않을 그런 지적이고 감정적이며 육체적인 경험을 누릴 때면 인생이 온통 빛을 발해. 결혼은 말이지, 하나의 과정인 것 같아. 늘 진행 중인 과정 말이야. 끝인가 하면 또 시작이고……. 뭐든 지금 상상하는 것보다 훨씬 더 어렵다고 보면 틀림없지만, 난 좋았어. 결혼하길 잘했다고 생각해.

사만사 존스(80세, 결혼 47년차)

30 LESSONS for LOVING

인생은 결혼의 연속이다. 자신은 물론이고 주위 사람들 모두 결혼을 한다. 늘 주위에서 일어나는 일인데도 가슴 설레는 게 결혼이다. 나도 얼마 전 맏딸이 결혼을 했다. 정말 기억에 남는 결혼식이었다. 절대 부모라서 하는 말이 아니다. 하객들은 하나같이 '이렇게 아름다운 한 쌍은 처음 본다'고, '여태 참석한 결혼식 중 최고였다'고 입을 모았다.

딸의 결혼이 아니더라도 결혼에 뭔가 특별한 것이 있다는 느낌은 비단 나만의 것은 아니다. 결혼은 희망, 낭만, 빛나는 미래와 동의어다. 지금도 잊을 수 없는 영화의 한 장면이 있다. 〈신부의 아버지(Father of the Bride)〉라는 고전 영화를 보면 신부의 어머니 앨리 뱅크스가 결혼의 중요성을 강조하며 남편 스탠리(스펜서 트레이시가 불만 가득한 아버지 역을 멋지게 소화해냈다)를 설득하는 장면에서 자랑스러운 듯 이렇게 말한다.

"여보, 어떤 말로 설명해야 좋을지 저도 답답해요. 결혼이란 것, 교회에서 결혼식을 올린다는 것, 그건 모든 여성이 꿈에도 바라는 일이에요. 웨딩드레스와 화환과 음악, 우리가 바라는 모든 게 거기 다 있어요. 행복했던 그 순간을 평생 기억하며 살아가는, 바로 결혼식 말이에요."

결혼식에 참석할 때면 누구나 새로운 인생을 출발하는 신랑신부에 대해 설레는 마음을 갖는다. 결혼식은 평생을 의탁하는 관계에 대한 찬란한 희망과 꿈의 화신에 다름 아니다. 오늘도 사랑에 빠진 수많은 사람들이 결혼을 약속하며 이런 낙관적인 생각을 한다. "그동안 고비도 많았지만 여기까지 잘 왔어. 결혼해서 어려워봐야 얼마나 더 어렵겠어?"

잔치 분위기에 찬물을 끼얹으려는 뜻은 결코 없다. 단지 인생 현자들의 말을 그대로 전하자면, 결혼은 인생 최고의 선물이지만 결코 거저 이뤄지지 않는다. 함께하는 삶을 지키기 위해 죽도록 헌신해야만 얻을 수 있는 것이다. 나이가 가장 많았던 노인의 한마디가 가슴을 파고든다. "결혼은 힘든 거야."

요즘은 수많은 커플이 혼전 동거를 한다. 그들은 장차 결혼 후 있을 난관을 충분히 깨달을 수도 있다. 하지만 동거 기간은 그다지 길지 않을 뿐더러 대부분 어린 나이에 결혼한다는 사실을 잊지 말자. 결혼은 인륜지대사다. 그런 중대한 결정을 했다는 벅찬 감격과 결혼식의 흥분이 채 가시지 않은 상태에서는 앞날이 온통 장밋빛으로 보일 수밖에 없다. 따라서 신혼 초기에는 결혼에 대한 긍정적인 편견이 작용하며 두 개의 마음과 영혼이 하나 되는 삶에 대한 기대감으로 한껏 고조되어 있다. '결혼은 힘들다'는 사실을 명심하며 결혼에 임하는 사람은 극소수에 불과하다.

신디 바버(72세)는 어떻게 기쁨, 성취감, 극심한 어려움이 한데 뒤섞여 결국은 행복한 결혼 생활이 만들어지는지 압축적으로 말해준다. "결혼은 어른들의 일이야. 어린애들의 불장난이 아니지. 불행히도 결혼하기에 우린 너무 어렸어. 그러곤 두 번째 결혼을 했는데 또 실패했어. 결혼을 무슨 장난하듯 했으니 그렇게 끝날 수밖에……. 결혼식을 치렀다고 결혼이 완성되는 건 아니야. 그다음부터가 진짜 결혼이야. 앞으로 어떻게 살아갈 것인지를 생각해야지. 다가오는 매일 매일을 어떻게 살 것인지가 중요한 거야. 연애 시절, 꿈같은 휴가만 생각할 게 아니라 이걸 생각해보라고. '내 모든 지식과 이성을 총동원하여 생각했을 때, 과연 그 지저분한 빨랫감과 산더미처럼 쌓인 설거지거리, 아침저녁으로 쓸고 닦아야 하는 집안일을 기꺼운 마음으로 할 수 있을까?' '아무리 해도 표 나지 않는 집안일을 매일 불평 없이 해낼 자신이 있는가?' 일상 자체로만 보면 즐겁기만 한 것은 아니야. 결혼식이 멋진 일임에는 틀림없지만 일상은 그와는 별개지. 결혼식은 단 하루지만 결혼은 평생이야. 내 말 이해하겠어?"

다른 사람은 어떤지 모르겠지만 나에게는 구구절절 와 닿는 말이었다.

인터뷰를 하면서 설문자의 질문 하나가 응답자들을 곤혹스럽게 만들곤 했다. "결혼 생활 전반을 통해 볼 때, 다음의 6가지 중 배우자와의 관계에 대한 귀하의 만족도를 가장 잘 설명한 말은 무엇입니까? 극도로 불행하다, 매우 불행하다, 약간 불행하다, 행복하다, 매우 행복하다, 극도로 행복하다." 장장 한 시간에 걸쳐 결혼 생활의 영고성쇠를 죽 설명한 후에 그런 질문을 받으면 그들이 어떤 기분이었을지 짐작이 갔다. 아마 속으로 이렇게 말했을 것이다. "뭐야, 실컷 설명 들어놓고 이제 와서 딴소리야? 그 한 많은 사연을 어떻게 한두 단어로 요약한단 말이야?"

묻기 죄송한 질문이었지만 소득도 있었다. 그들은 이 질문에 대답하면서 다음과 같은 교훈을 남겼다. "그만큼 결혼이 힘들다는 사실을 인정해야 해." 물론 결혼이 항상 힘들기만 한 것은 아니며 인생에서 얻을 수 있는 최고의 정서적 만족을 결혼 생활에서 체험할 수 있다. 하지만 결혼은 순탄하고 험난한 시기가 교차하는 과정임을 인정해야 하며, 그게 안 되면 결혼 생활을 헤쳐 나가기 어렵다. 그래서 인생의 현자들은 결혼 생활을 하려면 스트레스에 대처하는 법을 반드시 배워야 한다고 말한다. 그것도 아주 오랜 시간에 걸쳐서 말이다.

기쁨과 역경이 뒤섞인 결혼 생활을 유니스 슈나이더(73세)만큼 감동적으로 표현한 사람도 없을 것이다. 6지선다형 만족도 조사 질문을 받은 유니스는 이렇게 답했다.

"정 그러면 난 '매우 행복하다'로 고르겠어. '행복'이라는 단어를 쓴다는 게 썩 내키지는 않지만. '행복'이라는 건 정확한 표현이 아니야. 그건 결혼에 걸맞지 않아. 기쁘다는 말이겠지. 기쁜 순간도 있고 환멸의 순간도 있고 애정의 순간도 있어. 말하자면 애정과 환멸과 기쁨이라는 3가지 코스의 롤러코스터인 셈이지. 그럭저럭 53년의 세월을 보내고 지금 이 자리까지 왔어. 그게 내 결혼 만족도의 수준이야. 그걸 행복이라고 부를 수 있다면 난 매우 행복해."

무엇이 결혼을 힘들게 만드는 걸까? 중병에 걸린다든지, 가정에 재정적 위기가 닥친다든지 하는 생각지 못했던 어려움 때문일 수도 있다. 하지만 인생의 현자들에 의하면 결혼 생활의 어떤 부분에서 스트레스를 가장 많이 받는지는 충분히 예측 가능하며, 실제로 예상한 일들이 일어난다고 한다. 결혼에서 긍정적으로 생각했던 부분, 이를테면 자녀를 갖는 일이 역설적으로 가장 큰 스트레스 요인이 되기도 한다.

이번 장에서는 부부들이 경험하는 5대 스트레스 요인을 살펴볼 것이다. 자녀 문제, 일과 가정의 조화, 인척 관계, 가사 분담, 돈 문제가 그것이다. 어떻게 하면 이런 힘든 과제를 무사히 극복해나갈 수 있는지 각 영역별로 인생 현자들의 명쾌한 조언을 들어보자. 결혼 생활의 일상적인 스트레스에 대처하는 비결 또한 들을 수 있을 것이다.

| 열세 번째 |

아이는
부부 주위를 도는
위성이다

부모가 될 만반의 준비를 하고 자녀를 낳는 사람이 과연 얼마나 될까? 인생에는 주요한 전환들이 있다. 그런 시점을 맞이하기에 앞서 흔히 사회학자들이 '예기적 사회화(anticipatory socialization)'라 부르는 준비 기간을 가진다. 가령 모든 학생은 대학에 입학하기 전에 오랜 학교생활을 거치는데, 고등학생이 되면 대학에 가서 기숙사 생활을 하더라도 충격을 겪지 않도록 미리 가족의 품을 떠나는 연습을 충분히 해둔다. 결혼의 경우, 예전과 달리 대부분의 청춘남녀들이 동거 기간을 갖기 때문에 새로운 가정을 이룬다고 해서 크게 새로울 것은 없다.

하지만 자녀를 갖는 문제는 다르다고 인생의 현자들은 입을 모은

다. 이것은 근본적으로 차원이 다른 문제다. 안타깝게도 예행연습이 가능하지 않다. 설사 터울 많은 어린 동생이 있다거나 유아 교육에 몸담고 있는 사람이라 해도 정작 본인의 자녀 문제 앞에서는 어떻게 준비해야 할지 막막할 것이다. 정신분석학의 창시자 지그문트 프로이트(Sigmund Freud)가 남긴 "아기 폐하(His Majesty the Baby)"라는 유명한 말에서 보듯 아기는 존재만으로도 온 가정을 지배한다. 자녀는 가정에 너무나도 큰 기쁨인 동시에 부부에서 부모로 거듭나는 과정을 수반하는 크나큰 스트레스 요인이 되기도 한다.

해서 인생의 현자들에게 이런 질문을 던졌다. "대부분의 부부에게 자녀가 생긴다는 것은 결혼 생활의 스트레스가 될 수 있습니다. 자녀가 부부 사이에 영향을 미칠 때 이에 대처하는 법을 조언해주시겠습니까?" 물론 이 책의 초점은 자녀 양육이 아니다. 해서 이런 질문도 던졌다. "새로운 가족 구성원으로 인해 감당해야 할 일들이 산적하고 자녀에게 사랑을 쏟느라 부부간에 소홀하기 쉬운 때, 어떻게 하면 부부가 예전처럼 가깝고 긴밀한 관계를 유지할 수 있을까요? 아울러 자녀들이 성장함에 따라, 물론 그와 더불어 기쁨과 스트레스도 커지겠지만, 부부 관계에 바람직한 특질을 고스란히 지킬 방법은 무엇입니까?"

부부에게 자녀가 생긴다는 것은 엄청난 도전 과제임에 틀림없다. 인생의 현자들은 "자녀가 태어나면 자연히 결혼에 대한 시각도 달라져야지. 예전에 갖고 있던 관점을 뜯어 고쳐야 해"라는 오스틴 리틀(70세)의 말에 동의한다.

카일 콜드웰(67세)은 이를 좀 더 강하게 표현했다.

"아이고, 그 고민을 다 적자면 책 몇 권으로도 모자랄걸? 아이들이 생기면 말이야, 학교 보내야지, 서로 자기 하고 싶은 대로 하겠다며 고집 부리지, 저들끼리 치고 박고 싸우지, 밖에서 얻어터지고 들어오지, 선생님 말은 죽어라 안 듣지, 이야기하자면 끝이 없어."

아이들이 결혼 생활에 스트레스 요인이기도 하다는 점은 이제 여러 말 하지 않아도 알 것이다. 그렇다면 어떻게 대처할 것인가?

부부가 해야 할 가장 중요한 일에 대한 현자들의 조언은 사뭇 의외였다. 나이 많은 노인은 아이가 가정생활의 주인공이며 결혼의 가장 큰 존재 이유라는 사실을 한목소리로 지지할 것이라 생각할 법하다. 1950년대만 하더라도 가족의 모든 생활은 자녀를 중심으로 돌아갔고 부모의 활동은 자녀의 학교생활, 숙제 봐주기, 동아리 활동에 초점이 맞춰져 있었다. 아예 직장을 포기하고 전업주부로 자녀 양육에 헌신하는 여성도 많았다. 아버지들은 자신의 세대보다 더 나은 생활을 물려주기 위해 밤늦도록 열심히 일했다. 그러니 인생의 현자들은 당연히 '아기 폐하'를 좌우명으로 내세우지 않을까?

하지만 실상은 달랐다. 자녀 중심 세대가 주를 이루는 인생의 현자들은 하나같이 "자녀보다 부부가 우선"이라고 말한다. 부모가 자녀를 사랑하는 것도 좋지만 온통 자녀에게만 초점을 두고 부부지간의 돈독한 정을 유지하는 일을 소홀히 해서는 안 된다는 것이다. 인생의 현자들이 보기에 자녀로 인해 부부 사이가 소원해진다면 그건 자녀에게도 결코 좋은 일이 아니다. '부부가 우선'이라고 말한 데는 이런 뜻이 담겨 있다. 결코 자녀가 뒷전이라는 말이 아니라 파트너가 힘들어하면 자녀 양육도 힘들어진다는 뜻이다.

닐 미첼(66세)은 인생 현자들의 대체적인 생각을 들려준다.

"자녀들이 다 훌륭하게 잘 자라주었지. 하지만 우리 부부는 아이들이 중요한 만큼 우리 사이도 중요하다고 말해. 아이들도 그걸 인정하지. 나는 우리 부부가 아이들에게 좋은 모범이 되었으면 해. 우리 두 사람이 언제나 그 자리에서 가정을 든든히 지키고 있어야 해. 부부가 있어야 아이들도 있는 거야. 배우자와의 관계가 최우선이 되어야 해. 반드시 부부간에 굳건한 연합을 이룬 다음에야 자녀들과 좋은 관계를 이룰 수 있지."

언론에서 어김없이 반복되는 내용과 노인들의 교훈은 철저히 구분되어야 한다. 이따금 신문지상에 '자녀는 부부 다음이다' 또는 '배우자가 우선이다'라는 논쟁적인 기사가 실리곤 한다. 몇 년 전 작가 에일렛 월드먼(Ayelet Waldman)이 자신의 에세이를 통해 자녀들보다 남편을 더 사랑한다고 선언함으로써 일대 소동이 벌어졌던 적이 있다. "우리 가정은 부부가 핵심이고, 아이들은 그 주위를 도는 위성이다. 귀엽고 사랑스럽지만 부차적인 존재인 것이다." 이 기사가 나간 후 거센 항의가 쇄도했을 뿐만 아니라 일부 분노한 시민들은 월드먼을 아동방치죄로 고발하기도 했다. '배우자냐 자녀냐', 이는 언론에 정기적으로 등장하는 기사거리지만, 나올 때마다 논쟁을 불러일으키는 자극적인 주제다.

인생 현자들의 조언은 이런 것과는 확연한 차이가 있다. 그들은 자녀를 축복으로 생각하고 자녀를 진심으로 사랑하며 아이들을 위해서라면 자신의 목숨도 불사할 것이다. 이것은 누구를 더 사랑하고 덜 사랑하고의 문제가 아니다. 누구를 선택하고 누구를 희생시키느냐의 문제도 아니다. 인생 현자들의 요점은 '부부 관계'가 좋아야 가정이 유지되고 자녀에게 행복한 유년 시절을 만들어줄 수 있다는 것이다. 한 현자는 이런 비유로 설명했다. 비행기를 타고 가는데 안내 방송이 나온다. "응급 상황 시 반드시 본인이 먼저 산소마스크를 착용하신 후 다른 사람을 도와주시기 바랍니다." 인생의 현자들은 바로 이런 마음자세를 가지라고 격려한다. 가정의 중심이 분명하게 서지 않는다면 어린 자녀를 양육할 때 받는 스트레스에 대처하기가 훨씬 어려워진다.

세실리아 파울러(76세) 또한 '부부가 우선'이라는 교훈을 적극 지지했다. 그녀는 대부분의 시간을 지역사회 자원봉사 활동에 헌신하며 만족스럽고 흥미진진한 삶을 살고 있다.

"이 문제를 두고 오랜 시간 많은 생각을 했어. 나는 첫 남편과 이혼하고 재혼하기까지 거의 20년을 홀로 지냈어. 참으로 긴 시간이었지. 그 후 두 번째 결혼을 한 지 6년 만에 남편이 세상을 떠났어. 그때는 정말 꿈같은 시간이었는데."

만약 세실리아에게 다시 한 번 첫 결혼 생활이 주어진다면 제일 먼저 서로를 위해 시간을 내어 남편과의 관계를 바로잡는 일부터 했을 것이다. 이어지는 그녀의 이야기는 첫 번째 결혼에 실패한 수많은 사람들에게 공통적으로 일어나는 일을 잘 말해준다.

"첫 결혼을 돌이켜보면 서로에 대해 아무런 흥미도 없었고 정말 지긋지긋했어. 관계에 활력을 주기 위해 뭔가를 할 생각도 못하고 마냥 손 놓고 있었어. 단지 결혼만 했을 따름이지 남남이나 마찬가지였어. 그저 가만히 누워 둥둥 떠내려갈 뿐이었어. 그건 결혼에 전혀 도움이 안 돼. 그래서 나는 젊은이들에게 이렇게 말해주고 싶어. 머리를 쥐어짜서라도 결혼 생활에 관심과 흥미와 활력을 유지할 방법을 찾으라고 말이야. 자신이 지닌 모든 기술과 두뇌와 존재 전부를 총동원하라고."

세실리아는 부부 사이가 그 지경이 된 데는 두 사람의 관심이 자녀에게로 옮겨진 것이 가장 큰 원인이라고 지적했다.

"인생이 완전히 바뀐 거잖아! 이제 내 삶은 없고 자녀에게 헌신해야 해. 우린 부부의 사랑을 포기했어. 죽어라 아이들 뒤치다꺼리만 하는 일상이 우리를 그렇게 만들었지. 즐거움, 놀이 이런 건 잊은 지 오래고, 묵묵히 할 일만 할 뿐이었지. 한 번 더 기회가 주어진다면, 그땐 정말 더 열심히 노력할 것 같아."

세실리아에게 정말로 두 번째 기회가 찾아왔다. 그리고 이번에는 이 교훈이 그 위력을 유감없이 발휘했고, 꿈에도 그리던 결혼 생활을 마음껏 누릴 수 있었다. 정원 가꾸기를 좋아하는 그녀는 아끼는 화초들을 돌보고 자양분을 공급해주듯 부부 사이의 관계를 가꾸는 방법을 배우게 되었다.

"두 번째 결혼은 정말 기쁨 그 자체였어. 남편은 항상 연구를 했지. 어떤 말을 해줄까, 무슨 이벤트를 해줄까. 요즘 사람들한텐 구식으로 여겨지겠지만, 남편은 정장을 하고 저녁 먹으러 가는 걸 좋아했는데 우린 그게 너무 재미있었어. 우리가 처음으로 한 피자 체인점에 갔던 일이 생각나. 그때 남편이 맥주 피처 하나를 시켜서 둘이서 마셨지. 정장 차림으로 피자집에 가서 맥주를 마시다니 너무 웃기지 않아? 하지만 우린 즐겁기만 했지."

이런 태도는 모든 커플에게 바람직한 태도다. 세실리아는 자녀가 태어난 이후일수록 오히려 이런 노력에 더 우선권을 둬야 한다고 강조한다.

"짐이 너무 무겁고 기쁨이라곤 없을 때, 더 이상 신나는 일도 새로운 모험도 없다면 우울증밖에 더 오겠어? 가만있지만 말고 뭔가 즐거운 일을 찾아봐. 아이들 때문에 그 일을 희생하지 마. 정장 입고 피자집 가기처럼 하찮고 실없는 일이라도 좋아. 실없는 짓 같겠지만 충분히 재미있는 즉석 이벤트가 될 수 있어. 얼마나 좋아! 부모로서의 고단한 수고와 챗바퀴 돌 듯하는 일상이 그 한 순간으로 눈 녹듯 사라질 거야."

부부 관계에 초점을 맞출 때 좋은 점이 하나 더 있다. 그것은 부모가 자녀들에게 줄 수 있는 가장 큰 선물일지도 모른다. 부모가 결혼 생활을 잘 가꾸는 본을 보이면 자녀들은 이다음에 자신의 결혼 생활에서 활용할 가장 강력한 도구 하나를 갖게 된다는 것이다. 인생의 현자들은 부부가 서로 기뻐하는 것이 자녀에게 최고로 헌신하는 지름길이라고 믿는다.

| 열네 번째 |

일과 가정 사이에는 완충지대가 필요하다

맞벌이 부부의 금요일 저녁, 남편이 야근한다는 메시지를 보낸다면? 부인은 집에 먼저 들어가 특별한 저녁 시간을 준비한다. 촛불을 켜고 음악을 틀고 '집에서 조용히' 보내며 힘든 한 주 끝에 모처럼 여유롭게 재충전하는 시간을 갖는다.

그런데 밤늦게 귀가한 남편은 뭔가 골똘히 생각하느라 부인이 특별히 준비한 것들을 눈치 채지 못한다. "오늘 무슨 일이 있었는지 절대 못 믿을걸!"이라는 말로 시작해 산더미 같은 일들, 업무 마감일, 상사의 험담 등을 장황하게 늘어놓는다. 남편의 관심을 돌리려고 부인이 무진 애를 써야 남편이 반색을 한다. 하지만 저녁 시간 내내 남편은 온통 업무 생각에 사로잡혀 있다. 아무리 뿌리치려 해도 직장에서 해야 할 일들이 자꾸 떠오르는 걸 어쩔 수 없다.

어느새 일요일 저녁이다. 남편은 침실로 향하면서 일전에 녹음해 둔 영화를 보며 아내와 둘이서 조용한 시간을 가질 생각을 한다. 이윽고 아내가 들어오는데 노트북을 들었다. 월요일 출근을 위해 미리 준비할 게 몇 가지 있다나. 결국 포기하고 혼자 영화를 보며 졸다가 이따금 아내의 노트북 화면 불빛에 깨기를 반복하다보니 어느새 새벽 2시. 그제야 아내는 컴퓨터 전원을 끈다.

위의 사례에서 보듯 직장에서의 기분, 감정, 행동이 집에 와서도 영향을 미치는 현상을 사회과학적 용어로 '파급효과(spillover)'라 한다. 대부분의 사람이 이런 경험을 한다. 간혹 이런 파급효과가 긍정적으로 작용할 수도 있다. 이를테면 직장에서 아주 좋은 일이 있었던 날은 집에 와서도 마냥 기쁘고 즐겁다. 하지만 대부분의 파급효과는 부부에게 좋지 않은 영향을 미친다. 인생의 현자들에 의하면 이것은 결혼 생활을 망가뜨리는 가장 큰 스트레스 요인이다. 다이앤 해리슨(72세)은 이 문제를 다음과 같이 들려줬다.

"신혼 때는 아무래도 직장의 비중이 크지. 직업의 세계가 워낙 경쟁이 심하다보니 결혼 생활에까지 지장을 줘. 직장이 위주고 가정은 잠시 쉬러 오는 곳일 뿐 마음은 늘 긴장 상태지. 부부 중 누군가 저기압이라면 집에서 그를 맞이하는 입장에서도 기분이 좋을 리 없으니 집안엔 늘 긴장이 감돌게 돼. 그러니 이 문제는 반드시 해결해야 한다고."

파급효과나 맞벌이 가정의 갈등, 또는 이와 연관된 주제를 다룬 사회과학 연구 자료는 실로 방대하다. 일과 가정의 균형을 이루려는 맞벌이 부부를 위한 해결책도 그만큼이나 많을 것이다. 인생의 현자들은 이 까다로운 문제에 대해 어떤 조언을 들려줄까? 그들은 부부가 모두 일을 해야 하는 시대이고, 또 열심히 일해야 하는 현실을 인정한다. 아울러 현대인의 직장은 스트레스와 긴장의 온상이라는 사실도 안다. 그들은 이런 사회 풍조를 바꾸기는 어렵지만 부부가 실천할 수 있는 한 가지 교훈이 있다고 말한다.

"가정을 직장 스트레스에서 탈출하는 피난처로 삼아라."

가정에서만큼은 일에 대한 압박감을 떨쳐버리려 최대한 노력하라는 뜻이다. 인생의 현자들은 가정을 드높은 성벽과 해자(垓字)로 둘러싸여 업무 스트레스가 감히 넘어올 수 없는 성(城)으로 생각하라고 말한다. 물론 업무 스트레스만 단속한다고 될 일이 아니라 사무실에 '일 자체'를 떼어놓고 와야 한다고 강조한다. 가정이라는 피난처는 안전한 항구, 안식처, 쉼터, 성역이다. 이곳은 외부 세계의 온갖 위험으로부터 가족 구성원을 지켜주는 안전한 처소다. 현대인의 가공할 직장 스트레스도 예외가 아니다. 인생의 현자들은 가정을 일의 세계가 결코 침범할 수 없는 '디플렉터 실드'(영화 〈스타트렉〉을 참조하라)에 비유했다.

머틀 로우(65세)는 행복한 결혼 45주년을 맞았다. 그런 그녀도 결혼 초에는 힘든 시기를 겪었다. 머틀은 이 문제를 예리하게 진단했다.

"일단 집에 오면, 그때부턴 우리 세상이야. 문제는 집을 무슨 쓰레기장 취급했다는 거야. 뭐든 갖다 버리는 곳 말이야. 정말 모든 일이다 꼬이는 그런 힘든 날이면 집에 돌아와서 마구 퍼붓기 시작하는 거지. 배우자가 저기압 상태로 집에 돌아와서 짜증을 내며 애먼 사람한테 분풀이한다고 생각해봐. 당하는 입장에서는 영문도 모른 채 자신한테 감정이 있어서 그러는 줄 알고 마음이 굉장히 상한다고."

인생의 현자들은 여기서 두 가지 중요한 점을 구분해서 말한다. 먼저 그들은 직장에서 일진 사나운 하루를 보냈다 하더라도 파트너한테 '부정적인 감정의 찌꺼기를 버리는 행위'를 삼가라고 당부한다. 프랜시스 스펜서(66세)는 이렇게 강조했다.

"직장을 떠나는 순간, 일은 거기서 끝내야 해! 일을 집까지 끌고 들어오지 말라고. 거기에 대해 말하는 것까지는 좋아. 하지만 차분히 앉아서 이성적으로 이야기해야 해. 파트너 면전에 대고 직장 분풀이를 하지 말고, 그런 건 다 직장에 남겨두라고. 일은 어디까지나 일일 뿐이야."

한편 인생의 현자들은 부부간에 직장 일을 전혀 의논조차 하지 말라고 요구하는 것은 아니다. 집에서 직장 일을 전혀 이야기하지 않을 수는 없다. 만약 둘 중 한 사람이 재택근무를 하는 경우라면 더더욱 그렇다. 오히려 지지해주고 도움을 주는 대화는 부부의 삶에서 중요한 부분을 차지한다고 인생의 현자들은 믿는다.

조지 맨들(87세)은 이 점을 뼈저리게 느꼈다. 광고계에서 대단한 성취를 이룬 그는 1950년대와 60년대의 광고계를 주름잡았던 〈매드맨(Mad Men)〉(1960년대 유명 광고 제작자의 일과 사랑, 권력 싸움을 그린 미국 드라마—옮긴이)의 세계에 대해 많은 이야기를 들려주었다.

하지만 그 드라마 속 등장인물들과는 달리 올해로 결혼 57년째를 맞는 그는 지금도 여전히 아내 티나와의 결혼 생활에 만족하며 충실하다. 조지는 아내와 일에 대해 대화하는 시간을 소중히 여긴다고 말한다.

"사업상 스트레스가 아주 심하면 아내에게도 이야기를 했어. 뭔가 문제가 생기면 아내와 상의했지. 가끔 아내는 한마디 말로 날 건져주기도 하고 부질없는 걱정을 바로잡아주었어. 나는 그게 우리 결혼 생활을 지탱해주었다고 생각해. 에이전시 일이 성공적으로 끝나면 아내는 마치 자기 일인 양 기뻐하며 자랑스러워했지. 우리는 늘 일로 연결되어 있었기 때문에 아내는 내 걱정을 꿰뚫어보았고 부질없는 걱정인지 아닌지 알았던 거야. 아내는 항상 말했어. 그깟 일로 당장 죽는 건 아니니 걱정 말라고. 그런 조언이 우리 결혼 생활에서 아주 중요한 부분을 차지하지 않았나 생각해."

이렇듯 적당한 선에서 대화하며 파트너의 지지와 조언을 구하는 것과 직장생활에서 받은 스트레스를 배우자에게 푸는 것은 엄청난 차이가 있다. 전자의 경우는 일 문제를 상의함으로써 해결책을 모색하려는 분명한 이유가 있다. 일에 집착하고 파트너에게 부정적인 감정을 드러내는 것, 이것이 문제다.

이를 해결하려면 먼저 집안에서 마음을 진정시킬 수 있는 조용한 장소를 택해야 한다. 모든 조건을 완벽히 만족시키는 장소가 아니어도 좋다(아이가 아직 어리다면 다소 산만할 것이다). 완벽한 장소도 좋지만 인생의 현자들은 '집은 집이고 일은 일이다'라는 태도를 취하는 것이 가장 중요한 첫 걸음이라 믿는다. 물론 생각을 이렇게 전환하기가 몹시 힘들 것이다.

중요한 건 마음자세를 바꾸는 것이므로 해결의 첫 단추는 머를 로우가 제기했던 문제를 인식하는 것에서 출발한다. 즉 집에 가면 파트너한테 모든 걸 쏟아내도 된다는 생각을 바꿔야 한다는 것이다.

사브리나 버트(90세)와 남편은 맞벌이 부부다. 그녀는 이 점에 대해 단호한 입장을 보였다.

"파트너에게 직장 이야기를 마구 퍼붓는 것은 결코 바람직하지 않아. 서로 자기 힘든 이야기만 하는 것만큼 어리석은 일은 없어. 혹시 그렇게 했다면 사과하는 걸 잊지 마. 어느 날 손녀한테 새 남자친구가 생겼는데, 이렇게 묻는 거야. '요즘 직장 스트레스를 남자친구한테 다 푸는데, 그래도 괜찮죠?' 절대 그러지 말라고 말했어. 직장에서 힘든 일이 있더라도 파트너에게 시시콜콜 다 이야기해서는 안 돼. 그것도 어느 정도껏 해야지 미주알고주알 늘어놓는다면 그건 문제야, 문제."

또한 인생의 현자들은 집을 피난처로 만들려면 부부 중 누가 자녀를 돌보든지 간에 직장에서 돌아온 배우자에게 힘든 육아 이야기를 늘어놓지 않아야 한다고 조언한다. 그웬 마일스(94세, 결혼 67년 차)는 오랫동안 살면서 결혼에 대해 엄청나게 많은 것들을 배울 수 있었다고 고백한다. 남편 스티븐은 1942년 군에 입대했다. 남편이 휴가를 나왔을 때 임신을 하게 되었는데 그 소식을 전하는 데만도 몇 주씩 걸렸다. "남편과 아기에 대한 문제들을 나누고 상의하며 조언을 듣고 싶었는데 그렇게 할 수 없다는 게 그땐 그렇게 힘들더라고." 남편이 전장에서 돌아온 뒤에 두 명의 자녀가 더 생겼고 남편이 일하는 동안 그웬은 자녀를 키웠다. 그녀는 남편이 현관을 걸어 들어오는 순간 그날 하루 있었던 일들을 다 말해버리고 싶은 강한 욕구를 포기해야 함을 깨달았다.

"스티븐이 전쟁에서 돌아온 후였어. 남편은 일을 했으니까 낮 시간에는 거의 집에 없었지. 처음에는 하루 종일 겪었던 일들을 남편에게 전부 이야기하지 않고는 견딜 수가 없었어. 그런데 어느 날 남편이 이런 말을 하는 거야. '아, 집에 도착할 때면 너무 피곤해서 더 이상 들을 기운도 없어.' 그 말을 하던 남편의 모습을 잊을 수가 없었어. 그때 깨달았지. 남편이 놀아오사마자 기다렸다는 듯 시시콜콜 모든 걸 이야기하는 게 상황을 악화시키고 내게도 전혀 이롭지 않다는 사실을. 그 후론 아이들을 돌볼 때 부모로서 내가 할 일이라고 생각하고 웬만하면 내 선에서 다 처리했어. 크고 중요한 문제만 배우자와 상의하는 거야. 아이들끼리 싸우거나 혹은 옆집 아이들과 싸우거나 하는 소소한 문제가 생길 때면 나는 남편의 말을 떠올렸어. '아, 집에 도착할 때면 너무 피곤해서 더 이상 들을 기운도 없어.' 그리고 가급적 남편이 오기 전에 해결해놓으려 애썼지. 남편이 집에 돌아오면 사소한 일에 신경 쓰지 않고 가족과 즐거운 시간을 가질 수 있도록 말이야."

그웬이 이렇게 한 것은 가정을 직장 스트레스로부터 안전한 피난처로 만들려는 의도에서였다. 그것은 굉장히 수고롭고 남편의 적극적인 협조가 필요한 일이었지만 이들 부부는 일은 사무실에서 끝내고, 집 현관문을 들어서면 안도의 한숨을 내쉴 수 있게 배려하는 법을 배웠다. 이 고비를 잘 넘긴 것이 결혼 생활을 위기에서 구해냈는지도 모른다.

"이 말을 수도 없이 되뇌었어. '가정은 안식처다.' 나는 집안이 시끄럽지 않고 만사 평안하도록 노력하라는 말을 해주고 싶어. 바로 그게 가정이고, 그렇게 할 때 다시 충전되고 회복될 수 있지."

인생의 현자들은 직장과 가정 사이에 의식적으로 시간의 완충지대를 두라고 조언한다(다시 〈스타트렉〉을 예로 들면, 함선에 들어가기 전에 거치는 소독실을 떠올려보라). 인생의 현자들은 직장에서 돌아와 숨 돌릴 틈도 없이 중요한 집안 문제를 논의하는 습관에 반대한다. 집에 돌아오면 긴장부터 푸는 것이 순서다.

필리스 바튼(66세)은 집에 도착하는 즉시 '커리어우먼'에서 '엄마'로 변신하는 자기만의 의식을 공개했다.

"난 줄곧 직장생활을 했어. 출산하고도 3주 만에 바로 출근했지. 나와 남편에게 일은 결코 포기할 수 없는 인생의 소중한 일부야. 물론 이런저런 이유로 직장생활에서 힘들었던 순간들도 있었지. 그러고 나서 우리가 깨달은 건 일이 중요하지만 인생의 전부는 아니라는 거야. 나는 일을 마치고 집에 돌아오면 일단 샤워부터 해. 아이들한테는 샤워하는 동안이 직장인에서 엄마로 돌아오는 시간이라고 말해줬어. 마치 의식을 치르듯 샤워를 하면 차차 진정되고, 편한 바지로 갈아입고 나면 '엄마'로 돌아오는 거지. 대문을 들어서면 '집에 왔지만 아직은 아냐'라고 중얼거리면서 변신 의식을 치르는 게 상당한 도움이 되었어. 만약 그런 과정 없이 곧바로 엄마 역할을 해야 했다면 너무 힘들었을 거야. 나는 내 일에 대한 열정이 있어. 일을 중심으로 삶이 돌아가지. 남편도 마찬가지야. 일에 열심이고 일을 중심으로 살아. 우리가 그 모든 걸 어떻게 처러냈는지는 하느님만 아는 일이야. 중요한 건 우리가 그런 의식을 고안했다는 거야. 그리고 거기에 빠져 들었지. 우리에겐 정말 중요한 일이었어."

　인생의 현자들은 이쪽 세계에서 저쪽 세계로 옮겨갈 때 이런 의식을 활용해보라고 조언한다. 상상력을 총동원해 자신에게 효과적인 의식을 찾아보라고.

| 열다섯 번째 |

가깝고도 먼 시댁과 처가 사이

결혼은 두 사람의 결합인 동시에 두 집안의 만남이기도 하다. 이 같은 결혼의 본질에 대한 인생 현자들의 입장은 1장에서도 살펴보았다. 인척 관계는 결혼의 행복도에 지대한 영향을 미치기 때문에 배우자 선택 시 이를 신중하게 고려해야 한다고 인생의 현자들은 말한다. 두 사람이 만나 교제하는 단계에서는 파트너의 가족에 대해 그다지 깊게 생각하지 않는 경우가 대부분이다. 하지만 평생을 함께할 배우자이니만큼 파트너의 가족 역시 결혼의 결정적인 요소임에는 틀림없다.

이토록 중요한 파트너의 가족 문제에 대해 결정적인 지침을 제시해주는 사람이 없다는 건 크나큰 불행이다. 대부분의 커플은 제대로 된 지침서 하나 없이 미래의 화약고와도 같은 인척 관계에 현명하게 대처하는 방법을 스스로 찾아내야만 한다. 인생 현자들의 도움이 간절한 대목이다. 인생의 현자들은 고유한 경험을 바탕으로 지침을 제시한다. 후세대가 장차 결혼해서 인척 관계에서 맞부딪히게 될 바로 그 문제들을 인생의 현자들은 이미 다 경험했기 때문이다. 그것도 '훨씬 더 치열하게' 말이다. 과거에는 부부와 그 가족들 간의 경계가 오늘날에 비해 훨씬 더 불분명했다. 이 프로젝트에서 표본으로 선택한 인생의 현자들은 오늘날과 똑같은 사안은 물론 그보다 더한 문제들까지도 겪은 세대다.

친부모처럼 사랑하고 존경하는 관계부터 저승사자 같은 인척들에 이르기까지 인생의 현자들이 경험한 다양한 인척 관계에 대한 수백 장의 인터뷰 기록을 살펴보다가 인척의 간섭으로부터 부부를 보호해줄 아주 요긴한 교훈을 발견할 수 있었다. 인생의 현자들이 언급한 인척 관계에 대한 '규칙'은 수백 명의 경험자들이 검증해준 사실이다. 결혼의 성패가 달린 중차대한 사안인 만큼 그들의 조언을 주목할 필요가 있다.

배우자 집안이 아니라 배우자에게 헌신하라

인생은 어려운 결정의 연속이다. 어떤 해법도 모든 사람을 완벽하게 만족시킬 수는 없다. 까다로운 인척 관계 역시 그렇다. 양자 선택의 전형적인 예인데다가 심지어 최악의 시나리오가 몇 년 또는 평생을 가기도 한다. 뭘 입고 뭘 먹을지 하루에도 수십 번씩 마주치는 소소한 결정들과 달리 인척과 관계된 일들, 다시 말해 '아내냐 어머니냐? 남편이냐 아버지냐? 내 가족이냐 배우자 가족이냐?' 하는 문제는 거의 선택할 수 없는 어려운 문제다.

인척은 부부의 속 타는 심정은 아랑곳 않고 막무가내로 이런저런 요구를 한다. 이런 인척과의 갈등에 대해 인생의 현자들은 이렇게 조언한다.

"자신의 가족과 배우자 간에 갈등을 겪을 땐 배우자를 지지하라."

이 문제에 대한 인생 현자들의 입장은 명백하다. 배우자를 지지해야 할 마땅한 의무가 있으며 이러한 사실을 자신의 가족들에게 일관되게 주지시킬 필요가 있다는 것이다. 나아가 양가 집안에 대해 부부가 공동전선을 펼쳐야 하며, 어디까지나 배우자가 우선임을 처음부터 단단히 못 박아두어야 한다.

부부간에 이런 충성이 없다면 곧바로 결혼 생활에 문제가 뒤따른다. 실제로도 파트너를 지지하지 않아서 격렬한 결혼 분쟁이 발생하는 경우가 많다. 특유의 재치 있는 입담으로 인터뷰 시간을 내내 즐겁게 해준 에린 로즈(66세)의 결혼 생활은 그런대로 괜찮았다. 인척 문제만 아니었다면 말이다. 에린에게 갈등 상황을 하나만 이야기해 달라고 부탁했다.

"역시 시어머니가 문제야. 고부간에 갈등이 심했어. 시어머니가 날 탐탁지 않게 여기는 눈치가 역력했어. 그것까지는 참을 수 있었는데 남편이 내 편을 들어주지 않는 바람에 그것 때문에 많이 싸웠지. 엄마 치마폭에 싸여 사는 남편 탓에 시어머니를 거역한다는 건 꿈도 꾸지 못했어. 그가 이런 말을 하면 꼭 싸움이 났어. '당신 미쳤어? 어머니가 그런 말씀을 하실 리가 없어.' 그러면 난 이렇게 쏘아붙였지. '어떻게 아내 말을 못 믿을 수가 있어? 난 그게 더 믿을 수 없어.' 그러면 대판 싸움이 나는 거야. 한바탕 싸우고 나면 후회막심이야. 그깟 일로 서로 물어뜯고 싸우다니 얼마나 한심한 일이냐고. 하느님의 도우심으로 그나마 이혼은 면했어. 그래도 남편은 절대 이런 말은 안 해. '엄마, 이 사람은 제 아내라고요. 진정하세요.' 그런 말을 해준 적이 한 번도 없었어."

선벨트 지역의 한 휴양 콘도미니엄에서 행복한 노년을 보내고 있는 그렉 메이어(83세)와 그의 아내 주디(81세) 부부도 이 뿌리 깊은 감정의 골에 대해 중요한 조언을 해주었다. 열대의 불볕더위가 기승을 부리는 어느 늦은 오후, 인터뷰하기 위해 시원하고 안락한 그들의 집으로 들어서니 별천지가 따로 없었다. 때마침 부부는 칵테일을 즐기고 있었는데 같이 한잔하자는 그들의 권유를 정중히 사양할 수밖에 없었다(안타깝지만 연구조사차 방문한 터라 음주를 할 수 없는 상황이었다). 불과 몇 분 동안만 같이 있었는데도 그들 부부가 얼마나 서로를 소중히 여기는지, 그리고 60년 가까운 세월 동안 그들이 역동적이고 재미있는 관계를 유지하기 위해 얼마나 노력했는지 한눈에 알 수 있었다.

그렉과 주디는 자라온 환경도 비슷했고 어느 모로 보나 잘 어울리는 한 쌍이었다. 주디가 말했다.

"서로 말이 통할 수 있는 사람이라는 생각이 들었어. 남편도 그렇게 느꼈다는군. 그건 아주 기본적이고 대단히 중요한 요건이었어. 우린 처음 만남 이후 줄곧 그래왔어."

하지만 그들에게도 옥의 티 같은 존재가 있었다. 주디가 털어놓았다.

"솔직히 말하면, 시어머니 반대가 심했어. 나를 보시고는 시어머니께서 이러셨어······."

이때 그렉이 체념한 듯 미소 지으며 끼어들었다.

"당신, 지금 꼭 그 이야기를 해야겠소?"

"당연하죠. 우리 사연을 이야기하려면 그걸 이야기해야죠. 그것도 우리 결혼의 일부니까요. 그걸 극복해내지 못했더라면 우린 결코 함께할 수 없었을 테니까요."

"그 말이 아내 가슴에 대못을 박았어. 평생 그 상처를 안고 살아야 했지."

"그 말을 어떻게 잊을 수 있겠어요?"

"그래, 당신 심정 충분히 이해해."

그 이야기를 꺼내야 하는 이유에 대한 합의가 끝나자, 주디가 말을 이었다.

"시어머니 말씀이, 내가 가진 것도 없고 배운 것도 없으며 인물도 시원찮다는 거야. 그것만 빼면 그럭저럭 봐줄 만하다고 하셨지. 약혼 당시 그렉은 시부모님 댁에서 살았는데, 어머니가 반대해도 나와 헤어지지 않자 그때부터 함께 사는 아들에게 밥도 빨래도 일체 해주지 않으셨어. 약혼 소식을 말씀드리자 시어머니는 결혼식에 불참하겠다고 으름장을 놓으셨지. 결혼식 당일 식장에 오시긴 했지만 한 시간 늦게 오셨어. 시어머니는 그런 분이셨지."

그렉을 너무도 사랑했던 주디는 포기하고 싶을 때마다 자신을 다잡으며 시어머니가 그들의 행복을 방해하지 못하게 하겠다고 이를 악물었다. 최선을 다해 시어머니와 잘 지내려고 노력하는 한편 두 사람 모두 이 한 가지 규칙에 합의했다. '부모의 강요가 있어도 배우자 편에 굳게 서야 한다.'

그동안 갈등도 많았다. 하지만 그렉은 어디에 충성해야 할지 알고 있었다. 그 강철 같은 두 여인 사이에 끼어 마음고생이 심했겠다고 묻자 그렉은 이렇게 대답했다.

"둘 사이에 끼다니, 천만의 말씀! 내 곁엔 이 멋진 여성이 있었고, 우린 처음 만나는 순간부터 행복했어. 어머니가 반대하셔서 마음이 많이 아프긴 했지만, 그렇다고 우리 사이에 바뀐 것은 없었지. 배우자가 부모 편을 든다면 고부 갈등은 결코 해결할 수 없다는 게 내 지론이야. 부부가 서로에게 전적으로 헌신하지 않으면 그 관계는 어렵다고 봐야 해. 반드시 배우자 편에 서야 해. 배우자가 잘했든 잘못했든 부부는 일심동체니까. 어떤 상황에서도 똘똘 뭉쳐야 한다고."

이 '모호함'의 시대에 인생의 현자들은 과감한 결단을 내릴 수 있도록 돕는다. "이도 저도 아닌 어정쩡한 태도를 갖지 마. 서야 할 자리는 바로 배우자 옆이야. 그 외 다른 곳에 선다면 결혼을 지탱하는 신뢰의 기반을 약화시킬 뿐이야."

상대의 부모를 객관적으로 바라보라

인생의 현자들은 인척간의 부정적인 상호작용을 최대한 객관적으로 바라보라고 권한다. 그럴 때 그들을 이해할 수 있게 된다고 말이다. 집안 배경, 성장 과정 등이 그들의 태도와 행동에 미친 영향을 고려한다면 갈등이 생겨도 이를 고깝게 받아들이지 않고 그 관계에 대해 감정적인 거리를 둘 수 있다.

애니 도슨(77세)은 시댁 가까이서 오래 살았는데 어려운 점이 많았다고 한다. 하지만 시부모님에 대해 이해심을 가지고 좀 더 긍정적인 자세로 임하려고 노력하다보니 관계가 좋아졌다.

"시부모님이 잔소리를 하시면 또 무슨 말씀을 하려고 저러시나 미리 겁부터 먹지 말고 다 아들 내외 잘되라고 하시는 말씀일 거라고 생각해. 좋은 의도로 그렇게 하시는 거라고 믿으려고 애를 써봐. 특히 연세 드신 노인들은 평생 해오시던 습관을 바꾸기가 어렵잖아. 나는 그렇게 생각하는 습관을 들이고 나니 시부모님 대하기가 한결 편해졌어. 특히 시어머니 말년에 여러모로 많은 도움이 되었어. 결국 배우자의 집안과도 결혼한 거잖아. 어차피 이제 한 가족인데 좋은 점을 찾으려고 노력하는 게 더 낫지. 당신들과 의견이 다르면 역정을 내기도 하시지만 그냥 그러려니 하고 넘어가고 그분들의 좋은 점을 생각하려고 애를 써야 해. 찾아보면 장점은 분명히 있거든. 뭐든 좋은 쪽으로 생각하려 노력하고. 물론 그렇게 하기가 죽기보다 힘들 때도 있겠지만 말이야."

민감한 정치 이야기는 삼가라

개인적으로 상당히 유용하다고 평가하는 조언이 또 있다. 오늘부터 당장 시행하면 좋을 만한 것이다. 바로 "인척간에는 정치 이야기를 삼가라"는 것이다. 인생의 현자들에 의하면 인척간의 정치 논쟁은 지뢰밭에서도 폭발력이 가장 큰 위험한 무기지만, 사실 이것만큼 쓸데없는 일도 없다고 한다. 괜히 배우자의 부모님을 정치 논쟁에 끌어들인다든지, 그들의 정치적 견해를 바꾸려 들지 말라. 종종 그들로 하여금 현 사회에서 자행되는 일들의 '참 모습을 이해하도록' 돕고 싶은, 그리고 그들이 얼마나 비이성적이고 잘못 생각하고 있는지를 보여주고픈 충동이 일 때가 있을 것이다. 하지만 휴일 저녁 식사나 가족 모임 도중 대통령, 의회, 낙태, 사형제도, 기타 등등에 대해 토론을 벌였다가 분위기를 망치는 사례는 수없이 많다. 결혼 생활이나 직장, 생활 방식, 자녀 양육 방식 등에 대한 인척들과의 갈등은 스스로의 힘으로 어쩔 도리가 없다 쳐도, 식탁에서 시끄럽고 불필요한 정치 논쟁을 삼가는 것은 '얼마든지 실천할 수 있는 일'이라고 인생의 현자들은 말한다(지금 여기서 말하는 것은 활발하고 유쾌한 정치 토론이 아니다. 자리를 박차고 일어나 문을 꽝 닫고 나와서 집으로 차를 몰고 가는 내내 옆에서 배우자가 훌쩍거리며 우는 걸로 끝나는 극단적 토론을 가리킨다).

그웬 마일스(94세)는 인척 관계에서 어려움을 겪었다. 하지만 마일스 부부는 다음의 조언을 따라 정치를 대화 목록에서 지움으로써 훨씬 화기애애한 가족 모임을 이룰 수 있었다.

"남편은 우리 아버지를 별로 좋아하지 않았어. 왜냐하면 아버지는 그와는 완전히 다른 사람이었거든. 아버지는 어디서 뭘 하든 당신이 주도해야 하는 타입인데 공격적이지는 않아. 아내나 자녀들에게 손찌검을 한 적이 한 번도 없어. 하지만 강직한 성품인 것만은 틀림없었지. 아버지는 평소에 법이나 질서에 대해 자주 말씀하셨고, 우린 아버지 말씀을 명심했지. 반면 남편은 온화하고 상냥하고 느긋한 성격이라 큰 소리 내는 걸 극도로 싫어했어. 아버지와는 정반대였지. 특히 정부 이야기가 나오면 서로 눈도 마주치지 않았어. 아버지는 민주당, 남편은 공화당원이었거든. 그래서 정치 이야기만 나왔다 하면 언성이 높아졌지. 안 되겠다 싶어 아예 규칙을 정했어. 가족이 모인 자리에서는 정치 토론을 하지 않기로 말야. 그리고 남편에게 다짐을 받았어. '만약 아버지가 공화당 비판을 시작하잖아. 그럼 내가 먼저 밖으로 나갈 테니 당신도 내 핑계를 대고 밖으로 나와요. 이제 정치 싸움이라면 아주 지긋지긋하다고.' 이 문제를 제외하고는 결혼 초에 별 다른 문제는 없었어. 아버지와 남편이 더 이상 정치 싸움을 하지 못하게 한 것, 그게 결혼 생활에서 우리가 내린 가장 중대한 결정이었다고 생각해."

이 규칙은 정치 이야기뿐만 아니라 다른 논쟁거리(나의 경우 대가족 모임 때면 항상 레드삭스다 양키스다 서로 싸우기 때문에 지지하는 야구팀 문제도 반드시 포함시켜야 한다고 생각한다)에도 그대로 적용할 수 있다. 민감한 주제가 끊임없이 반복되어 화가 치밀면 자리를 떠나는 게 상책이다. 실례를 무릅쓰는 것이 자리를 유지하다가 싸움이 일어나 관계가 엉망이 되는 것보다 훨씬 낫다.

정 힘들면 떨어져 살아라

인생의 현자들은 인척 관계에 갈등이 생기면 때론 타협하기도 하고 어떤 의견을 전략적으로 고수하기도 하고 사랑스럽고 존경스러운 점을 찾기도 하면서, 어떻든 공을 들여야 한다고 믿는다. 하지만 그 어떤 방법도 소용이 없다면? 인척과 한자리에 있는 게 불편하거나 불쾌하고, 관계를 위해 자신을 포기할 것을 요구받는다면? 그럴 때는 "떨어져 지내라"고 조언한다.

지나 맥코이(73세)와 그녀의 남편 캠은 결혼한 지 35년 되었다. 두 사람은 모두 부모의 불화가 심한 가정에서 자랐다. 결혼 초부터 이들은 인척 관계의 어려움을 예감했다. 이들 부부가 어떤 전략을 썼는지 지나가 말해주었다.

"우린 양가 부모를 떠나 먼 곳으로 이사했어. 친정어머니의 간섭이 굉장히 심한데다가 시어머니까지 사돈 역성을 든다는 걸 눈치챘지. 그래서 서부로 떠나기로 결심했어. 모든 인척에게서 떨어진 곳으로 말야. 그제야 우리는 서로만을 의지하며 스스로 결정을 내리고 다른 사람들한테 이래라 저래라 간섭받지 않고 살 수 있었어."

맥코이 부부 역시 대부분의 부부와 마찬가지로 가족들과 인연을 끊지는 않았다. 인생의 현자들도 그런 극단적인 방법에 반대하며, 아이들을 위해서라도 조부모와는 꼭 연락하고 지내야 한다고 권고했다. 지나는 이야기한다.

"하지만 양가 부모님들께는 언제든지 놀러 오시라고 말씀드렸어. 실제로 1년에 한두 차례는 다녀가셨지. 우리도 부모님을 뵈러 최소한 1년에 한 번은 동부로 갔어. 먼저 친정에 가서 일주일 정도 머물다가 차를 렌트해 시댁엘 갔지. 10년쯤 떨어져 살면서 생각해보니 우리가 결혼 생활에 성공할 수 있었던 건 서로 상대방 외에는 의지할 사람이 없는 환경의 역할이 컸던 것 같아. 속상한 일이 있어도 자기 집으로 쪼르르 달려가 배우자 흉을 볼 수도 없잖아. 내가 좀 그런 성향이 있거든. 그리고 이 점도 굉장히 중요해. 부부가 부모님과의 갈등을 잘 해결하여 아이들로 하여금 조부모들과 행복하게 지내도록 해주어야 한다는 거야."

배우자와 결혼한 이유를 다시금 기억하라

결혼 생활에서 겪는 수많은 문제들에 대해 인생 현자들이 전하는 마지막 조언을 이야기할 차례다. 이 조언은 어찌 보면 수많은 사람들이 힘든 인척 관계에 처했을 때 붙드는 만트라와도 같다. 스스로 조용히 이렇게 되뇌어보라. "배우자의 가족을 수용하려고 노력하는 일은 결혼 생활에서 배우자에게 내가 베풀 수 있는 최고의 선물이다."

 우리는 성장하면서 자신의 친척들에 대해 인내하고 그들의 온갖 별난 행동과 약점을 수용하는 데 차차 익숙해진다. 문제는 결혼하면서 그 과정을 처음부터 다시 반복해야 한다는 것이다. 인생의 현자들이 말하길, 그런 자신을 격려하는 특효약은 '왜 그렇게 해야 하는지에 대한 답은 바로 배우자를 사랑하기 때문임을 기억하는 것'이다. 인척과 좋은 관계를 유지하는 일이 배우자와의 관계를 존중하고 증진하는 최선의 길임을 잊지 마라. 결혼 67년째인 그웬 마일스(94세)는 이를 누구보다 잘 표현했다.

 "배우자의 부모님을 좋아하지 않을 수도 있어. 그럼에도 그들을 아끼고 가까이 지낼 수 있지. 그분들이 내가 사랑하는 배우자의 가족이라는 사실을 기억해야 해. 나는 시부모를 사랑하는 법을 배웠어. 그분들을 사랑하려고 했어. 왜냐하면 그들은 사랑하는 남편의 부모님이니까."

 배우자의 가족과 더불어 사는 법에 대한 인생 현자들의 교훈을 죽 살펴보니 1960년대 애송되었던(오늘날도 마찬가지지만) 맥스 어만(Max Ehrmann)의 〈데시데라타(Desiderata)〉라는 시가 떠오른다. 이 시는 평화로운 삶을 위한 지침을 넌지시 일러준다. "포기하지 말고 가능한 모든 사람들과 잘 지내도록 하십시오." 인척 관계에 대한 현자들의 조언을 아름다운 시어로 요약한 게 있다면 바로 이것일 터이다.

 배우자에 대한 애정 어린 존경이란 그를 길러주고 사랑해준 그의 부모와 '잘 지내도록' 진심으로 노력하는 것을 의미한다. 그런 노력을 건성으로 해서는 안 될 것이며, 그들의 관점과 행동이 비록 내가 좋아하지 않고 존경하지 않는 것이라 할지라도 그들을 받아들여야 한다. 그럼에도 결혼 생활의 본래 가치와 서로에 대한 헌신, 부부의 사생활, 매일의 행복마저 포기하게 만드는 갈등이 발생한다면, 그때는 부부가 서로를 확고히 지지해야 한다. 다른 대안이 없다면 '배우자를 지지하라'고 인생의 현자들은 강력히 권한다. 이 원칙에 유념할 때 인척들을 포기하지 않고 잘 지낼 수 있는 길이 열릴 것이다.

| 열여섯 번째 |

각자
잘하는 일을 맡되
서로를 믿어라

결혼 생활의 문제 중 완전히 해결할 수 있는 것들은 그나마 가장 좋은 축에 속한다. 중요한 일이 생기면, 결정을 내린 뒤, 그대로 실행하면 된다. 가령 담배를 끊는 것은 참으로 고통스러운 일이다. 하지만 얼마 동안만 잘 참고 견디면 고통은 끝나고 담배를 완전히 끊을 수 있다. 결혼 생활도 마찬가지다. 집을 장만할 때 처음에는 의견이 분분하지만 결정하고 나면 그걸로 끝이다. 배우자의 실직 등 예고 없이 고통을 주는 돌발 상황이 닥치면 대책 마련에 부심하면서 문제를 해결하기 위해 정신없이 뛰어다니지만 언젠간 피를 말리는 압박감이 사라지는 날이 오기 마련이다.

물론 결혼 생활의 스트레스 요인들 중에는 급성이라기보다 만성에 가까운 것들도 있다. 한 집에서 두 사람이 함께 생활하면서 만성적 스트레스 요인을 완전히 해결하기란 불가능한 일이다. 이런 일들은 목숨이 붙어 있는 한 반드시 하루 단위로 해결하지 않으면 안 된다. 이런 범주에 속하는 일 중 가장 말썽의 소지가 되는 것이 바로 '가사 노동의 분담'이다. 이 멋들어진 사회과학 용어는 세상 모든 부부가 다음과 같은 고전적인 질문들에 대한 대답으로 원하는 것이기도 하다. "화장실 청소는 누가 하지?" "수표장 결산은 누가 하지?" "한 사람은 매일 집안을 청소하고 다른 사람은 주말에 몰아서 마당을 청소하면 공평할까?" 수십 년간의 연구조사 결과, 집에서 누가 어떤 일을 하는지를 놓고 수많은 부부가 갈등을 빚고 있으며, 이는 결혼의 행복을 위협하는 주요 원인이 되고 있다.

이 스트레스의 원천을 해결하기란 불가능해 보인다. 왜냐하면 두 가지 문제가 복합적으로 얽혀 있기 때문이다. 첫 번째 문제는 실질적인 어려움이다. 학자들의 지적대로 가사 노동은 생활 속에서 실질적으로 감당해야 할 어려운 과제다. 가족은 의존적인 피부양자(자녀)의 양육을 책임져야 하는 일종의 회사나 마찬가지다. 회사가 돌아가려면 할 일이 많다. 때마다 음식과 의복을 구입해야 하며, 고장 난 설비들도 수리해야 하고, 집 안팎 청소도 비교적 깨끗하게 해야 한다.

두 번째 문제는 상징적인 어려움이다. 실질적인 어려움을 넘어 상징적인 차원이 개입되어 문제를 더 복잡하게 만든다. 가사 노동의 분담은 헌신의 상징, 심지어 파트너에 대한 사랑의 상징으로 여겨진다. 따라서 설거지는 단순한 설거지 행위를 넘어 관계의 원만함이나 서로를 아끼는지에 대한 의식과 연결된다(그래서 인생의 현자들 중 한 사람은 우스갯소리로 설거지하는 남편의 모습이 '가장 섹시하다'고 말했다).

문제가 상당히 복잡하지만 그래도 인생의 현자들은 방법이 있다고 이야기한다. 물론 그것이 만병통치약은 아니지만 가사 노동을 체계화하는 데 필요한 관점을 제공해줄 것이다. 부부들은 종종 가사 노동의 분담을 놓고 장시간의 감정 섞인 토론을 통해 지키지도 못할 해결책을 내놓는다. 이에 대해 인생의 현자들은 예상치 못한 색다른 해결책을 제시한다. 그것은 바로 감정을 배제하고 합리적으로 가사 노동을 할당하는 것이다.

인생의 현자들은 직장에서 배운 비를 활용해보리고 제안한다. 그들 다수는 직장에서 고용인들을 관리하고 훈련시킨 경험이 있다. 참으로 어려운 여건에서 고용인들을 관리하려면 전문적인 직무 훈련을 수시로 해야 한다. 그래서 '직장의 인력 관리 기술을 가사 일에 적용해보면 어떨까?'라는 생각에 이르게 된 것이다.

인생의 현자들은 좀 더 구체적으로 가정에서 '누가 무엇을 할 것인가'라는 문제에 대해 직장에서 배운 고용의 원칙을 활용해보라고 제안한다. 그들이 관찰한 바에 따르면, '가사 노동을 둘러싼 갈등의 상당수는 부적합한 사람에게 일을 맡기는 데서 비롯된다'. 가사 노동을 둘러싼 갈등이 격화되는 이유는 대다수 부부가 가사 일을 합리적으로 배정하지 않기 때문이라는 것이다. 당연히 남자가 할 일 또는 여자가 할 일, 이런 식으로 성 역할에 대한 사회적 기대에 근거

해 일을 배정한다. 심지어 누가 특정 임무를 원하는지, 더 중요하게는 '누가 그 일을 잘할 수 있는지' 상의해보지도 않고 무작정 일을 맡기기도 한다.

문득 내가 처음 직장에서 생활할 때의 일이 생각난다. 거기서 최초로 맡은 업무는 대형 연구사업을 감독하는 일이었다. 이를 위해 인터뷰 요원 한 명, 데이터 정리 요원 한 명, 이렇게 두 명의 훌륭한 인재를 고용했다. 그런데 일주일쯤 지나 두 가지 사실을 발견했다. 인터뷰가 너무 빨리 끝나 정보를 충분히 확보하는 데 어려움이 있다는 점, 그리고 수집된 데이터가 제대로 정리되지 않는다는 점이었다. 원인을 살펴봤더니 인터뷰 요원은 내성적이고 수줍음이 많은 반면 데이터 정리 요원은 싹싹하고 사교적인데 꼼꼼하지 못한 성격임이 드러났다. 원인이 분명해지니 그들의 특별한 장점을 살려 업무를 바꾸는 일만 남았다.

인생의 현자들은 이 같은 업무 분석을 결혼 생활에도 적용하여 가사 일을 다음의 지극히 단순한 교훈에 근거해 재배정하라고 조언한다.

"특정한 일을 맡길 때는 그 일을 가장 잘할 수 있는 사람에게 맡겨라."

그건 누구라도 알 수 있는 지극히 자명한 사실 아니냐고 반문할지도 모른다. 하지만 상당수 인생의 현자들에게 이것은 계시나 다름없었다. 나에게도 마찬가지였다. 결혼 초(여기서 굳이 밝힐 필요 없는 나의 과실들로 인해) 재정 관리는 당연히 아내가 담당해야 한다고 생각했다. 이 일로 불쌍한 아내는 수년간 이루 말할 수 없는 고초를 겪었다. 그 일이 너무 하기 싫었고 그러다보니 아예 손 놓고 있는 사태가 벌어졌다. 보다 못해 아내를 '관리'하는 작업에 들어갔다(특히 고지서 납부를 제때 하지 않는다든지 통장에서 돈을 너무 많이 인출한다든지 할 경우에는 더 철저하게).

드디어 아내가 두 손 두 발 다 들고 이렇게 말했다. "에라, 모르겠다. 당신이 알아서 해요." 그래서 가사 책임을 서로 바꿨더니, 세상에나, 그 일이 나에게 너무도 잘 맞고 즐겁기까지 한 게 아닌가? 단지 그 일에 좀 더 관심이 있고 적성이 맞는 쪽으로 사람을 바꿔 일을 맡겼을 뿐인데 해묵은 결혼 생활의 갈등 요소가 단번에 해결된 것이다.

나만 이런 놀라운 발견을 한 건 아니었다. 다수의 현자들 역시 결혼하면 가장 먼저 '누가 재정을 맡을 것인가'부터 결정해야 한다고 주장한다. 이 교훈을 깨달은 올리브 워너(65세)는 합리적인 가사 분담을 강력히 주장했다.

"초기에는 재정적으로 말도 못하게 어려웠어. 생각만 해도 끔찍해. 가정이 파탄 날 지경이었지. 그 정도로 안 좋았어. 사실 내가 재리에 밝질 못해. 먼저 내 입으로 그 사실부터 인정했어. 남편이 재정을 관리하는 걸로 이 문제를 간단히 해결했어. 월초에 내가 남편에게 월급봉투를 한꺼번에 넘겨주면 그걸로 끝이야. 부부 중 누가 그 일을 더 잘하는지를 깨닫는 것, 서로의 재능이 무엇이며 그것이 관계 향상에 일조할 것인지를 아는 것, 그리고 나서 능력 있는 배우자를 적극 밀어주는 것, 이게 바로 부부가 할 수 있는 최선의 방법이 아닐까? 만약 적성에 맞지도 않은 일을 떠맡아서 한다면 결혼은 풍비박산하고 말 거야."

여기서 인생의 현자들은 합리적인 가사 배정에 큰 장애물이 있음을 지적했다. 최고령 노인들이 이런 이야기를 했으리라고는 믿기 어렵겠지만, 그들은 '누가 무엇을 할 것인가'를 결정할 때 전통적으로 기대되는 성 역할에 좌우되지 말라고 조언했다. 그들 중 상당수는 한참 세월이 지난 후에야 이 사실을 뼈저리게 깨달았다. 그래서 그들은 한시라도 빨리 이 교훈을 받아들이라고 촉구한다. 샘 메이어(76세)는 자신의 경험에 대해 이렇게 말했다.

"집안일을 혼자서 다하려면 힘들어서 못해. 두 사람 다 내 일이라 생각하고 함께 팔을 걷어붙여야 해. '아내가 알아서 하겠지.' 이러면 절대로 안 돼. 내 경험상 결혼 생활에 아주 요긴한 걸 하나 말하자면, 어떤 일을 누가 제일 잘하는지 알라는 거야. 나는 요리하는 걸 좋아하는데 아내는 별로야. 그래서 우린 매일 저녁에 번갈아가며 요리했어. 그렇게 하면 '요리는 내가 다해야 한다'는 부담을 덜 수 있잖아. 내 친구들은 볼 때마다 감탄을 하는데 오히려 난 그 일을 하며 이런 생각이 더 굳어져. '이봐, 우린 동반자 관계야. 그리고 그 관계에 헌신하기 위해 두 사람 모두 노력하고 있어.' 사실 이런 생각을 갖게 된 건 첫 결혼 때문이야. 그때는 나 혼자 일했고 아내는 전업주부였어. 역할을 못 박아버리면 그 외의 다른 것은 생각하기 힘들잖아. 주위에서도 그런 사람 많이 봤어. '내 역할은 이런저런 거야.' 하지만 자기주장만 하면 대화가 힘들어지지. 그때 우린 상대방의 일을 조금씩 나눠 하기로 했어. 장보는 일은 내가 매주 하고, 아내는 쓰레기 버리는 일을 맡는 식으로 말이야. 그렇게 해서 각자 자신이 잘하는 일을 맡음으로써 상대방의 짐을 나눠지고 또 자신도 나름 책임을 다하고 있다고 느꼈지."

메이어 부부처럼 가사 노동을 가장 잘 분담하려면 어떻게 해야 할까? 방법은 단 하나, 2장을 읽은 독자는 짐작하겠지만 바로 '대화'를 통해서다. 인생 현자들의 조언은 이 주제에 대한 토론을 새로운 관점에서 보게 한다. 남편이(아내가) 또 자기 할 일을 제대로 하지 않았다, 생각할수록 화가 난다, 어느 순간 남편에게(아내에게) 쌓였던 울분을 터트린다, 이러기 쉽다. 하지만 인생의 현자들은 가사 일을 제대로 할당했는지 이성적으로 면밀히 검토해보라고 제안한다(말만큼 쉬운 일이 아니지만 어쨌든 최선을 다해야 한다).

그렇다면 어떻게 대화를 시작하면 좋을까? 일단 이렇게 하면 절대로 안 된다.

"더는 못 참아! 대체 왜 설거지(개밥 주기, 차 수리)를 안 하는 거야?"

대신 이렇게 운을 떼보라.

"우리 집이 제대로 돌아가려면 뭐가 필요한지 종이에 다 적어보았어. 이중 당신이 제일 잘할 수 있는 게 뭔지, 그리고 제일 하고 싶은 게 뭔지 한번 이야기해볼래?"

가사일의 현실을 감안하여 개중에서 가장 덜 싫은 일이 무엇인지를 물어보는 것도 좋다. 인생 현자들의 교훈은 단순 명쾌하다. 가사일에서 누가 무엇을 할 것인지를 놓고 또다시 갑론을박하기 전에 차 한잔(와인 한잔도 좋다) 앞에 두고 그 일을 가장 잘할 수 있는 사람이 누구인지, 어떤 일을 맡고 싶은지를 묻는 질문을 준비하는 것이다. 이를 바탕으로 합리적인 가사 분담을 이루고 과연 이것이 효과가 있는지 살펴보라. 여기까지 완수했다면 한 가지를 더 실행해보라. 이것이 없다면 자신도 모르는 사이에 원점으로 되돌아가버린다고 인생의 현자들은 충고한다.

그것은 바로 어떤 일에 대해 누가 최고 책임자인지를 정하고, 그런 다음에는 '그 사람이 자기 재량껏 일하도록 간섭을 최소화하라'는 것이다. 배우자의 책임 영역을 사사건건 간섭하고 싶은 유혹이 얼마나 불가항력적인지는 연구결과로도 잘 나타나 있다. 결혼을 연구하는 학자들은 이런 행동을 가리켜 '대문 지키고 앉아 있기(gate keeping)'라 부른다. 다시 말해 자신이 포기한 일이 배우자에 의해 어떻게 진행되는지, 간섭을 멈추기 힘들다는 것이다. 타라 파커 포프(Tara Parker-Pope)는 결혼을 다룬 자신의 저서에서 세탁하는 일을 맡기로 동의한 한 남편의 이야기를 전형적인 예로 제시한다. 허드렛일을 면하게 되었다며 안도의 한숨을 내쉬는 것도 잠시, 아내에게 새로운 골칫거리가 생긴다. 남편이 아내의 기준대로 빨랫감을 분류하지 않은 것을 두고 서로 언성을 높이는 일이 잦아진 것이다.

어떤 일에 대해 자신보다 배우자가 더 적임자임을 인정하고 넘겼다면 문 앞에 앉아 그 일이 잘되는지 감시하지 말고 깨끗이 손을 털고 일어나야 한다. 만약 그렇게 하지 않으면 또 하나의 커다란 스트레스 요인을 만들게 된다.

글렌 뱅크스(76세)는 설사 '가장 잘하는 사람에게 일을 맡긴다'는 규칙에 따라 일을 분담한 후에도 이런저런 불만이 남을 수 있다고 주의를 준다. 그럴지라도 부부가 합의해서 결정한 가사 분담을 최대한 존중하라고 조언한다.

"나는 '괜히 남의 영역을 건드리지 말자' 주의야. 그러니까 나는 아내가 집을 자기 원하는 대로 마음껏 디자인하고 가구를 옮기는 등 뭐든 알아서 하도록 내버려뒀어. 아내는 내가 마당을 알아서 하도록 했지. 아내는 마당을 결코 건드리지 않았고 나는 집 안쪽을 건드리지 않았어. 만약 아내가 뭔가를 바꾸고 싶어 하면, 서로 의견이 충돌하는 사람들도 있겠지만, 내겐 부딪힐 이유가 전혀 없어. 이미 합의가 끝난 일이잖아. '이건 당신이 알아서 하오, 저건 내가 알아서 할 테니.'"

배우자를 어떤 영역의 최고 책임자로서 전적으로 신뢰하려면 자신은 거기서 손을 놓아야 한다. 로다 뉴먼(64세)은 그냥 가만히 앉아서 파트너가 알아서 할 것임을 믿으라고 한다.

"만약 매리앤이 자기가 뭘 할 거라고 이야기하면 나는 알아서 잘하겠거니 믿어. 그 정도로 믿고 맡기는 게 중요해. 뭐든 매리앤이 하면 똑소리 나게 잘 한다는 걸 아니까 염려하지 않아도 돼. 예를 들면 매리앤은 나보다 쇼핑을 잘하지. 덕분에 우리 집 냉장고는 먹을거리가 떨어질 새가 없어. 쇼핑의 여왕 매리앤이 있으니까!"

가사 노동을 어떤 갈등도 없이 완벽하게 분담하는 방법은 현재로서는 없다. 심지어 돈을 주고 가사 도우미를 쓴다고 해도 모든 문제가 해결되지 않는다. 〈다운튼 애비(Downton Abbey)〉(죽은 매튜를 뒤로하고 1920년대를 맞이한 크롤리 가와 그 하인들의 이야기를 그린 영국 드라마 – 옮긴이)의 애청자들은 잘 알 것이다. 하인들이 집안의 모든 일을 하지만 누군가는 그 하인들을 관리해야 한다는 걸. 직장에서 사용하는 방식으로 가사 일을 합리적으로 배정한다면 오랜 시간을 두고 갈등 해소를 위해 노력할 수 있다. 이 같은 합리적 가사 분담의 미덕은 단순하기 그지없다. 이를 깔끔하게 정리한 딕시 베커(84세)의 말을 마지막으로 들어보자.

"집안일은 나눠서 해야 해. 한 사람은 일을 계속하고 다른 사람은 가족을 돌보는 식으로 분리해서 생각할 문제가 아니야. 서로 도와야지. 해야 할 일이 있으면 남자 여자 따질 것 없이 가장 잘하는 사람이 그 일을 하면 되는 거야."

| 열일곱 번째 |

빚으로부터
벗어나라

'결혼한 사람들이 재정적으로 더 여유가 있다'는 말을 들어보았을 것이다. 이는 실제로 증명된 결과이기도 하다. 부부는 수입이 2배로 늘어나는데다 물적 자원을 공유하는(세탁기 두 대를 한 대로 줄일 수 있다) 데서 오는 이득이 있기 때문에 더 큰 경제적 안정을 확보할 수 있다는 것. 그런데 역설적이게도 경제적으로 여유 있는 부부가 오히려 미혼자들보다 돈 문제로 더 많이 싸운다는 결과도 있다. 결혼에 대한 이 같은 연구결과들은 부부간에 다툼이 일어나는 제반 사유들 가운데 돈 문제의 경우 싸움이 더 격렬하고 오래간다는 사실을 보여준다. 부부가 큰 충돌 없이 한평생 해로하려면 재정적 갈등의 덫을 피할 방도를 찾아야 한다.

인생의 현자들이 결혼 생활에서 돈(보다 정확히 돈의 결핍)이 주는 스트레스를 줄일 수 있는 명쾌하고 구체적인 교훈을 제시했을 때 그토록 반가웠던 이유가 바로 여기에 있다. 그들은 교훈을 들려주기에 앞서 간단한 전제 하나를 제시한다. "부부에게 생활하는 데 충분한 돈이 있으면 재정을 둘러싼 싸움은 줄어든다." 물론 돈이 많으면 재산 분배 문제를 가지고 서로 옥신각신하기도 한다. 하지만 생활비도 부족한 상태라면 빠듯한 살림살이에서 지출 문제로 다툼이 격해질 수밖에 없다. 돈 문제로 인한 다툼은 실질적인 사안들 때문이기도 하지만 보다 근본적으로는 재정적 어려움과 끝이 보이지 않는 현 상황에 대한 깊은 절망감의 표현이기 때문이다.

이러한 이유로 인생의 현자들은 기본적인 생활의 필요를 충족해줄 재정을 확보하라고 조언하면서, 재정적 갈등을 극복하고 보다 인간다운 삶의 환경을 조성할 명쾌한 방법을 제시한다. 이것은 부부가 갖춰야 할 새롭고도 오래된 마음자세인 동시에 지금 당장 시작할 수 있는 상당히 구체적인 행동이기도 하다.

"빚으로부터 벗어나라. 만약 빚이 없다면 빚 근처에는 얼씬하지 마라."

학자나 전문 상담가들은 빚이란 최악의 부채 상황에 직면한 수많은 부부들을 죽음으로 내모는 살인자라고 경고한다. 젊은 부부들만 이런 입장에 처하는 것은 아니다. 45세에서 54세까지 중년층 역시 절반에 가까운 사람들이 카드빚에 허덕이고 있다. 이에 대한 통계 자료는 우리를 더 우울하게 한다. 고액 연체자들의 가구당 평균 카드빚이 지난 20년간 무려 두 배나 늘었다고 한다. 기타 '악성' 채무, 다시 말해 대부업권의 소액 단기 신용대출이나 은행 마이너스 통장 역시 부부들의 삶을 어느 때보다 더 심각하게 위협하고 있다.

전형적인 맞벌이 부부인 맨디와 조지는 월급명세서에 찍힌 금액을 합산해보고 흡족한 미소를 지었다. 이들 부부는 일터에서 돌아오면 흥청망청 써댔다. 이웃들이 자기들보다 더 화려한 생활을 하는 것을 보고 즉시 거기에 합류한 것이다. 값비싼 외식을 즐겼고 여행지에서 돈을 펑펑 썼으며 형편에 맞지 않는 비싼 고급차를 사고 더 큰 집으로 옮겼다. 돈이 떨어져도 신용대출, 고금리 대부업체 등 돈 빌릴 데는 얼마든지 있었다. 그러나 그들 부부의 말로는 비참했다.

재정 관리법과 관련해 목돈 만들기부터 투자 방법에 이르기까지 온갖 조언들이 난무한다. 인생의 현자들은 돈을 불리기보다 오히려 처음부터 빚 청산과 빚 없는 생활에 가장 큰 역점을 두라고 강조한다. 비교적 간단한 분석과 행동만으로도 빚과 가정불화로부터 벗어날 수 있다고 한다.

인생 현자들의 조언을 읽는 동안 "옛날 사람들이 재정적인 어려움을 알기나 할까? 다들 여유 있게 사는 것 같은데"라는 생각이 들 수도 있을 것이다. 그러나 우리의 현자들은 경제 대공황을 겪은 세대다. 대공황 시대의 중산층은 그저 허리띠만 졸라맨 것이 아니다. 그들은 모든 것을 잃었다. 전문직 종사자들이 공사판 인부나 일용직 노동자로, 때로는 농장 일꾼으로 전락했다. 그것도 일거리가 있을 경우의 얘기다. 나와 내 부모에게 그런 일이 닥쳤다고 한번 생각해보라. 그들은 집만 잃은 것이 아니다. 그때는 오늘날과 같은 사회 안전망도 없던 때라 굶기를 밥 먹듯 했다(당시는 식품 구입권이나 빈민 의료보험 같은 것도 없었다). 놀라운 것은 최근 대공황에 이어 100년 만에 경제 불황의 여파를 겪으면서도 정작 그 '최악'의 경제 위기에서 살아남은 세대를 찾아가 해법을 구하는 사람이 아무도 없다는 사실이다. 마치 곁에 노아를 두고도 대홍수 시대를 어떻게 극복했는지 묻지 않는 격이다.

미국의 최고령 노인들이야말로 경제 불황의 시기를 직접 겪어본 경험과 이를 극복할 지혜를 동시에 갖춘 거의 유일한 세대다. 그들은 항상 계획적으로 소비하고 올바른 우선순위를 정함으로써 수입 범위 안에서 규모 있게 생활하고 빚지지 않으면서 경제 위기 속에서 행복하게 사는 법을 터득했다. 과소비와 이로 인한 가계 빚이 일상화되고 있는 오늘날, 결혼 생활은 부채 관리에 그 성패가 달려 있다는 사실을 꼭 명심하기 바란다. 지금부터 재정 문제에 대한 인생 현자들의 가치관을 3가지 단계로 나눠 살펴보도록 하자.

1단계. 빚을 혐오하라

미국의 최고령층은 빚지는 걸 죽기보다 싫어한다(여기서 주택 대출은 예외로 치지만, 그마저도 안 된다는 사람도 있다). 젊은이들이 신용카드를 척척 사용(남용)하는 것을 보면 어안이 벙벙해진다. 빚이라고 하면 욕부터 한다(정부의 재정 적자 규모를 보고도 욕했는데, 이는 별개의 이야기다). 부채에 대해 극도로 불안한 반응을 보이며, 심지어 두려움에 떨기까지 한다. 그래서 현대인이 보여주는 빚에 대한 태도를 도무지 이해할 수 없다.

이런 뼈저린 확신은 어디서 비롯된 것일까? 대공황이 정점으로 치닫던 시절, 그들은 생계 수단과 집을 잃고 울부짖는 이웃을 바로 곁에서 지켜보면서 평생 쌓아온 재정적 안정이 일순간에 무너져버릴 수 있음을 깨달았다. 세금 낼 돈조차 없는 극빈자들의 생활을 목도하면서 근면성실의 마음가짐이 인생 현자들의 골수에 뿌리박혔을 것이다. 70년의 세월이 지난 지금에도, 대공황이 공식적으로 끝난 후에 태어난 세대임에도, 여전히 그늘은 부모 세대의 악몽을 떨쳐버리지 못하고 있었다.

다음의 두 사례를 통해 이들이 얼마나 마음속 깊이 빚을 싫어하는지 살펴보자. 이를 힘주어 강조하며 열렬히 지지하는 그들의 목소리를 읽을 수 있길 바란다.

이벳 코프(83세)는 이렇게 이야기한다.

"젊은이들이 피해야 할 게 뭐냐고? 바로 빚이야! 그들은 즉각적인 만족을 원하지. 항상 이 문제로 손녀와 씨름하는데, 그 아이는 돈을 모으려면 시간이 많이 걸리니까 그걸 못 참고 그냥 빚을 내서 사버려. 그러니 빚이 늘 수밖에."

대럴 퍼거슨(72세)은 이렇게 이야기한다.

"내 자식들도 그렇고 요즘 사람들은 어찌 된 심판인지, 자기 수입에 맞춰 살 생각들을 안 해. 큰 차에 트럭에, 뭘 그렇게 많이 사는지. 도대체 자기 수입 내에서 사는 사람이 없어. 자기가 지금 3억짜리 집을 살 형편이 못 되면 1억짜리를 알아봐야 할 거 아니야. 아니면 전세를 구하든가. 어떻게 하든 자기 수입 범위 내에서 살 생각을 해야지!"

대출 한두 개 정도는 기본이라고 생각하기보다 빚지는 걸 극도로 싫어하는 인생 현자들의 마음가짐을 참조하면 좋을 것이다. 그들은 남에게 갚아야 할 돈이 있으면 얼른 갚아버려야 안심이 된다. 빚을 대하는 이런 마음가짐이 경제적 독립, 걱정으로부터의 자유, 평온한 결혼 생활을 만든다. 이렇게 생각을 바꾸면 빚이 더 이상 자연스러운 상태가 아닌 근절해야 할 문제로 다가올 것이다.

2단계. 카드를 긁기 전에 돈부터 모아라

50년 전만 하더라도 보편적이던 학설이 지금은 완전 구닥다리로 변해버린 걸 보면서 놀랄 때가 있다. 요즘 세상에 열심히 돈을 모아 물건을 사는 사람은 드물다. 신용카드로 긁으면 그만이기 때문이다. 하지만 빚 없는 삶, 재정 문제로 다툴 일 없는 결혼 생활을 원한다면 이 지극히 단순한 규칙을 따르라고 인생의 현자들은 호소한다. "신용카드 긁을 생각 말고 돈을 모아 살 생각을 하라." 이벳 레너드(92세)는 이 방법이 그저 최고라고 말한다.

"부부 사이에는 돈이 항상 말썽이야. 그래서 우린 신혼 시절부터 그런 문제로 고생하지 말자고 다짐했지. 우린 매주 조금씩 돈을 모았어. 그리고 우리가 번 돈만큼 살려고 노력했어. 그게 상책이더라고. 우린 그렇게 해서 문제를 해결했어. 사고 싶다고 무조건 다 사는 게 아니라 돈이 모일 때까지 기다렸다가 샀어. 그래서 여태 67년을 같이 살았지만 돈 문제로 말썽인 적은 한 번도 없었어."

인생의 현자들은 '통장에 돈이 없으면 돈을 쓰지 말아야 한다'고 이구동성으로 말한다. 80세 이상의 노인들은 이처럼 너무도 당연한 진리가 공공연히 무시당하는 세태를 도무지 이해할 수 없다. 데이브 닐(93세)은 빚을 피하는 열쇠가 뻔히 있는데 왜 그런 복잡한 조언들이 떠돌아다니는지 이해할 수 없다고 이야기한다.

"물론 힘들 때야 많았지. 제대 후 빈손으로 시작하다시피 했으니까. 아무것도 없는 상태에서 가정을 이루려니 얼마나 힘들었겠어. 그래도 우린 마음만은 부자였어. 넉넉하진 않아도 먹고살 만했지. 영화 같은 거야 돈이 있으면 보고 없으면 안 보면 그만이지. 우린 그냥 가만히 앉아서 불평만 하며 싸우는 일은 하지 않았어. 그리고 덜컥 영화부터 보고 나서 돈 걱정하는 일도 없었고. 그저 생활할 정도면 충분했어."

물론 인생의 현자들은 살다보면 돈을 빌려야 할 때도 있고 오히려 대출받기로 결정하는 편이 재정 건전성을 높이는 길일 수도 있다고, 마치 노련한 재정 컨설턴트처럼 조언하기도 한다. 가령 주택을 일시불로 구입하는 일은 거의 불가능하다. 게다가 학자금 대출을 전혀 받지 않고 자녀 교육비를 감당할 수 있는 부모가 얼마나 되겠는가? 집 없는 설움이 어떤 것인지, 대학 교육이 자녀의 임금 수준에 어떤 영향을 미치는지, 대공황 세대인 인생 현자들보다 더 잘 아는 사람은 없을 것이다. 그들이 피하라고 하는 것은 있어도 그만 없어도 그만인 '자잘한 것들'이다. 할부금을 다 지불하기도 전에 망가지는 가전제품이나 가구류, 호화 여행 상품, 이런 것들 말이다.

행복한 결혼 생활을 바란다면 인내하는 법과 지금 당장 만족을 구하기보다 기다릴 줄 아는 법을 배워야 한다. 여름휴가를 위해 매주 조금씩 돈을 모은다든지 기념일 선물을 좀 줄인다든지 차를 살 때 할부금 대신 모아둔 돈으로 일시에 구입하는 일 등이 그렇다. 인생의 현자들은 결혼 초에 이것을 연습한다면 평생 습관으로 남을 것이며, 이것이야말로 결혼 생활의 스트레스를 한방에 날려버릴 최선의 방법이라고 강조한다.

3단계. 절대 다른 집과 비교하지 마라

사람들은 왜 부족한 걸 참지 못하는 것일까? 거기엔 중요한 이유가 있다. 인생의 현자들은 여기에 대항하라고 당부한다. 누구나 주위에 자기보다 더 많이 가진 사람을 보면(따라서 더 재미있게 사는 사람들을 보면) 그들처럼 되고 싶다는 강한 경쟁의식을 느끼게 된다. 이 점에서는 인생의 현자들이 현 세대보다 수월할는지도 모른다. 그

때는 다들 어렵게 살던 시절이라 자기보다 더 많이 가진 사람을 찾아보기 어려웠을 테니까. 모두가 의식주 해결에 급급한 마당에 그런 생각을 할 틈조차 없었을 것이다. 마이러 굿윈(92세)은 그 시절을 이렇게 회상했다.

"다들 사는 게 다 비슷했어. 우리 연배 사람들은 다 같은 처지였으니까. 돈이 어디 있어? 다른 사람들이 힘들게 열심히 사는 모습을 보고 어떻게 살아야 할지를 배웠지. 감사하게도 우리 부부에겐 신발, 옷, 음식이 있었어. 하지만 동년배 사람들은 처지가 정말 안타까웠어. 다들 사느라 바빠 그런 건 신경 쓸 틈도 없었지."

잠시 시간을 내어 한번 깊이 생각해보자. 모든 사람이 다 같은 처지이고 다들 어렵게 살기 때문에 나 또한 너 많은 길 기대할 수 없는 상황이라면 무엇을 포기하겠는가? 만약 주위 사람들이 모두 작은 집에 산다면 집을 줄여 이사하겠는가? 집 사는 걸 포기하고 전세를 들겠는가? 유명 패션 디자이너의 상품이 아닌 편하고 수수한 옷을 사겠는가? 클럽에서 흥청망청 노는 대신 자신의 아파트에서 친구들과 오붓한 시간을 갖겠는가? 이중 마음 가는 일이 있다면 지출을 줄일 만한 영역도 쉽게 찾을 수 있을 것이다. 다른 사람들이 다 그렇게 하니까 나도 한다는 식으로 빚에 의지해 살려는가? 빚지지 말라는 노인들의 교훈을 마음속 깊이 새겨보자.

| 열여덟 번째 |

스트레스를 없애는 5가지 비결

스트레스가 전혀 없는 결혼 생활을 한번 상상해보라. 스트레스 없는 결혼 생활은 과연 어떤 모습일까? 되도록 서로 마주치지 않고 대화도 피한다면 스트레스나 갈등의 요인은 피할 수 있을 것이다. 하지만 그런 결혼 생활은 얼마나 황량하고 외로울까? 그런 결혼 생활에 무슨 발전이 있을까? 좋은 일은 반드시 어려운 과정을 수반하는 법이다. 좋은 직장, 무탈하게 자라는 자녀, 내 집 마련 등 결혼 생활에서 좋은 일들은 하나같이 부부에게 어려운 과제를 안겨다준다.

최고로 행복한 부부라고 자부하는 인생의 현자들조차 스트레스 없는 결혼 생활에 대해 물으면 웃음부터 터트린다. 듀이 와이즈(73세)

는 이들을 대변해 스트레스 목록을 읊었다.

"결혼해서 38년을 살아봐, 사사건건 부딪히지! 아이들부터 시작해 인척들, 직장일, 게다가 돈 문제도 한 번씩 터지지. 또 사람 문제도 있어, 남편은 남편대로 아내는 아내대로. 그러고 나서 서로 힘을 합쳐 극복하려고 노력하지. 결혼하면 이런 걸 다 끌어안을 각오를 해야 해."

결혼 생활에 스트레스 요인이 많으리라는 것은 불 보듯 뻔하다. 결혼해서 스트레스를 겪지 않는 부부는 극히 드물 것이다. 노인들은 각자 자신의 경험을 통해 얻은 진지하고 사려 깊은 조언을 제시함으로써 결혼 생활의 어려움을 다른 관점에서 생각하고 해법을 찾을 수 있도록 돕는다. 지금부터 인생의 현자들이 말하는 결혼 생활의 스트레스를 해소하는 그들만의 비결을 알아보자.

하나. 가장 논쟁적인 문제는 따로 시간을 마련해 처리하라

스트레스가 심한 일은 다른 모든 것을 삼켜버린다. 부부간의 끈끈한 정마저도. 기분 좋게 이야기하다가도 툭하면 '이런 주제들'이 튀어나와 마음을 상하게 하고 즐거운 분위기를 망쳐버린다. 즐거워야 할 저녁 외식 자리가 '그 주제'로 인해 엉망이 되기도 한다. 이런 주제들은 언제 터질지 몰라 불안하기 짝이 없는 저수지와도 같다.

인생의 현자들은 만성적인 스트레스 요인을 정기적인 대화를 통해 한번에 잡으라고 제안한다. 그렇게 함으로써 불안의 저수지가 터져서 관계 전체를 수몰시키는 일을 방지할 수 있다.

애그니스 웨버(81세)는 자신의 부모님에게 배운 방법을 소개하며 돈 문제를 처리하는 데는 이 방법이 최고라고 권한다.

"부모님은 한 달에 한 번씩 시간을 정해 돈 문제를 상의하셨어. 두 분은 그걸 경비 청구서라 부르셨지. 함께 앉아 청구서들을 점검하셨는데, 생전 싸움이라곤 모르는 두 분이 그때만 되면 서로 언성을 높이셔서 나는 그 주위에 얼씬도 하지 않았어. 하지만 그건 부모님 나름의 전략이었어. 그렇게 해서 두 분은 서로 얼굴 붉힐 일을 최소화하셨던 거야. 함께 자리에 앉아 그간 돈을 얼마나 썼는지, 누가 어디에 썼는지를 살폈는데 그렇게 하는 날이 정해져 있었어. 그리고 나면 두 분은 언제 그랬느냐는 듯 다음 달까지 잠잠했어."

애그니스를 비롯한 인생의 현자들은 스트레스를 유발하는 문제에 대한 모든 걱정, 논쟁, 격한 감정 들을 모아두었다가 합의된 시간에 한꺼번에 처리하면서 그간의 감정을 드러내 보이는 방법이 만성적인 스트레스 요인을 대처하는 데 상당히 유익하다는 사실을 발견했다. 실제로 그들은 정기 모임 이외의 시간에 그 주제가 부지불식간에 튀어나오면 '말을 자제했다가' 나중에 이야기하거나 염려거리를 적어두었다 정기 모임 때 말할 것을 서로 상기시켜주라고 제안한다. 이것은 상당한 훈련이 필요한 방법이지만 스트레스 상황이 끊임없이 재현되는 상황에 제동을 걸 수 있다는 장점이 있다.

둘. 믿을 만한 사람을 찾아가라

　결혼 생활에서 받는 스트레스는 어디다 하소연도 못하고 이런 고통을 당하는 사람은 자신밖에 없을 거라 생각하며 혼자서 애를 태우게 된다. 노인들도 자신의 문제를 남들 앞에 낱낱이 드러내는 일에 조심스러운 반응을 보였다. 그들 말마따나 '남들 다 보는 앞에서 자신의 더러운 빨랫감을 세탁하는 꼴'이 되고 싶지는 않은 것이다. 하지만 인생의 현자들은 그런 두려움을 떨쳐버리고 '다른 믿을 만한 사람을 찾아가라'고 조언한다. 사회과학자들은 이를 가리켜 '사회적 지지의 동원(mobilizing social support)'이라고 하는데, 이는 필요한 도움이나 조언을 얻기 위해 인맥을 적극 활용하는 섯을 말한다.

　아치 버튼(85세)과 그의 아내는 너무도 어려운 상황 앞에서 속수무책인 자신들을 발견하게 되었다. 어렵게 새 집을 장만한 직후 그들은 어린 딸이 중병에 걸린 사실을 알게 된 것이다. 그 순간을 아치는 이렇게 회상한다.

　"그 스트레스라는 건 이루 말로 못해. 집을 산 지 얼마 되지 않아 딸이 중병에 걸렸어. 엄청난 부담이 한꺼번에 몰아닥치니 정말 눈앞이 캄캄하더라고. 당시만 해도 우리 같은 흑인은 그게 무슨 말인지 알아듣기도 힘들었을 뿐만 아니라 그 병에 대해 잘 아는 사람을 찾아 재정적으로나 기타 여러 필요한 조언을 얻기란 더더욱 힘든 때였어. 그간 피땀 흘려 모은 돈이 다 날아가버렸고 전부 다시 시작해야 한다는 사실에 얼마나 스트레스를 받았는지 몰라. 재정 문제에 질병에 관계까지 악화돼버리니 하루하루 살 길이 막막했어."

스스로 자신의 삶을 책임진다는 자부심 하나로 살아온 이들 부부였기에 첫 위기를 겪을 때에는 다른 사람의 도움을 받기가 무척 꺼려졌다. 하지만 고심 끝에 결정하고 나니 길이 보이기 시작했다.

"다행히도 우리는 시의적절한 도움을 받고 무사히 위기를 극복할 수 있었어. 아이 담당의는 물론 친구들도 조언을 아끼지 않았지. 우린 정말 운이 좋았어."

위기를 '혼자 힘으로 해결해야 한다'는 스트레스를 받고 있는 사람이 있다면 이들 부부의 교훈을 참고하길 바란다.

"혼자서는 살 수 없는 세상이야. 어느 누구도 자기만의 껍질 속에 갇혀 '내 식대로, 내 힘으로 할 거야'를 고집하며 살 수는 없지. 문제를 해결하려면 가족과 친구의 도움을 받아야 할 때도 있어. 아휴, 사는 게 뭔지……, 다들 커다란 바위덩어리를 하나씩 안고 살지. 우리도 문제가 있었어. 하지만 친구나 가족의 조언과 도움으로 그 모든 걸 극복할 수 있었지."

셋. 긍정적인 사람들과 어울려라

이렇듯 결혼 생활에 위기가 닥쳐올 때에는 친구나 가족이 큰 힘이 된다. 그런데 인생의 현자들은 만약 이들이 문제를 해결해주거나 격려해주기는커녕 오히려 더 맥 빠지게 만든다면 그다지 도움이 되지 않는다고 한다. 연구결과에 의하면 긍정적인 사람과 어울리는 사람이 행복할 가능성이 더 높다고 한다. 결혼도 마찬가지다. 만약 풀기 어려운 문제에 봉착했다면 주변에 그 같은 문제를 다루는 데 탁월한 능력을 가진 부부가 있는지 찾아보라. 바이올렛 마시는 그런 기회를 수차례 가지면서 그 소중함을 깊이 깨달았다.

"주위에 참 훌륭하고 서로 사이도 좋은 부부를 찾아가 그들의 성공 비결과 조언을 구하면 잘 말씀해주실 거야. 그걸 계기로 그간 꽉 막혔던 대화의 문을 열고 서로 대화도 시작할 수 있으니 겸사겸사 좋지. 그런 분들을 저녁 식사에 초대해봐. 와인 한 병, 조촐한 식사를 즐기며 대화를 나누는 거야. 여유로운 저녁 시간을 보내며 그들의 조언에서 해결의 실마리를 찾을 수 있는지 살펴보는 거야."

같은 처지의 어려운 사람들끼리 대화하면 서로 위로는 될지 몰라도 해결의 길을 찾기는 어렵다. 반면 이미 성공한 훌륭한 사람들과의 만남에서는 해결의 단초가 되는 영감을 얻을 수 있다. 제레미 베넷(80세)은 이렇게 강조했다.

"만약 주위에 전부 부정적인 사람들만 있다면 긍정적인 사람들을 찾아서 그들과 어울려. 이런 말도 있잖아. 성공하려면 성공한 사람을 찾아가라고. 정말 행복하고 성공적인 결혼 생활을 하는 부부가 있다면, 그런 사람들과 어울리는 거야. 그러다보면 좋은 영향을 받는 거지. 패배주의에 빠진 사람들은 피해야 돼. 괜히 그런 사람들 가까이 있다가 나까지 거기에 물들기 전에 얼른 빠져 나오라고."

넷. 잠시 쉬었다 하라

 인생의 현자들은 오랜 결혼 생활을 통해 한 가지 소중한 교훈을 체득했다. 이를 두고 비현실적이라 하는 사람도 있겠고 마법과 같다고 말하는 사람도 있을 것이다. 인생의 현자들은 스트레스 상황에 대처하는 특별한 전략의 하나로 이것을 추천했다. 바로 '기다려라'는 것이다. 결혼이라는 긴 여정을 되돌아보면 당시에는 어떻게 견딜 수 있을까 싶을 정도로 힘들던 순간들이 어느새 눈 녹듯 사라진 것을 깨닫고 놀랄 때가 많다. 사춘기 자녀가 속을 썩일 때, 직장과 가사를 병행하며 자신의 한계를 절감할 때, 생활비마저 없어서 불안에 떨 때, 하지만 이런 때라도 지금 당장 결정을 내려야 하는 절체절명의 상황이 아니라면 모든 짐을 내려놓고 잠시 쉬었다 다시 시작하라고 인생의 현자들은 권한다.

 주디 레이(67세)는 남편의 음주 문제로 별거를 고려했던 적이 있었다. 알코올 중독까지는 아니었지만 술을 너무 자주 그리고 많이 마셔서 더 이상 견딜 수가 없었다. 그녀는 이 문제를 친척 어른과 상의했다.

 "그분은 내게 너무나도 좋은 조언을 해주셨어. 그분 말씀이 '급하게 결정할 것 없어. 게다가 지금처럼 엄청 화나고 속상하고 절망스러운 상태에서는 더더욱 안 돼. 그 일이 지금 당장 결정해야 하는 일은 아니잖아? 한 1년 시간을 두고 생각해봐. 그러고도 정 헤어지고 싶으면 그때는 네 맘대로 해.' 그런데 그 1년 사이에 엄청난 변화가 있었어! 상황이 돌변한 거야! 남편과 담판을 지은 이후로는 그가 술 마시는 횟수가 확 줄었어. 그 이후로 나도 다른 사람들에게 똑같은 조언을 해줬지. 급하게 결정할 것 없다고. 한 1년 기다려보라고. 다른 사람의 마음을 이해한다는 게 하루아침에 되는 일이 아니야. 두 사람 모두 인생에서 정말 원하는 게 뭔지 깊이 생각해볼 수 있으려면 적어도 1년은 지나봐야 해. 각자 모퉁이로 차를 후진시켜놓고 깊이 생각해보라고."

굳이 1년이 아니어도 좋다. 상황에 따라서는 일주일이나 한 달만 '내버려둬도' 충분할 때도 있다. 수십 년의 결혼 생활을 하다보면 다방면에서 현자가 되기 마련인데, 그중 하나가 멀리 내다보는 데 익숙해진다는 것이다. 고령의 노인들은 인생의 어려운 시기도 인젠기는 지나간다는 사실을 알고 있다. 그러니 포기하라는 유혹의 목소리가 들려도 귀를 막고 무조건 정면 돌파하는 것이 위기를 극복하는 최선의 전략인지도 모른다.

샬럿 뷰캐넌(100세)은 결혼 생활에서 발생하는 여러 문제를 해결하는 데 인내가 중요하다는 사실을 잘 알고 있으며, 어떤 문제가 생기면 그것이 조만간 사라질 성질의 것인지 아닌지를 깊이 생각해보라고 조언한다.

"때로는 그냥 시간이 흐르도록 내버려둬. 문제가 있어도 시간이 지나면 저절로 사라지기도 하거든. 인내에게 답을 구하며 대화를 신청해봐. 오랜 시간을 두고 인내를 배우려고 노력해봐. 먼 미래를 바라보며 맡기고 기다리면 돼. 나머지는 시간이 다 알아서 해결해준다오. 미래를 두려워 말고 미래를 함께 살아가는 거지. 문제가 생기면 가설을 세워봐. 곧 사라질 일시적인 문제이니 내버려둘 것인지, 아니면 결코 변하지 않을 터이니 인정하고 포기할 것인지. 어느 편이 후회 없는 미래가 될지 잘 따져봐."

다섯. 당면한 일만 생각하라

인생의 현자들은 스트레스 상황이 이른바 '파국적인 상상(awfulizing)'이라는 것과 결부되기 쉽다고 지적한다. 이것은 심리학 용어로 지나치게 비관적인 시각으로 바라보며 최악의 시나리오를 상상하는 경향을 말한다. 미래를 어두운 눈으로 바라보기 시작하면 한도 끝도 없기 때문에 결국 패닉 상태에 빠지고 만다. 그런 극도의 불안 상태에서는 그저 '매일에 충실하라'라는 격언을 들려줘야 한다. 그것 외에는 만성적인 스트레스에 시달리는 결혼 생활에서 살아남을 방법이 없다.

결혼 55년차인 루시아 워터스(75세)는 사랑과 안정과 기쁨으로 가득한 결혼 생활을 보냈기에 그녀와 사랑하는 남편 스탠리가 엄청난 어려움을 겪었으리라고는 상상하기 어려웠다. 그런데 '매일에 충실하라'라는 만트라가 그들의 생명을 구했다.

"당시 아이들이 대학과 고등학교에 다니고 있었고 나도 늦게 대학 공부를 시작한 때였어. 남편 스탠리는 하던 사업 계속하느라 사방팔방 뛰어다녔지. 그러다가 도저히 감당할 수 없는 지경에 이르렀고 침체의 늪에 빠졌어. 그 활발하던 사람이 말이야. 언뜻 보기에도 우울증이 심해 보였어. 아무에게도 말 못하고 혼자 끙끙 앓았어. 남편 말이, 사무실에 가면 자리에 앉아 머리를 감싸 쥐고 '대체 이 난국을 어떻게 극복해야 하나' 오로지 그 생각뿐이래. 그때 우린 서로를 쳐다보며 이렇게 말했어. '그래, 복잡하게 생각하지 말고 오늘 하루에 충실하라. 우리가 할 일은 그것뿐이야. 지금부터 우리에게 미래는 없어. 단지 오늘만 있을 뿐.' 매일 아침 스스로 이렇게 되뇌며 그날그날 해야 할 일을 정하고 아이들 공부시키는 데만 집중했어. 그리고 서로 사랑한다는 말을 잊지 않았지. 우리가 제대로 실천했는지는 기억이 안 나! 감당하기에 너무 버거운 시련이었지만 나는 내책 없는 낙관론자였고, 그게 얼마나 큰 자산이었는지 몰라. 하루하루의 삶에 집중한 덕분에 우리는 살아났어."

모든 게 다 부정적으로 여겨지고 대화도 부정적으로만 흐를 때, '매일에 충실하기'를 실천해보라. 인생의 현자들은 인터뷰 내내 '인내'라는 단어를 끊임없이 사용했다. 나이 든 사람들은 지금 당장 모든 걸 바로잡을 필요가 없다는 사실을 잘 안다. 다른 사람에게 변화가 필요함을 깨닫고 변화될 수 있는 시간을 줘야 한다는 것도 잘 안다. 하루 이틀 살고 말 것이 아니라 평생 함께 살아야 하는 결혼 생활인 만큼 인내심을 갖고 최선의 노력으로 스트레스 다루는 방법을 확실히 터득해야 한다. 이는 장기적 안목이 주는 유익이며 어느 연령대나 적용 가능하다.

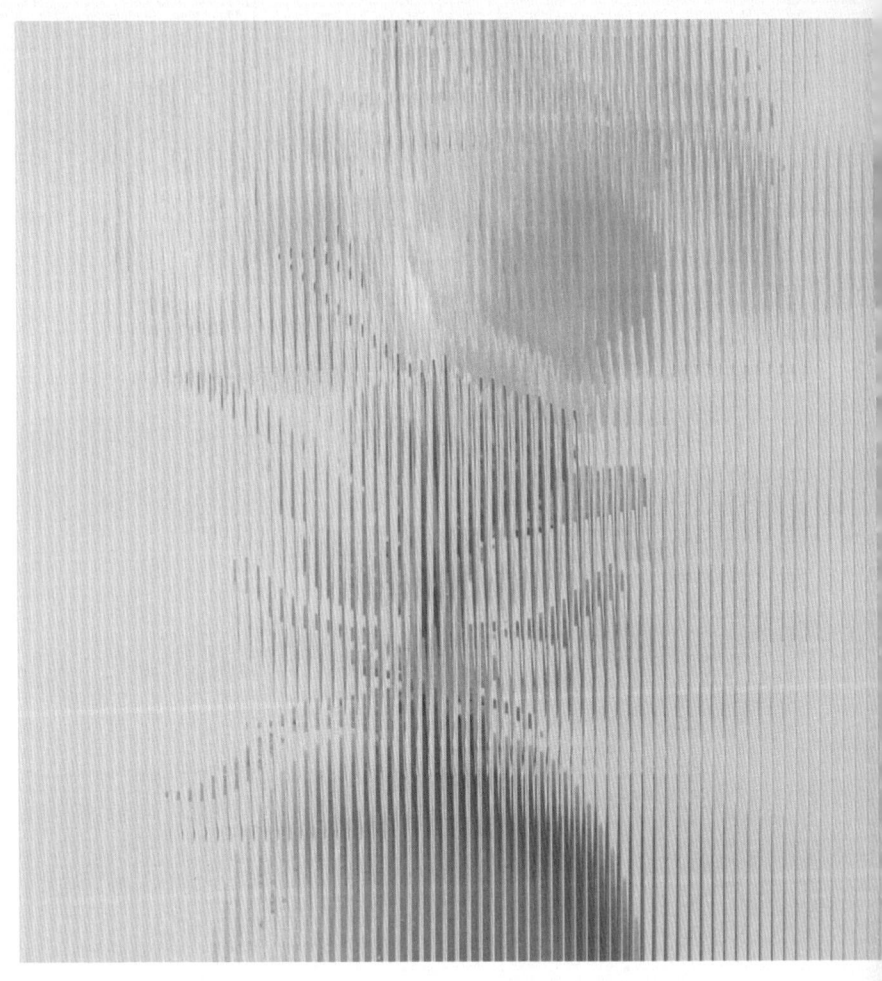

모름지기 결혼하면 첫 순간부터 열정이 있어야지. 그 사람과 모든 걸 나누고 싶고, 그 사람의 모든 걸 느끼고 싶은 열정 말이야. 기꺼이 서로에게 배우려는 마음, 서로의 장점을 소중히 여기는 마음, 그것이 중요해. 처음의 열정을 끝까지 간직하려면 둘만의 시간을 자주 만들어야 해. '지금 바빠 죽겠는데, 나중에 시간 되면 하지 뭐.' 이런 말만 하지 말고 지금 당장 재미있는 일을 찾아봐. 어떻게 하면 일상에 신선한 활력을 불어

4장

혼자가 편한 내가
당신과 살아가는 이유

넣을 수 있을지 연구해봐. 늘 클래식 연주회만 갔다면 난생 처음 록 콘서트에 가본다든지, 10년 전이었다면 생각지도 못했을 그런 일을 시도해보는 거야. 마음을 열고 새로운 경험에 도전해봐. 둘만의 오붓한 여행, 좋잖아? 다른 곳에서 색다른 문화도 경험해보고 말이야. 그동안 사느라 바빠 못했던 것들, 나이 들면서 다 해보고 실컷 누려야 할 것 아니겠어?

프레더릭 블랙(73세, 결혼 38년차)

30 LESSONS
FOR LOVING

부부가 평생 행복하게 살려면 어떻게 해야 하는지, 젊은이들이 노인들에게 묻고 싶은 질문을 알기 위해 저녁 식사를 겸한 두 번의 만남을 더 가졌다. 어린 자녀를 둔 여섯 명의 어머니들과 어렵게 마련한 자리였다. 자리에 앉자마자 아이 엄마들은 이를 핑계로 하룻저녁 가정에서 탈출할 수 있어 얼마나 기쁜지 모른다고 소감을 말했다. 결혼 10년차 정도인 이들은 마치 곡예를 하듯 결혼과 자녀와 일을 병행해야 하는 어려움에 대해 할 말이 많았다.

다른 날 또 다른 모임을 가졌다. 이번에는 나도 좋아하는 북클럽이었다. 회원들은 40대 후반에서 60대 초반의 여성들이었다. 결혼 생활 25년 이상인 사람이 대부분이었고 이미 장성하여 결혼을 준비하는 자녀를 둔 사람도 있었다.

두 그룹 모두 초미의 관심사(혹은 골칫거리)는 예전에 20대 청년들의 모임에서 제기된 것과 동일했다. 따라서 그 질문을 최고의 현자들에게 들고 갈 중요한 질문에 포함시켰다.

"결혼해서 수십 년을 함께 살면서 처음의 열정을 유지하려면 어떻게 해야 하나요?"

다들 어떻게 30~40년 이상을 매일같이 즐겁고 새롭고 도전적이고 게다가 '재미있게' 살 수 있는지가 제일 궁금하다고 했다. 바로

'열정'에 대한 질문이었다. 딱히 뭐라 꼬집어 말할 수 없는, 작은 불꽃과도 같이 매일 아침 눈 뜰 때마다 결혼 생활에 열정을 품게 만드는 그것이 무엇인지 궁금해했다.

《내가 알고 있는 걸 당신도 알게 된다면》에서도 말했지만 노인들은 자신의 삶을 뒤돌아보며 내가 '흔적의 시기(the middle-aged blur)'라 명한 것을 경험했다. 대략 30세부터 50세 사이에 일, 자녀 양육, 가정사가 어지러울 정도로 한꺼번에 몰아닥쳐 뒤범벅인 채로 정신없이 휙 지나가버리는 기간을 겪는다. 이 시기가 끝날 무렵에야 비로소 정신이 들기 시작하면서 그 시간이 지나갔다는 사실에 놀라게 된다. 이처럼 정신없이 바쁘고 스트레스가 많은 시기에 열정이 넘치는 결혼 생활을 한다는 건 무리인지도 모른다.

이에 못지않게 자녀들이 독립한 뒤 수십 년간 부부가 역동적인 관계를 유지하는 것 역시 만만찮은 일이다. 흔히 결혼하면 자녀 양육이 대부분을 차지하리라 생각할 테지만 인생 전체를 통틀어 자녀와 함께 지내는 시간보다 '자녀 독립 후 부부끼리 사는 시간'이 두 배 더 많다는 사실에 주목해야 한다. 만약 서른둘에 아들 하나 딸 하나를 둔다면 쉰이 될 무렵이면 다 떠나고 없다. 부부끼리 40년 이상을 살아야 한다는 결론이 내려진다. 그때의 결혼 생활은 어떤 모습일까?

오랜 결혼 생활을 한 수백 명의 노인들과 대화하면서 '그 이후에도 얼마든지 멋진 시간을 보낼 수 있다'는 사실을 알게 되었다. 앞장에서 결혼은 힘든 것이며 특히 새롭고 살아 있으며 즐거운 관계를 지켜나가기가 얼마나 어려운지 배웠다. 하지만 결혼 기간 내내 한 번도 열정을 잃은 적 없는 인생의 현자들과 대화를 나누면서 한동안 고민거리였던 나의 남은 30년에 대한 생각이 완전히 희망적으로 돌아섰다.

유니스 슈나이더(73세)는 결혼한 지 50년이 다 되어간다. 미래의 남편을 처음 만났을 때 그녀의 나이는 16세였다. 그 후 그녀는 대학으로, 남편은 군으로 흩어졌다. 남편이 제대하자마자 그들은 결혼했다. 그녀는 당시를 정답게 회상한다.

"우린 좋은 친구로 만났어. 남편은 항상 날 웃게 만들었지. 지금도 그래. 남편의 유머 감각을 높이 샀고 늘 그 점이 좋았어."

유니스는 열정이 넘치는 결혼 생활을 하려면 어떻게 해야 하느냐는 질문을 받고 지난 50여 년의 세월을 되돌아보듯 한참을 생각하더니 이렇게 말했다.

"항상 그러기는 쉽지 않지. 우리도 덜컹거리며 시작했어. 서로의 집안 식구들과 잘 지내지 못했어. 후에 재정적으로 큰 문제도 몇 번 있었고. 하지만 우린 부부가 같이 일하는 탓에 오히려 서로 더 가까워졌지. 가끔 티격태격할 때도 있었지만 항상 대화하면서 문제를 직시하려고 했어. 절대 문제를 회피하지 않았어."

열정 문제에 대해 재차 물었더니 말을 이었다.

"내게 그건 평생 누군가와 함께 너무너무 신나는 여행을 떠나는 일과도 같아. 부부는 함께 나누는 사람들이고, 부부가 할 일도 함께 나누는 거라 생각해. 우리 평범한 늙은 부부는 인생이 그저 즐거워.

나는 그게 중요하다고 봐. 살다보면 얼마나 우여곡절이 많아. 허리가 부러지고, 형제들이 아프고, 어머니가 돌아가시고, 아이들 키우며 날마다 전쟁을 치르고 상처도 많이 받고……. 하지만 하루가 끝나 잠자리에 들 때 서로 잘 자라고 인사하며 껴안아주고 입맞춰주는 사람이 있다는 사실에 얼마나 행복한지 몰라. 뭐든 같이 재미있게 즐기는 거야. 골프 좋아해? 그럼 골프 치며 신나게 놀다가 오는 거야. 이토록 좋은 선물들이 널려 있는데 그걸 즐기지 않는다면 너무 아깝잖아. 함께할 좋은 친구가 있기에 결혼은 더욱 멋진 여행이야."

이 장에서는 이토록 어려운 여정을 결국 멋진 여행으로 승화시킨 여러 인생의 현자들을 만나게 될 것이다. 다행히도 실제 결혼 모습은 소설에나 나올 법한, 어둡고 피곤하기만 한 결혼의 초상보다 훨씬 괜찮다. 오랜 결혼 생활도 역동적이고 열정적일 수 있다는 증거를 대라면 바로 실제로 그런 삶을 살아낸 노인들일 것이다. 지금부터 그들이 말하는 열정 넘치는 결혼 생활을 위한 5가지 지혜, 수십 년이 지나도 늘 재미있게 살 수 있는 5가지 비결을 살펴보자.

| 열아홉 번째 |

평범한 날들에 행복을 선사하는 것들

나는 선물을 주고받는 기념일이나 생일을 무척 좋아한다. 나이 쉰을 넘어 아이처럼 생일 선물을 손꼽아 기다리는 사람은 아마 나밖에 없을 것이다. 그날은 나만의 특별한 날이니까. 생일 선물에 눈이 먼 사람이라는 걸 인정한다. 하지만 인생의 현자들에게 오랜 결혼 생활 동안 잉꼬부부로 사는 방법을 배우면서 선물에 대해 예전과 다르게 새로운 생각을 갖게 되었다.

우리는 자신의 생일이 다가오면 받고 싶은 생일 선물에 대해 배우자에게 은근슬쩍 암시를 던지곤 한다. 눈치 빠른 배우자를 두었다면 노트북, 금팔찌, 골프 클럽 등 원하는 것을 근사한 저녁 외식과 함께 선물로 받을지도 모른다. 하지만 그런다 해서 부부간의 애정이 돈독해질까? 그런 선물은 효과 면에서 그리 큰 감동을 주지는 못할 것이다. 왜냐하면 기대했던 것을 받기 때문이다. 만약 잔뜩 기대했는데 선물을 못 받았다든지, 그저 기대했던 것만을 받았을 따름이라면 오히려 부정적인 효과를 불러올 것이다.

하지만 이런 상황은 어떨까?

어느 봄날 아침 일어나 아래층으로 내려와보니 식탁에 갓 구운 블루베리 머핀과 정원에서 꺾어온 수선화가 화병에 꽂혀 있다.

오늘도 예전처럼 저녁 퇴근 후 아이들을 데리러 갈 예정인데, 남편이 갑자기 메일을 보내서 오늘은 자신이 아이들을 데리고 오겠다며 하루 쉬란다.

어디서 좋은 콘서트가 열린다는 소식을 듣고 가고 싶다고 말했더니 아내가 그걸 잊어버리지 않고 주말에 티켓 두 장을 내민다.

아침 6시밖에 안 된 이른 시각인데 애완견이 방문을 긁어댄다. 지금 바깥은 날씨가 추운데다 비까지 추적추적 내리고 있다. 오늘 강아지 산책 당번인데 파트너가 조용히 일어나더니 좀 더 자라며 살며시 밖으로 나간다.

생각만 해도 행복해지지 않는가? 노인들의 말에 의하면 공식적인 기념일에는 선물을 기대하는 게 당연하고 또 선물이 필요하다. 그런데 부부간의 애정을 샘솟게 하는 것은 앞의 사례들처럼 전혀 예상치 못한 상대의 마음 표현이다. 사실 결혼 생활을 따뜻하고 지적이고 재미있게 유지해주는 효과 면에서 '작고 긍정적인 배려'만 한 게 없다.

이런 생각을 처음 하게 된 것은 수년 전 가장 연륜 있는 인생의 지혜를 찾아 연구를 시작하던 때로 되돌아간다. 앙투아네트 와킨스(81세)는 결혼 초기 남편과의 사이에서 어려운 시기를 겪었다. 대화와 상담 등 갖은 노력 끝에 그녀와 55세 된 남편은 드디어 다정한 부부로 되돌아갔다. 대체 무슨 변화가 있었던 거냐고 묻자 잠시 생각하더니 이렇게 말했다.

"다 큰 자식들에게 인생에 도움이 될 만한 조언이 없을까 하다가 이런 말을 해준 적이 있어. 부모가 자식에게 줄 수 있는 작지만 소중한 선물이라고나 할까. 아침에 눈을 뜨면 이렇게 생각해보라고 했지. '어떻게 하면 남편 또는 아내의 하루를 조금이라도 더 행복하게 해줄 수 있을까?' 서로를 돌아보며 상대방에게 초점을 맞추라는 뜻이었어. 매일 아침 눈뜰 때면 5분만 이런 생각을 해봐. 아마 결혼 생활이 확 달라질걸."

노인들은 이런 일상적이고 실질적인 작은 실천의 힘이 열정 넘치는 결혼 생활을 유지하는 데 큰 힘이 된다고 주장한다. 배우자에게 뭘 선물할까 고민하면서 비싼 공연 티켓만 생각할 것이 아니라 그 주 또는 그날 내내 작은 '선물' 공세를 퍼부으라는 것. 이런 실질적인 애정 표현을 기획하는 것은 결혼 생활에 괄목할 변화를 가져다줄 것이다.

대런 프리먼(73세)은 '아내를 사랑하고 돌보며 그녀를 위해 뭔가를 해줄 때'가 가장 행복하다는 사실을 깨달았다. 그리고 이렇게 덧붙였다.

"나는 그냥 느닷없이 이런 제안을 해. '우리 언제 언제 여행 가자.' 이렇게 말하고는 무작정 떠나는 거야. 또 아무 말 않고 있다가 불쑥 아내를 근사한 레스토랑으로 데리고 가서 저녁 외식을 하지. 꼭 크리스마스 때가 돼야 선물을 하나? 1년 내내 선물할 기회가 있는데 뭐 하러. 그리고 선물을 꼭 그렇게 거하게 해야 해? 작은 것도 얼마든지 좋은 거 많잖아. 그리고 쇼핑할 때 아내가 뭔가 사고 싶은 눈치를 보이면 봐뒀다가 얼른 가서 그걸 사가지고 와. 그러고는 시치미를 뚝 떼며 이렇게 말해. '이거, 당신이 좋아할 거 같아서 지나가다 하나 샀어. 짠!'

그는 특히 남성의 경우, 이런 작은 습관이 몸에 배려면 연습이 많이 필요하다고 강조한다.

"허구한 날 앉아서 텔레비전이나 보고 술만 마시지 말고 저녁에 조용하고 한가할 때 부부가 같이 음악도 좀 듣고 그래봐. 와인 한잔 하면서 말이야. 아니면 촛불 켜고 분위기 있게 저녁 식사를 하든가. 그런 게 부부간의 정을 돈독하게 해주는 거야. 안아주고 키스하면서 스킨십도 좀 하고. 그리고 이런 말도 중요해. '당신 오늘 참 예뻐. 그 옷 참 잘 어울려. 당신 패션 감각 하나는 정말 알아줘야 해.' 타박만 하지 말고 칭찬을 해봐. 그러면 없던 정도 생긴다고."

각자 자신에게 맞는 작고 실질적인 행동 전략을 짜려면 어떻게 해야 할까? 인생의 현자들은 3가지 표현 방식을 활용해보라고 제안했다. 자주 할수록 좋은 이것은 부부간의 정을 돈우는 데 일등공신이다. 그것은 바로 깜짝 이벤트, 허드렛일 자청하기 그리고 칭찬이다.

작은 이벤트로 자주 감동시켜라

작고 실질적인 애정 표현과 상대를 배려하는 행동은 파트너가 전혀 예상하지 못했을 때 하면 한결 효과가 좋다. 진 뷰챔프(72세)와 레이첼 스트라우스(74세)는 그들이 그간 행했던 깜짝 이벤트를 이야기해주었다. 진이 말했다.

"작은 깜짝 이벤트는 정말 중요하다고 생각해. 파트너에게 카드를 써서 준다든지, 승진이나 특별한 기념일을 밖에 나가서 축하한다든지 이런 거 말이야."

레이첼이 거들었다.

"주말여행을 떠나도 좋아!"

진이 고개를 끄덕였다.

"한 번씩 주말여행도 가고 그래. 여행지에 가면 시골 여관 같은 데서 하룻밤 묵기도 해. 그런데는 어떤 곳일까 그냥 궁금해서. 가끔 작은 깜짝 이벤트도 하고. 즉석에서 꽃을 선물한다든지 하면 참 재미있어. 이를테면 집에서 저녁을 먹기로 했는데 시계를 보니 벌써 4시야, 그러면 '그냥 나가서 먹자. 어디 근사한 데 없나?' 이러는 거야."

지금까지 한 줄기 햇살과도 같은 부부들을 많이 만나보았다. 그 따사로운 품 안에 그저 한없이 머물고 싶은 분들 말이다. 미첼(87세)과 에마 헤인스(91세) 역시 그랬다. 무려 58년을 부부로 살았지만 단 한 번도 열정을 잃은 적이 없다는 그들의 주된 비결은 즉석 이벤트나 실질적인 도움을 적절히 활용한 덕이라고 한다. 현재 에마는 휠체어에서 대부분의 시간을 보내고 있고 미첼은 뇌졸중으로부터 회복되고 있다. 그럼에도 그들 부부 사이에는 뭔지 모를 생동감이 느껴졌다. 어떻게 그렇게 한결같은 부부 사랑을 유지할 수 있었냐는 질문에 그들은 이렇게 답했다.

미첼: "그거야 뭐, 요술 방망이처럼 뚝딱 이것저것 만들어내면 되지. 상대방이 전혀 예상 못한 걸 하면 더 잘 먹히겠지. 갑자기 뜬금없이 '오늘 저녁은 내가 한턱 낼게' 이러면 굉장히 좋아하지."

에마: "맞아. 방법이야 많지. 나는 꽃 선물이 제일 좋던데. 완전 감동이지. 또 뭐가 있었더라?"

미첼: "그거 있잖아, 깜짝 선물!"

에마: "그렇지!"

미첼: "아내가 확실히 좋아할 만한 걸로 하는 거야. 이를테면 초콜릿 선물을 주려고 밸런타인데이 때까지 기다릴 필요가 뭐 있어?"

에마: "그럼!"

미첼: "그런 건 쥐도 새도 모르게, 그리고 생각날 때 바로 해버려야 해. 한번은 너무 갑작스러우니까 충격을 받았는지 눈물을 다 흘리더라고. 또 어떤 날은 꽃을 사줬더니 펑펑 우는 거야."

에마 : "그땐 정말 남편이 꽃을 주리라고는 상상도 못했거든."
미첼 : "별 것도 아닌 걸 갖고 뭘 그래."
에마 : "더 이상 말이 안 나오더라고. '오, 세상에나, 어쩜 이렇게 예뻐요.' 그 말밖엔. 그러니까 예상치 못했던 작은 뭔가를 해 봐. 꽃 말고도 할 거 많잖아. 남편이 작은 액세서리를 준 적도 있어. 내가 얼마나 기분이 좋았을지 상상이 가지?"
미첼 : "나도 그렇게 하면서 애정을 표현하는 법을 배운 거지."

평범한 일상에 행복을 선사하는 이 예상치 못한 기쁨에 대해 긍정심리학 분야의 더 많은 관심과 연구가 요구된다. 좋은 의미로 놀라게 하는 것은 배우자에게 다른 귀한 선물을 하나 더 안겨다 주는 거나 마찬가지다. 그것은 바로 선물을 주는 사람이 자신을 얼마나 잘 알고 있는지 새삼 확인할 수 있다는 것이다. 배우자를 제대로 놀라게 할 수 있다는 것은 그만큼 배우자를 깊이 알고 있다는 반증이기 때문이다. 그러니 이래저래 즐겁다. 선물을 받아서 즐겁고 파트너가 나를 깊이 알고 있음을 확신해서 즐겁다.

허드렛일을 자청하라

가사 노동의 분담에 대해서는 앞 장에서 자세히 살펴보았다. 앞 장에서 소개한 많은 부부들은 각자 역할 분담을 철저히 했다. 집안과 실외를 구분해 책임을 맡기도 하고, 저녁 식사 준비와 애완견 돌보기와 아이들을 어린이집이나 학교에서 데리고 오는 당번이 정해져 있었다. 인생의 현자들은 그중 뭐니 뭐니 해도 배우자의 일을 자원해서 대신 해주는 것이 가장 효과가 크다고 귀띔한다(더럽고 힘들어서 하기 싫은 일이면 더더욱 좋다).

니나 호건(78세)과 그녀의 남편은 결혼 생활 내내 맞벌이를 했다. 맞벌이의 최대 장점 중 하나는 서로의 일을 발 벗고 나서서 도와준다는 점이다.

"부부는 서로 챙겨줘야 해. 배우자가 바쁘면 반드시 도와줘야 해. 예를 들어 남편은 쉬고 아내는 일하는 날, 아내가 일 끝내고 집에 돌아왔을 때 남편이 요리를 대신 해놓으면 기분이 얼마나 좋겠어? 반대로 남편이 일하고 아내가 쉬는 날이면 차고 청소나 쓰레기 버리기를 대신 해줘야 해. 절대 남편 일이라며 나 몰라라 하지 말고! 아내가 그렇게 해주면 남편이 얼마나 고마워하겠어."

허드렛일을 대신 해주는 것과 큰 선물을 주는 것, 어느 쪽이 더 큰 효과를 줄까? 트레이시 제임스(68세)는 허드렛일의 손을 번쩍 들어주었다.

"거창하게 한 번 도와주고 나서 나 몰라라 하는 것보다는 필요할 때마다 조금씩 도와주는 게 훨씬 낫지. 비 오는 날 강아지를 산책시켜 준다든지, 세탁물을 찾는 걸 깜빡했는데 화도 안 내고 선뜻 대신 찾아와주는 게 장미 열두 송이보다 훨씬 나아. 밸런타인데이에 열두 송이 장미를 주는 건 1년에 단 하루뿐이잖아. 나는 생각도 안 하고 있는데 뜬금없이 8월에 장미를 주면 기분이 어떻겠어? 가령 식기세척기에서 그릇을 꺼내 정리하려고 갔는데 이미 다 되어 있는 거야. 남편이 해놓았다는 걸 대번에 알았지. 그럼 그것이 그토록 고마울 수가 없어. 두고두고 고마워하지. 내겐 그런 작은 일들이 중요해."

서로 안 하려고 싸우는 허드렛일을 배우자가 바쁘고 피곤하고 우울할 때 선뜻 대신 해준다면 점수를 크게 딸 수 있다. 게다가 돈 한 푼 들지 않는다!

자주 칭찬하라

작지만 도움이 되는 또 다른 행동은 바로 파트너에게 존경과 감사를 표현하는 것이다. 인생의 현자들은 이 교훈을 전해주면서 유독 뼈아픈 회한을 많이 보여주었다. 노인들은 종종 긍정적인 조언과 칭찬에 인색했던 과거를 후회했다. 제니스 젠킨스(83세)는 이야기한다. "나이 먹을 만큼 먹은 지금에야 말이지만 옛날에는 다들 감정 표현이란 걸 모르고 살았어. 우리 부부도 젊었을 때는 그랬지. 나나 남편이나 자기 생각이나 감정을 그다지 표현하지 않고 살았어. 이래서는 안 되겠다 싶었지. 그래서 어떡하든 사랑을 표현하려고 애를 썼고 남편도 결국 거기에 동조했던 거 같아. 물론 남편이 속정 많은 사람이라는 건 알았지만 실제 삶에서 자잘한 사랑 표현이 부족했던 거야. 그 점이 너무 아쉬웠어. 뭔가 변화가 필요하다는 건 분명했지만 당시의 나로선 속수무책이었지. 세월이 흐르면서 그냥 그러려니 하고 포기하고 살았어."

배우자를 칭찬하는 습관을 지니게 되면서부터는 서로 감사하는 따뜻한 분위기가 되살아났다고 노인들은 말한다. 인터뷰를 한 남성들은 여성들이 남성에 비해 이런 마음자세를 가지기가 비교적 쉽다고 생각했고 자신들은 각고의 노력이 필요했다고 고백했다. 리처드 앤더슨(69세)은 남성 현자들 다수의 견해를 요약적으로 들려주었다.

"배우자로 하여금 자신이 사랑받고 있다는 느낌을 갖게 해야 해. 사랑의 편지를 쓴다든지 뭐 이런 거 있잖아. 부부가 결혼해서 오래 같이 살다보면 소홀해지기 쉬워. 서로를 사랑하지만 자기 일 하느라 바쁘지. 배우자를 아끼고 사랑한다는 표현을 잘 안 하게 돼. 남자들은 상관 않지만 여성들은 남편이 자기를 사랑한다고 말로 표현해주길 원해. '당신은 언제 봐도 매력적이야!' '이래서 내가 당신과 결혼했지' 이런 말들 말이야."

서로 진심어린 칭찬의 말을 주고받는 삶이란 어떤 것일까? 인생의 현자들 한 사람 한 사람의 구구절절한 사연을 들으면서 눈시울이 뜨거워질 때가 많았다. 그중 한 부부의 감동적인 이야기는 인터뷰가 끝난 후에도 오래도록 기억에 남았다.

클라라 오스본(90세)은 남편을 무척이나 사랑했고 그와 함께하는 모든 순간을 사랑했다. 그토록 많은 시간을 함께했는데도 그녀는 여전히 3년 전 세상을 떠난 남편 아서의 빈자리가 크게만 느껴진다. 그들은 칭찬하는 삶을 어떻게 실천했을까?

"얼마 전에 친구들과 〈콰르텟(Quartet)〉이라는 영화를 보러 갔어. 참 좋은 영화야. 매기 스미스가 나오는 영화인데 역시나 멋졌어. 특히 아름다운 드레스를 입은 매기 스미스와 전 남편이 나란히 서서 대화하는 장면에서 많이 울었어. 전 남편이 '당신 오늘 정말 아름답군' 하고 말하자, 매기도 '당신도 정말 멋져요'라고 말하지. 아서와 나도 외출 준비를 마치면 서로를 보고 그렇게 말하곤 했어. 남편은 날 보고 아름답다 말해줬고, 나는 남편에게 멋지다고 말해줬지. 나와 똑같은 기억을 가지고 있는 친구 두 명도 그 장면을 보면서 흐느끼며 울었어."

작은 칭찬, 깜짝 이벤트, 호의가 남긴 평생의 추억이란 바로 이런 것이다. 때로는 관계 개선을 위해 이것저것 따시기보다는 비로 '행동'을 취하고 싶을 때가 있다. 그때 이번 장의 교훈을 떠올려보라. 바로 파트너를 위해 작고 긍정적인 것들을 더 많이 해주기 말이다. 인생의 현자들은 그렇게 할 때 결혼 생활에 변화와 활력을 가져다주는 긍정적인 상호작용이 봇물 터지듯 쏟아진다고 강조한다.

| 스무 번째 |

열정에서
우정으로

 흔히들 인연을 만날 때 '그(녀)를 만난 순간, 불꽃이 튀었다'는 말을 한다. 여기서 '불꽃'은 강렬한 신체적 감각을 말한다(인생의 현자들은 '성욕'이라는 표현을 서슴없이 썼다). 그 느낌은 생각을 미화시키고 이성을 마비시키며 그렇게 해서 대부분의 관계가 시작된다. 이 불꽃을 계속 타오르게 하는 방법을 논의하는 자리에서 인생의 현자들은 좀 엉뚱한 조언을 내놓았다. 그래서 고민 끝에 이를 '성적 매력의 역설'이라 부르기로 결론을 지었다.
 반드시 성적 매력을 느껴야만 관계가 시작되는 걸까? 물론 그렇다. 인생의 현자들은 성적 매력이 그들의 관계를 처음 한두 번의 의례적인 만남 이상의 관계로 진전시켰다고 확신했다. 결혼을 향한 행보는 육체적 끌림으로 시작한다는 주장에 20대와 90대가 똑같이 동의했다.

글래디스 헌트(92세)는 재치 있고 지혜로운 사람이었다. 얼마 전 세상을 떠난 남편과 64년을 해로했고, 현재 남편 없이 홀로 지내는 생활에 조금씩 적응해가고 있다. 결혼 생활이 너무도 행복했다는 글래디스는 이렇게 말했다.

"우리 관계는 절친한 친구 사이 같았어. 남편이 아는 것도 많고 매사에 헌신적으로 도와준 덕분에 그와 사는 동안 참으로 많은 걸 배웠지."

글래디스와 에드워드는 함께 정치를 논하고 예술을 즐기며 다양한 지적 관심사를 나눈 평생의 동반자였다. 하지만 관계에 헌신하게 된 첫 계기를 너무 솔직하게 말하는 바람에 나를 다소 당혹스럽게 만들었다. 무엇이 두 사람을 가깝게 만들었냐는 질문에 글래디스는 성적 매력을 일순위로 꼽았다.

"이성 간에는 신체적인 끌림이 중요해. 내가 남편을 만났을 때가 스무 살이었으니까 한창 외모가 중요할 때였지. 남편은 준수한 외모를 지녔어. 누가 뭐래도 난 상관하지 않았어. 신체적인 요소를 결코 무시할 수는 없으니까. 그건 두 사람을 하나로 묶어주는 자연스러운 끈이야. 당연히 중요하지. 솔직히 신체상 아무런 매력도 느끼지 못하는 사람과 매일 아침 식탁에 마주 앉고 싶지는 않았어."

20년 더 젊은 프레스턴 바커(71세)도 글래스디와 같은 생각이다. 성적 매력이 중요하다는 것은 더 이상 설명할 필요가 없는 '기정사실'이다.

"당연히 서로 매력을 느껴야지. 그건 기정사실이야. 끌리지도 않는 사람과 시작이나 할 수 있겠어? 우리도 처음 만났을 때 신체적으로나 감정적으로나 강렬히 끌렸지. 서로를 발견했다는 사실에 매일 감격했어. 아내는 아주 매력적인 여성이었어. 내가 아내만큼 매력적이었다고는 생각하지 않지만, 어쨌거나 아내는 날 선택했어."

그렇다. 성적 매력은 중요하다. 그렇다면 성적 매력의 역설은 무엇을 말하는가? 성적 매력을 강조한 인생의 현자들도 결과적으로 이렇게 말했다. "오랜 기간 결혼 생활을 유지하려면 신체적이고 성적인 매력만으로는 부족해."

그들은 열정의 필요성을 열렬히 지지하다가도 얼른 경고의 말을 덧붙였다. "일단 관계가 형성되고 난 다음에는 성적 매력 그 이상의 것이 반드시 따라야 해." 사람도 외모도 시간이 지나면 다 변한다. 따라서 뭔가 다른 차원의 것이 그 빈자리를 채워주어야만 한다. 동료애랄지 공통의 관심사랄지 그런 것이 계속 공급되지 않으면 불꽃은 사그라지고 만다.

이제 인생 현자들의 화제는 동반자적 사랑으로 넘어간다. 평생 결혼 생활을 유지하려면 열정만큼이나 동반자 의식이 중요하기 때문이다. 관계 초기에는 이 사실을 절실하게 느끼지 못한다는 맹점이 있다. 리디아 웨이드(73세)는 이를 아주 잘 표현했는데 그녀는 자신의 남편을 세상에서 둘도 없는 친구라고 불렀다. 결혼에 관한 평생의 교훈을 묻자 서슴없이 이렇게 대답했다.

"마치 친구처럼 서로 좋아하는 거야. 젊었을 때야 서로에게 푹 빠지다보면 한 걸음 물러서서 이렇게 자문하기 힘들지. '이 손과 몸만이 아니라 그 이면에 있는 것들까지 좋아하는 게 확실한가?' 그것이야말로 닳아 없어지지 않고 시간이 지날수록 관계를 더 성숙하고 깊게 만들지. 하긴 성적인 면도 나름 깊어지기는 해. 하지만 세월이 흐를수록 그 중요성은 점점 줄어드는 대신 동료의식이 더 많은 부분을 차지하게 될 거야. 아이들, 역경, 부모님 등 함께 극복해야 할 문제들이 산적해 있으니까. 또 관심사나 생활양식이 바뀌다보면 그에 대한 생각도 달라지게 마련이지. 하지만 부부간의 동반자 의식은 흔들리지 않는 확고한 관계의 기초야. 그러니까 서로 진심으로 좋아하고 함께 있는 걸 좋아해야 해. 그러려면 우정이 필요하지."

우정과 사랑은 대체로 서로 반대되는 것으로 여겨진다. 친구와 애인은 서로 기능이 다르다고 생각한다. 애인은 열정적이고 육체적인 사랑의 대상인 반면 친구는 재미있는 시간을 함께 보내며 서로를 있는 그대로 받아주는 편안한 존재다.

노인들은 오래도록 행복한 결혼 생활을 하려면 부부가 반드시 사랑에서 동료애로 전환되는 시기를 거쳐야 한다고 강조한다. 그렇다고 해서 사랑과 열정이 완전히 사라지는 것은 아니다(4장 후반부 참조). 노인들의 상당수는 여전히 활발한 성생활을 중요시한다. 그럼에도 부부는 1년 후든 10년 후든 반드시 친구, 세상에서 가장 친한 친구가 될 수 있어야 한다.

배우자에서 동반자가 되라는 노인들의 말은 무슨 의미일까? 그들은 부부란 반드시 애정과 동시에 서로에 대한 관심과 호감을 가져야 한다고 말한다. 이 주제에 대한 현자들의 응답에서 동반자적 사랑에는 2가지 요소가 있고, 이들이 결혼 생활을 현저히 향상시킨다는 사실을 알 수 있었다. 이 2가지 요소를 속히 실천하여 한시라도 빨리 다정한 동반자가 되길 바란다.

다정한 부부는 친구처럼 재미있게 지내는 법을 안다

앞서 언급한 '흔적의 시기'를 기억하는가? 우리는 수백 명과의 인터뷰를 통해 그 시기에 엄청난 위기를 겪을 수 있다는 사실을 알게 되었다. 수많은 과업이 몰리는 바로 그 시기에 재미있게 사는 법을 잊어버리는 것이다. 연인으로 데이트하는 동안에는 교제를 재미있게 즐긴다. 어떻게 해서든 즐거운 데이트 시간이 되게 하려고 최선을 다한다. 결혼해서 아이가 생기고 나면 배우자와 가끔 즐거운 시간을 갖기도 하지만 주로 친구들과 어울리게 된다. 따라서 부부가 마치 친구처럼 한 번씩 시간을 내어 재미있게 놀지 못하면 결혼 생활의 일상이란 우울하기 짝이 없을 것이다.

위니프레드 오스틴(67세)은 더할 나위 없이 좋은 예를 보여준다. 그녀는 40여 년의 세월 동안 남편과 친구처럼 재미있게 지냈다.

"나는 여행을 많이 다니는데, 남편과 떨어져 있게 되면 그가 그토록 그리울 수가 없었어. 또 남편과 함께 있으면 시간이 너무 빨리 지나가서 탈이었지. 마음은 늘 이팔청춘이고 새로운 모험을 앞둔 것처럼 설레. 하루는 자전거를 타고 두 시간이나 걸려서 야외 콘서트장엘 갔어. 거기서 베토벤 교향악을 듣고 다시 자전거를 열심히 몰아서 그날 안으로 집에 도착하는 데 성공했지. 내가 말했어. '두 노인네가 미쳐도 단단히 미쳤어!' 그러자 남편이 이러더군. '누가 아니래. 그래도 정말 재미있지 않아?' 둘이서 정말 끝내주는 시간을 보내고 엄청 많이 웃고 나면 정말 기분이 좋아져. 만사에 생각이 너무 많으면 사는 게 힘들어. 생각은 적당히 해두고 항상 재미있게 살려고 노력해야 해. 늙은이의 개똥철학 같지만 그게 44년 결혼 생활 끝에 내가 얻은 교훈이야."

재미있게 즐기려면 무엇보다 같이 즐길 친구가 옆에 있어야 한다. 스스로 이렇게 자문해보라. 내 자신이 과연 배우자에게 좋은 친구인가? 뭔가를 같이할 때면 짜증을 부리거나 마지못해 하면서 스트레스를 받지는 않는가? 아니면 좀 귀찮아도 친구가 되어주려고 노력하는가? 인생의 현자들은 산전수전 다 겪은 끝에 좋은 동반자가 되려면 관점의 전환이 필요하다는 것을 깨달았다.

페이 가너(69세)는 어떻게 그 많은 부부들이 재미있게 사는 법을 그토록 쉽게 잊어버리는지 의아해한다. 열정 넘치는 결혼 생활을 원한다면 절대 그런 실수를 저지르지 말라고 당부한다.

"함께 즐길 수 있는 활동이나 관심사를 공유하고, 영화든 뭐든 그냥 함께 즐기고 모험하는 게 제일 중요해. 이런저런 의무에 너무 구애받지 말고. 하루는 어떤 늙은이가 날 붙들고 하소연을 하는 거야.

평생 청소만 하다 죽은 아내가 불쌍하다고 말이야. 평생 집안을 쓸고 닦느라 좋은 데 한번 놀러가지 못했다며 안타까워하더라고. 그게 다 무슨 소용이야. 나중에 해야지 하며 차일피일 미루다보면 인생 다 간다고. 놀러 가는 일도 힘없으면 못해. 청소하랴 정원 손질하랴 못 가고, 놀러 가면 안 될 것 같아서 못 가고, 사람들 눈 무서워서 못 가고, 이렇게 다 따지면 하고 싶은 건 언제 해? 결혼 생활 내내 규칙이나 집안일에 얽매여 제대로 한번 즐기지도 못하면 나중에 가슴을 치며 후회하게 되지."

인생 현자들의 조언을 따르기가 마냥 힘들게 느껴질 때도 있다. 그래서인지 이 조언이 특히 마음에 든다. "할 일을 걱정하지만 말고 즐길 때는 마음껏 즐겨라!" 일상의 늪에 빠져 허우적대지만 말고 뭔가 즐길 거리를 생각하고 시도해보자. 인생의 동반자란 바로 그런 일을 함께 하는 사람이다.

다정한 부부는 친구처럼 관심사를 함께한다

동반자적 부부 관계를 형성하는 두 번째 관건은 이 한마디로 요약할 수 있다. "상대를 이길 자신이 없으면 그가 하자는 대로 따르라." 불행한 결혼 생활 또는 이혼 경험이 있는 노인들 중 일부는 배우자가 혼자만의 관심사를 가지고 자신을 배제시킨 것에 여실히 분노했다. 어떤 활동에 대한 파트너의 지나친 열정은 관계를 위협하는 요인이 되기도 한다.

무술의 일종인 아이키도(aikido)에 푹 빠진 아내를 둔 한 남편이 있었다. 아내는 워크숍을 쫓아다니고 관련 서적과 무술 교본을 사들였다. 그러다 아예 정식 훈련 과정을 거쳐 아이키도 강사로 나설 계획까지 세웠다. 아내가 그렇게 바깥으로 돌아다니는 사이, 남편은 집에 앉아 아내에 대한 분노를 삭였다.

오래도록 행복한 결혼 생활을 누린 인생의 현자들은 '동참'에 대한 접근법도 남달랐다. 그들은 이렇게 자문해보라고 한다. "무엇이 더 중요한지 따져보라. 여가 생활이 중요한가 아니면 결혼이 중요한가?" 만약 후자라면(이것이 현자들의 바람이다) 최소한 파트너의 관심사에 동참하는 시늉이라도 해보라. 한번 해봐서 잘 맞으면 같이하면 더 좋다. 그편이 집에 혼자 처량하게 앉아 부글부글 속을 끓이는 것보다 훨씬 낫다.

앞서 소개한 '거친 사나이들'을 기억하는가? 어니 그로건(88세)은 그 말이 딱 어울리는 사람이다. 어니는 디트로이트의 험악한 동네에서 자랐다. 거기서 자신을 수도 없이 지켜야 했다. "당시는 동네마다 깡패 조직이 있었어. 툭하면 다른 동네 깡패들과 싸움을 벌였지. 10대 청소년 시기에는 자기가 다 안다고 생각하잖아. 아무도 못 건드리는 거지."

어니는 운동을 계기로 조직폭력배 세계를 떠났다. "열일곱 살 때 프로 야구단과 정식 계약을 맺었지. 그 후론 그 세계에는 일체 발을 끊었어. 더 이상 그 짓을 안 해도 된다는 게 너무나 행복했지."

그는 3년간 전국을 순회하며 마이너리그에서 활동하다가 한국전쟁에 참전했다. 군 제대 후에는 공장에 일자리를 얻어 뼈 빠지게 일했다. 한평생 엎치락뒤치락하며 살아왔는지라 결혼 초에는 적응하느라 무척 힘들었다. 하지만 각고의 노력 끝에 이제 결혼 생활은 인생의 전부가 되었다.

"돌아오는 7월이면 결혼 56주년이야. 결혼은 정말 끝내주게 좋은 거야. 내가 태어나서 가장 잘한 일이 바로 결혼이야. 아내가 나한테 참 잘해. 난 아내 없으면 세상 천지에 갈 데가 없어. 힘들 때도 있었고 좋은 때도 있었지. 아이를 하나 잃었어. 하마터면 아내가 죽을 뻔했지. 하지만 결혼 생활 내내 참 행복했어. 가진 건 없어도 정말 행복했어."

행복한 결혼 생활의 비결을 묻자 가히 상상조차 할 수 없는 두 단어가 그의 입에서 튀어나왔다. 바로 '오페라'와 '발레'였다. 그에게 다정한 부부란 아내의 관심사를 남편도 같이 즐기는 법을 배우는 것을 의미했다. 그는 다음과 같이 말하면서 자신도 믿을 수 없다는 듯 고개를 절레절레 흔들며 놀라움을 표현했다.

"오페라를 보러 갔어. 내가 오페라를 말이야! 난 그런 거 안 좋아해. 하지만 아내는 야구를 싫어해도 야구장에 같이 가주거든. 그래서 반씩 양보하기로 했지. 나는 아내가 좋아하는 걸 해보고, 아내는 내가 좋아하는 걸 해보기로. 그래도 오페라는 진짜 보러 가기 싫었어. 남자가 무슨 오페라인가 싶기도 하고. 하지만 꾹 참고 갔어. 그랬더니 어땠는지 알아? 볼 만하더라고. 발레도 마찬가지였어. 세상에 발레라니, 끔찍했지. 그래도 갔어. 이제는 내가 더 좋아해. 아내는 야구를 전혀 몰라. 그래도 사람들 틈에서 같이 응원하는 재미로 가는 거지. 그런 게 바로 양보의 정신 아니겠어? 이것이 결혼 생활을 원만히 그리고 제대로 즐기는 비결이야."

애니 로버츠(68세)와 데보라 조던(67세)은 사랑의 대화를 나누는 모습이 인상적인 커플이었다. 최근 두 사람 모두 심각한 질병으로 거동이 불편한 상태였지만 늘 삶을 긍정적으로 바라보았고 함께 지낼 수 있는 하루하루를 소중히 여기며 살고 있었다. 개성 강한 그들의 다소 기이한 관심사를 들으며 어떻게 두 사람이 친구 같은 관계를 유지할 수 있는지 의아하기까지 했다. 그들은 자신의 관심 분야와 전혀 다른 상대방의 열정까지도 웃어넘기면서 포용하는 자세를 보여주었다. 애니는 이야기한다.

"혹시 컨트리 음악 좋아하나? 난 컨트리 음악의 유래 같은 건 잘 몰라. 양키 스타디움 바로 옆에 산 사람이 컨트리 음악이라니! 하지만 컨트리 음악에 완전 반했지. 데보라는 내가 전통 컨트리 음악을 틀어놔도 아무 소리 않고 내가 듣도록 내버려뒀지."

데보라는 웃음을 터트렸다.

"특별히 좋아하지는 않지."

애니가 말을 이었다.

"하지만 데보라는 '그 음악 좀 꺼줄래?'라는 말을 한 번도 하지 않았어. 가끔 이런 말은 해. '로큰롤 음악 좀 들어도 될까?' 그러면 나는 '물론이지. 얼른 틀어봐' 이러지. 왜냐하면 몇 곡 듣다 말거든."

데보라가 말하길 자신은 그냥 너그럽게 받아준다고 했다.

"그렇게 좋아하는 걸 못하게 하면 나쁜 사람이지. 그 낙으로 사는 걸. 책이나 아무튼 그것과 관계되는 거라면 뭐든 다 읽어. 그런 사람을 어떻게 말려?"

데보라는 자신에게도 열정을 쏟는 관심사가 있다고 했다. 그 관심사의 정체를 안 순간 긴장감을 느끼며 이야기를 들었다.

"난 외계인에 관심이 있어. 외계인의 존재나 초심리학, 공상과학소설에 대해 이야기하는 걸 좋아해. 애니는 내 장광설도 잘 들어줘. 서로에게 공평한 거지."

애니가 끼어들었다.

"맞아. 데보라는 공상과학소설을 좋아하는데, 내 취향과는 전혀 달라. 하지만 나도 공상과학소설을 좋아하려고 노력해. 데보라가 아니었으면 생전 공상과학영화 볼 일은 없었을 거야. 그거 안 본다고 하나도 아쉬울 건 없지만 말이야. 그런데 데보라가 보니까, 데보라가 좋아하니까, 나도 조금씩 그 맛을 알게 되었어. 그것도 알고 보면 나름 재미있어. 그중에서도 〈지구 종말의 날은 아직 오지 않았다〉는 명작 중의 명작이야!"

인생의 현자들이 말하는 동반자적 부부 관계의 핵심 요소를 정리해보자. 첫째, 재미있는 결혼 생활에 초점을 둘 것. 둘째, 파트너의 관심사를 못마땅해 하기보다는 포용하려고 애쓸 것. 친구들은 그렇게 해주기 때문이다. 이 지침은 부부간에도 유효하다.

| 스물한 번째 |

깊고
아름다운
노년의 성

　　　　　　이번에 다룰 주제와 관련해서 수많은 노부부들의 인터뷰 자료를 검토하는 데만 꼬박 몇 달이 걸렸다. 지금 이 책을 읽고 있는 독자들도 내심 이번 주제가 궁금하리라 여겨진다. 그런데 이 주제는 독자들뿐만 아니라 세상 모든 사람이 남에게 선뜻 묻기 껄끄러운 종류의 것이다. 그에 대한 질문을 마음 편히 물어볼 수 있는 노인을 찾을 수 있을지도 사실 의문이다.
　그렇다, 그것은 바로 성에 관한 문제다. 일전에 젊은이들과 대화를 나누는 자리에서도 이 질문이 나왔다. 물론 대놓고 이렇게 말하는 사람은 없었다.
　"평생 만족스런 부부 관계를 가지려면 어떻게 해야 하나요?"

거두절미, 결론부터 공개하자면 노인들은 이렇게 말했다.

"다들 노년의 성생활에 대해 걱정인 모양인데 그럴 필요 없어. 노인들도 상당히 만족스런 성생활을 누리고 있으니까."

사람들이 이 주제를 마음 편히 얘기하길 꺼리는 까닭은 아마도 노인들의 성생활을 터부시하거나 그것이 주책이라고 여기기 때문일 것이다. 왜 이런 생각이 자리 잡게 되었는지는 분명치 않다. 그저 진화의 산물 내지는 연령차별적인 편견이라 추측할 따름이다.

혹시 젊은이들이 자기 나이 드는 건 생각하지 못하고 나중에 팔십 노인이 된 파트너와 성생활이 제대로 이뤄질지 염려하는 건 아닐까? 그렇다면 문제는 극히 간단하다. 두 사람이 함께 늙어가니 걱정할 것 없다는 것! 부부는 서로 같이 늙어가면서 신체의 변화(그리고 취향)에 대해 익숙해지며, 그런 서로를 편안하게 여기게 된다. 오랜 결혼 생활의 장점 중 하나가 어떻게 하면 서로 즐거울 수 있는지, 어떻게 하면 쾌락을 주고받으며 환희를 느낄 수 있는지를 잘 안다는 것이다. 그러므로 노년의 성생활에 대해 거부감을 느낄 하등의 이유가 없다.

앨프레도 도일(77세)은 이런 현상을 정확히 포착했다. 부부가 같이 늙어가다보면 크게 달라지는 걸 못 느낀다고 했다.

"같이 늙어가다보면 상대방의 노쇠함을 전혀 의식하지 못하게 돼. 그 모습을 늘 지켜봐왔기 때문에 그냥 내 남편, 내 아내일 뿐이야. 두 사람이 얼마나 늙었는지를 못 느끼는 거지. 정말 놀랍지 않아? 원래 그렇게 되도록 두뇌 시스템이 되어 있는지는 모르겠지만 아무튼 그래. 언제든 성냥만 갖다 대면 다시 불이 붙는 거지. 늘 하던 건 앞으로도 계속하게 되는 법이야. 우린 70대 중반이지만 여전히 금실이 좋아. 아주 만족해. 나이 들면 든 대로 거기에 맞춰 살게 돼 있어."

인생의 현자들은 모두 다 이렇게 느끼게 될 테니 안심하라고 말했다. 지난 수년간 나만큼 많은 노인들과 성생활에 대해 이야기를 나눈 사람도 없을 테니 이 문제에 관해서라면 나의 말을 믿어도 좋다. 처음에는 성생활에 대한 질문을 꺼내기가 몹시 어색했지만 처음 두세 명의 현자들이 인터뷰에 적극 응해준 뒤로는 당당하게 이야기할 수 있었다. 성생활은 그들의 한결같은 관심사였던 것이다.

그렇지만 '흔히 생각하는 교훈'을 상상하지는 말라. 여기서 이 은밀한 불꽃을 타오르게 하는 구체적인 기교나 비결까지 다루지는 않겠다(인터뷰 중 이를 언급한 이들도 있었지만). 성생활에 영향을 주는 심리적 변화와 그 대처법에 대한 의학적 조언을 전하려는 게 아니기 때문이다. 그에 관한 정보라면 의사를 찾는 편이 가장 빠를 것이다. 그보다는 부부들이 오랜 결혼 생활을 통해 서로 존경하고 소통하며 변화에 적응하는 과정의 일환으로 성생활에 관한 현자들의 일반적인 조언을 듣고자 하는 것이 목적이다.

먼저 분명히 밝혀둘 것은 다수의 노인들이 성생활을 지속하고 있으며 성관계 유지가 중요하다고 믿고 있다는 점이다. 종종 젊은이들이 노부부들에 대해 '섹스리스'라는 부정적 이미지를 갖는 것과는 달리 연구에 의하면 노년의 결혼 생활(또는 여타 장기적인 헌신 관계)

에서 성생활 빈도가 사실상 상당히 높은 것으로 나타났다. 65세 이상 노부부들도 건강에 지장이 없는 한 성생활을 한다. 노인들도 직접 그렇게 말한다. 다이앤 해리슨(72세)은 여러 현자들의 생각을 대변한다.

"나는 성생활이 매우 중요하다고 생각해. 왜냐하면 그게 부부간에 애정의 끈이 되어주거든. 결혼한 부부는 성생활이라는 특별한 방법으로 서로에 대한 사랑을 표현해. 성관계를 통해 끈끈하고 강한 유대감을 이어가는 거지. 서로를 얼마나 아끼고 사랑하는지 모든 걸 거기에 담아 표현하는 거야."

물론 성적으로 맞지 않거나 성생활이 만족스럽지 못하면 서로 다투는 경우도 분명 있다. 또 어떤 경우는 서로 마음은 있어도 몸에 질병이 있다보니 성에 대한 관심과 능력이 소실되어 부부 중 한쪽 혹은 양쪽 모두가 고통을 겪는 경우도 있다(이 또한 어느 연령층에서나 일어날 수 있는 병폐다). 하지만 오랜 결혼 생활을 통해 대다수 인생의 현자들은 80~90세가 되어서도 즐겁고 만족스런 성생활을 유지할 수 있다는 사실을 깨달았다.

레이첼 맥코믹(86세)의 말을 들어보자.

"만약 정말 서로에게 성적으로 끌린다면 어디가 모자라지 않는 이상은 죽을 때까지 그럴 수 있어야 한다고 생각해. 그게 얼마나 즐거운 일인데! 아마 젊은이들은 잘 모를걸. 그네들은 늙으면 성에 대한 욕망도 자연히 없어지는 줄 아는 모양인데 천만의 말씀이야. 전혀 그렇지 않아."

이제 아무리 나이 들어도 성생활은 중단되지 않는다는 사실을 알았다. 여기에 더 좋은 소식이 기다리고 있다. 연륜이 더할수록 성에 대한 이해도 넓어진다는 것이다. 즉 사랑을 표현하고 지지하는 행동 모두를 사랑의 행위에 포함시킴은 물론 이런 요소들을 더 중요시하게 된다. 인생의 현자들은 성적 교류 이상의 것을 표현하면서 '친밀함(intimacy)'이라는 용어를 사용했다. 그들은 성생활이 지속적으로 놀라운 경험이 될 수 있다고 본다. 부부가 수십 년을 함께 하는 동안 세월이 흐를수록 깊어지는 신체적·감정적 친밀함이 한결같은 부부애의 원천으로 작용하기 때문이다.

이처럼 성생활을 폭넓은 시각으로 바라봄으로써 대다수 노인들이 그토록 오랜 세월을 함께하면서도 부부간의 애정을 유지할 수 있었다. 마이클 바워스(77세)는 자신의 깨달음을 이렇게 이야기한다.

"부부간에는 항상 친밀함이 있어야 해. 신혼 초에는 낭만적인 게 좋아 보일지 모르지만 친밀감은 아무리 시간이 지나도 변하지 않아. 사실 나이가 들어도 친밀감은 늘 남아 있어. 가벼운 포옹이나 다른 것으로도 충분히 가능해. 나이 들었다고 '아이고, 이제 다 늙은 마당에 무슨' 이런 생각은 금물이야. 단순히 나이가 많다는 이유만으로 뭔가를 할 수 없다는 건 어불성설이야. 즐거움을 주는 일인데 왜 못해? 그냥 나 편한 대로 하면 되는 거지."

인터뷰 내내 인생의 현자들은 성에 대해 편하게 이야기했다. 많은 이들이 오랜 세월 파트너와 더불어 누렸던 깊은 감정적·신체적 친밀감에 대해 들려줬다. 그러면서 성생활은 결혼 생활을 맛깔스럽게 하는 양념이자 달콤한 디저트와도 같은 존재라고 덧붙였다. 거트루드 베넷(71세)의 표현처럼 말이다.

"성생활이 얼마나 중요하냐고? 젊었을 때는 그게 90퍼센트였어! 하지만 일흔이 넘다보니 달콤한 디저트 같다는 생각이 들어. 물론 중요하지, 중요하고말고. 그런데 우리 나이가 되고 보면 젊은이들처럼 불타오르는 감정 같은 건 없어. 하지만 기초가 든든한 부부 사이에는 변함없는 우정 같은 게 존재해. 언제나 내 곁을 지켜줄 사람이 생긴 거지. 서로 함께하는 것만으로도 얼마나 좋은데! 포옹이나 키스, 가볍게 어루만지는 것, 그런 것도 다 사랑의 표현이야."

베벌리 엘리엇(69세)의 말처럼 노년의 성이 더 자유로운지도 모른다.

"나이 들어서 제일 좋은 게 뭔 줄 알아? 출산을 위한 성생활을 졸업하고 순수하게 즐길 수 있게 된다는 거야!"

하지만 처음부터 끝까지 장밋빛 전망만 있는 것은 아니다. 노년층의 상당수가 신체상의 한계로 인해 성생활의 변화를 겪기 때문이다. 성생활의 모습 자체가 변할지라도 친밀한 관계가 주는 충족감을 지속적으로 누리라고 조언하던 바로 그 장본인들이 말이다. 에드 말레스키(88세)는 이렇게 이야기한다.

"물론 중요하지. 하지만 그것도 다 생각하기 나름이야. 일반적으로 폐경기 이후 아내의 관심이 사라진다고들 하잖아. 우리 부부도 비슷한 경험을 한 적이 있어. 내가 70대에 전립선암 수술을 했어. 문제가 생긴 거지. 그래서 한동안 성관계는 가지지 못했어. 다만 서로 어루만져주고 애무를 해줬지. 오히려 가정이 더 화목해졌으면 화목해졌지 그 문제로 우리 사이에 금이 간다는 생각은 전혀 들지 않았어. 결혼 생활에서 성생활이 중요한 부분인 건 맞아. 하지만 그것도 사랑과 신뢰와 공동 의식을 바탕으로 해야 가능한 거야. 부부의 성은 실제 성행위가 아닌 다른 방법으로도 얼마든지 충족될 수 있다고 봐."

신체적인 문제가 있었던 인생의 현자들은 그럴수록 서로 더 많이 쓰다듬고 손잡아주고 포옹하고 키스하는 즐거움을 누렸다. 다만 성생활 빈도를 묻는 질문 난은 비워두었다. 레베카 깁슨(88세)과 그녀의 남편은 활발한 성생활을 매우 중요시했다. 다른 많은 노인들처럼 이들 부부에게 성생활이나 친밀감은 단순한 성교 그 이상의 것이었나.

"우린 언제나 만족스런 부부생활을 누렸어. 결혼은 서로를 위해 존재하는 거고 배우자를 잠시 즐겁게 해줘서 나쁠 건 없잖아. 파트너를 만족시켜주고 기분 좋게 해주는 거지. 부부에게 성생활은 항상 중요한 문제야. 완전한 성교가 어렵다면 껴안거나 쓰다듬어주기라도 해야 해. 나이 들어서 성에 담쌓고 사는 사람들이 많은데 파트너와의 스킨십이나 포옹, 함께 있어 주는 게 반드시 필요하다고."

놀랍게도 다수의 노인들이 젊었을 때만큼이나(심지어 젊을 때보다 더) 친밀감을 느낀다고 했다. 그들은 반백년의 세월 동안 파트너와 신체적인 친밀감을 나누는 숭고한 즐거움이 어떤 것인지 열심히 설명해주었지만 뜻대로 잘 안 되는 듯했다. 그것은 오랜 결혼 생활을 위해 치러야 할 희생을 설명하는 열변이었다.

록산 콜론(86세)은 이렇게 말했다.

"나이 들어도 낭만, 사랑, 이런 감정은 다 있어. 어떤 때는 옛날보다 더 낭만적이고 더 많이 사랑하는 것 같기도 해. 뭐랄까, 젊었을 때보다 더 다정다감하다고 해야 할까? 그저 서로 손만 붙잡고 있어도, 꼭 안아주기만 해도, 참 아름다운 모습이지. 나도 늙고 배우자도 늙고 그러다보면 어느새 사랑의 모습도 달라져 있어. 부드럽고 다정하고……, 아이고, 뭐라고 말해야 할지 정말 모르겠네. 어쨌든 예전과는 다른 사랑이야, 뭔 말인지 알겠어?"

사만사 존스(80세)는 변신한 사랑에 감춰진 아름다움을 잘 설명했다.

"성생활도 물론 중요해. 하지만 나는 사람이 노인이 되면 손을 잡는 것만으로도 놀라운 친밀감을 느끼도록 진화했다고 생각해. 꼭 성교가 아니어도 돼. 젊은 시절 폭발하는 그런 열정이 아니어도 돼. 분명 예전보다 더 예의를 차린다든지 덜 싸우는 그런 관계가 아니라 훨씬 편안해지는 그 무엇이야. 예전에 하던 노력을 안 해도 이심전심, 일심동체로 다 통하니까 말이야. 옛날에는 이런 거 없이 어떻게 살았나 몰라."

젊었을 때 못지않게 아니 그보다 더 좋아졌다며 친밀감을 과시한 사람은 여성들만이 아니었다. 메이슨 스피어(77세)는 40년간의 결혼 생활을 통해 느낀 자신의 감정을 감동적으로 잘 표현했다.

"세월이 흐르면 열정도 변해. 젊었을 때는 성적 매력이 넘치고 한동안은 그게 지속되지. 하지만 시간이 지나면 외모도 변하고 사랑이나 낭만도 한결 깊어져. 뭐랄까, 열광이 누그러진다고나 할까. 어쨌거나 부부가 나란히 앉아 신문도 읽고 텔레비전도 보고 그럴 수 있다는 게 참 대단하다는 생각이 들어. 그저 아내의 손을 잡거나 팔을 어루만지면서 말이야. 거기엔 깊은 바다의 고요함 같은 게 있어. 저 밑바닥부터 충족감이 밀려오지. 부부에게는 열광적인 것보다 평화로운 일상의 친밀감이 서로에게 더 의미 있다고 봐."

다른 노인들처럼 메이슨 역시 젊은이들이 나이 듦이나 친밀감을 오해하는 것에 대해 우려했다. 자신이 실제 경험한 바와 너무도 다르기 때문이다.

"지금 우리는 나이 듦과 그에 따른 변화를 받아들이기를 두려워하고 거기에 맞서 싸우려고 발버둥치는 문화 속에 살고 있어. 게다가 성이 난무하는 문화에서 젊게 살려면 성적으로 왕성해야 한다고 다들 생각하지. 성이 주는 즐거움과 만족 그리고 성에 대한 욕구를 부정하는 건 아니야. 하지만 사람이 나이 들면서 성숙해가는 참된 의미는 그런 것들이 인생의 일부에 불과하며 세상에는 그것 말고도 더 만족스러운 것들이 많다는 사실을 깨닫는 데 있지. 나이 들면서 보다 성숙해가는 이런 변화의 과정에 저항하는 시대 풍조가 염려스러워."

결혼을 생각하고 있는 25세 청년이나 미래를 염려하는 60대 모두에게 필요한 교훈이 여기 있다. 부부간의 갈등이나 심각한 신체적 문제를 제외하면 나이 들어서도 얼마든지 성적으로 만족스럽고 행복한 결혼 생활을 영위할 수 있다. 상상한 것보다 훨씬 좋을 수도 있다.

인생의 현자들은 노년에 섹스리스 부부가 될까 노심초사하지 않아도 된다고 우리를 안심시킨다. 어떤 현자는 젊은이들이 그런 염려에 사로잡혀 있다니 도무지 이해할 수 없다는 반응을 보였다. 호러스 왓슨(78세)은 어깨를 으쓱하더니 이렇게 말했다.

"부부간에는 늘 열정이 넘치는 거 아닌가? 파트너를 진정으로 아끼고 사랑한다면 걱정할 일이 하나도 없어."

에드 말레스키는 머리를 흔들며 너털웃음을 터트리고는 이렇게 말했다.

"참 젊은이들 하고는, 성 문제 갖고 무슨 걱정이 그렇게 많대? 다들 왜 그 문제로 난리들인지 난 도무지 이해가 안 돼!"

인생의 현자들이 전하고 싶은 메시지는 우리 사회의 잘못된 문화와 언론의 오도를 바로 잡아야 한다는 것이다. 부부는 평생 힘을 합쳐 서로 아끼고 대화하는 깊은 관계를 이뤄나가는 관계다. 어떤 제품이나 상담, 치료보다 가장 기본이 되는 다정한 관심을 갖는 것이야말로 나이 들어도 열정 넘치는 결혼 생활을 유지할 수 있는 최선의 비결일 것이다.

| 스물두 번째 |

절대 화난 채로
잠들지 마라

 수백 명의 노부부가 이구동성으로 행복한 결혼 생활을 위한 처방이라며 내세운 조언이 하나 있다. 결혼 생활에 관한 조언이라면 빠지지 않는 단골 레퍼토리, 바로 "화난 채로 잠자리에 들지 말라"이다. 이 말이 무려 200번 이상 언급되었다. 거의 토씨 하나 틀리지 않고 말이다. 이 조언이 무엇이기에 그토록 많은 현자들 입에 회자되는 것일까?
 결혼한 지 40년, 50년, 60년, 혹은 그 이상 되는 노인들이 특별히 다음과 같이 말했다. "하루의 일과를 끝마치고 잠자리에 들기 전에 갈등을 해결하라." 그들과 심층 인터뷰를 진행하면서 이 조언에는 오랜 경험에서 나온 깊은 의미가 담겨 있다는 사실을 깨달았다. 이는 열정이 넘치는 결혼 생활을 위해 중요한 교훈이기도 했다.

"화를 품지 말라."

노부부에게 그날 하루 화가 난 상태로 잠자리에 드는 것은 더 큰 위험을 경고하는 신호다. 그들은 행복한 결혼 생활의 불꽃을 꺼트리는 직격탄 몇 가지를 알려주었는데, 가장 우려스러운 것이 바로 서로 싸우고 기분이 상한 채로 며칠이 더 흘러가는 상태다. 란 퉁(88세)은 이렇게 이야기한다.

"내가 항상 하는 말이 있어. 부부 싸움을 다음날까지 연장하지 말고 잠자리에 들기 전에 대화로 풀어라. 그러지 않고 몇날 며칠씩 마음속에 품고 있으면 결혼 생활에 붉은 등이 켜지지."

인생의 현자들은 화를 품지 않는 법을 배웠다. 릭 램(77세)과 그의 아내 줄리아(80세) 부부는 결혼 초기에 몇 주씩 교전 상태로 있곤 했는데, 줄리아에게 불현듯 이런 깨달음이 왔다.

"남편과 한 이틀 말도 안 하고 지내다가 어느 날 아침 눈을 뜨는데 이런 생각이 드는 거야. 지금 내가 왜 이러고 있지? 다 지난 일을 가지고 말이야. 벌써 끝난 일이잖아. 혼자 속을 끓여봤자 아무 소용도 없으면서. 남편의 말이나 행동은 인정하기 어렵지만, 적어도 대화는 할 수 있잖아. 그걸 가지고 남편과 말도 하지 않고 지내다니, 이건 아니다 싶었지. 좀 싸웠기로서니 세상이 끝나는 것도 아니고 말이야. 별로 중요하지도 않고 게다가 이미 지난 일이니 그만 잊어버리자고 다짐했지."

데브라 던컨(87세)은 자신의 특이한 결혼 생활에서 얻은 교훈을 나눠주었다. 안정적이긴 했지만 불행했던 그녀의 첫 결혼은 36년 만에 끝났다. 남편은 소통하는 데 문제가 있는 사람이었고, 분노를 해결하기보다 속으로 부글부글 끓이는 타입이었다. 수년 전 남편이 죽고 노인요양시설로 거처를 옮길 때만 해도 다시 누군가를 사랑할 수 있으리라고는 생각하지 못했다. 그런데 그런 일이 일어나고야 말았다. 그것도 87세의 나이에, 그녀는 '세상에서 가장 행복한 결혼'을 하게 되었다.

그녀는 극과 극을 달리는 두 남편을 겪으면서, 화난 상태로 잠자리에 드는 것은 더 큰 역기능을 불러올 수 있음을 깨달았다. 화난 상태로 잠자리에 드는 것이 얼마나 큰 파탄을 가져오는지 들어보자.

"부부가 화난 상태로 잠자리에 들면 일단 잠을 설치기 때문에 다음날 일어날 때 몸이 개운치가 않아. 그러니 그날 하루는 출발부터가 좋지 않은 거지. 만약 그다음 날도, 그다음다음 날도 계속 그런다면 쳇바퀴 돌 듯 거기에 갇혀 빠져 나오질 못해. 궁지에 몰려 속수무책이다 보니 계속 화만 내게 되지. 두 사람 모두 이런 지경에 이르면 그 결혼은 끝이야. 그러니 못마땅한 일이 있어도 이렇게 말해봐. '여보, 이러지 말고 우리 내일 아침에 생각하기로 해요. 일단 오늘 밤은 푹 쉬고 내일 일어나 서로 어디서 어긋났는지 타협점을 찾아봅시다.'"

화를 품으면 도사리고 있던 문제가 건드리자마자 바로 튀어나오게 된다. 예를 들어 맞벌이하며 자녀를 키우는데 누가 더 시간을 낼 수 있는지, 경제고를 겪는 중인데 더 큰 집을 장만할지 말지, 다가오는 휴가를 친정 식구와 보낼지 아니면 시댁 식구와 보낼지 등 결혼 생활에서 이런저런 문제는 늘 도사리고 있다. 누구든 자기 주변을 돌아보면 이처럼 끊임없이 제기되는 논쟁거리가 적어도 하나는 있기 마련이다.

인생의 현자들은 해결되지 않은 채 남아 있는 화로 말미암아 이런 문제들이 막장 싸움으로 치닫는 경험을 수도 없이 했다. 스트레스가 심하거나 신체적으로 몹시 피곤할 때 어떤 싸움은 단지 논쟁을 위한 논쟁이 되기 쉽다. 관계에 대한 기억은 매우 근시안적이어서 그토록 싸워놓고도 싸울 때마다 마치 처음 싸우듯 하게 된다. 기억은 없어도 전술은 축적된다. 따라서 다음번에 싸울 때면 익숙한 전장에서 더 맹렬히 싸운다.

랠프 퍼킨스(67세)와 나딘 퍼킨스(65세)는 부부간에 갈등이 생길 때면 종종 42년 결혼 생활의 역학을 되돌아보며 문제를 분석하고 해결한다. 랠프는 서로 다투고 화난 상태로 오랜 시간 냉전을 벌일 때 어떻게 대처하면 좋은지를 들려주었다.

"이게 별 거 아닌 것 같아도 우리한텐 아주 즉효약이야. 살다가 반복되는 다툼이 또다시 시작되면 우리는 그것을 두고 장난삼아 '열일곱 번째 싸움'이라는 별명을 붙였어. 서로 수도 없이 싸운 어떤 문제에 대해 이제는 결판을 낼 시간이 왔다는 뜻이지. '열일곱 번째 싸움'이라는 별명은 상황의 심각성을 나타내는 거야. 즉 이 문제로 최소한 열여섯 번은 싸웠다는 뜻이지. 이 암호를 말하면 이제 다시는 그 문제가 나타나도 더 이상 신경 쓰지 않기로 작정을 했어. 문제가 다시 찾아와도 올 테면 와라 하고 그 일에 대해서는 입을 다물고 아예 말도 꺼내지 않아. 이제 더 이상 신경 쓰지 않기로 작정했으니까. 이런 문제 하나씩 없는 부부는 없어. 각자 자기만의 '열일곱 번째 싸움'이 있는 거지. 서로 다른 두 사람이 완전히 의견을 달리하는 부분이 왜 없겠어. 그 사실을 인정하고 웬만하면 그런 부분은 건드리지 않는 게 상책이야."

나딘이 이렇게 덧붙였다.

"드디어 우리는 이런 결론을 내렸어. 우리의 모든 싸움은 한 가지로 집약될 수 있다고. 그건 바로 '내가 너보다 더 중요하다'는 거야. 결국은 이걸로 귀결돼. 그래서 우리는 갈등이 생겨 싸우더라도 어느 시점에 이르면 깨끗이 끝내고 다시 일상으로 되돌아가는 법을 배웠어."

인생의 현자들이 화난 상태로 잠자리에 들지 말라고 호소할 때 이 말의 저변에는 다음과 같은 극히 중요한 교훈이 깔려 있다. "부부가 서로 싸우는 문제들은 그날 하루 싸우는 걸로 족한 것들이 대부분이다." 인생의 현자들은 아직 마음의 준비는 되지 않았지만 하루가 가기 전에 손을 써야 한다는 압박감을 못 이겨서라도 반드시 문제를 해결하고 넘어가라고 강조한다.

나는 이렇듯 상처와 갈등을 내려놓으라는 조언을 통해 인생의 현자들이 결혼의 심오한 한 가지 주제에 대해 이야기하고 있음을 깨달았다. 그것은 바로 용서다. 행복한 노부부들은 모두 서로를 용서하는 것을 최고의 교훈으로 삼고 있었다. 오랜 결혼 생활에서 용서는 한두 번 하고 마는 것이 아니라 수시로 해야 한다. 수십 년을 함께 살다보면 배우자를 짜증나게 하고 상처 주고 화나게 하는 일이 시시때때로 일어나기 때문이다.

시릴 헤켓(70세)은 이 근본적인 진리를 근거로 두 가지를 제안한다. "즉시 사과하고, 하루빨리 용서해. 잘못한 게 있으면 얼른 사과하되 상황에 맞게 적절한 방법으로 하면 돼. 꼭 비굴하게 사과할 필요는 없어. 배우자가 실수하고 나서 사과하면 빨리 용서해줘. 결혼해서 오래 같이 살다보면 실수하기 마련이야. 우리에겐 다만 빨리 용서해주고 다시 거론하지 않는 배우자가 필요할 따름이라네. 과거의 실수를 자꾸 꺼내서 언급하지 말고 속히 잊어버리도록 잠잠히 있어줘. 그리고 이렇게 말해봐. '괜찮아. 이제 걱정 그만 해. 다 용서했다니까.' 그리고 미소 한 번 지어주고 나서 새롭게 시작하는 거야."

데비 바너지(82세)는 남편 바누와 싸운 후 이런 규칙을 만들었다. "내가 먼저 용서를 구하지. 사소한 일로 티격태격하다가 대판 싸우고 결국 소파에서 자는 일이 많아. 소파에 누워서 배우자를 탓하며 이런저런 꼬투리를 잡지. '아이 데리고 오는 걸 잊어버리다니', '오늘 자기가 식사당번인 줄도 모르고 말이야' 등등. 그러지 말고 서로 먼저 자기가 잘못했다고 사과해봐. 나부터 먼저 사과하고 화해의 키스를 하는 거야. 그리고 미안하다는 말도 내가 먼저. 서로 상대방이 먼저 해주길 기다리지만 말고 내가 먼저 해버리는 거야. 그럼 어떤 일이 일어나는지 알아? 이젠 상대방이 알아서 척척 사과해. 배우자가 해주길 기다리지 말고 자기가 먼저 하는 것, 그게 부부야."

용서가 기적을 만든다는 믿음은 노인들만의 생각이 아니다. 연구 결과 역시 언제든지 용서하려는 마음이 결혼 생활의 크고 작은 상처를 치유하는 데 도움이 된다는 사실을 뒷받침해준다.

덜로리스 닐(93세)은 매일 아침 눈을 뜨며 옆에 남편 데이브(93세, 결혼 74년차)가 있다는 사실에 감사한다. '매일 깨끗이 비우고' 새로 시작한다는 그녀의 표현이 더할 나위 없이 생생하다.

"서로 화난 상태로 잠자리에 들지 말 것. 젊었을 때는 그게 잘 안 돼. 특히 서로 다투기라도 한 날에는 더 그렇지. 하지만 잠자리에 들기 전에 이 말만큼은 꼭 하고 자봐. '사랑해.' 그러면 다음날 아침에는 서로 대하기가 한결 부드러워질 거야. 오늘 일을 내일까지 끌고 가지 마. 매일 밤 모든 걸 깨끗이 비우고 나서 잠자리에 드는 거야. 찜찜하게 남겨두지 말고 깨끗이 싹 비워버리라고."

| 스물세 번째 |

때로는
전문가의 도움이
필요하다

고령의 노인들과 많은 시간을 보내다보면 가끔 '우와' 소리가 절로 나는 노부부를 만날 때가 있다. 인생의 모진 풍파를 겪으며 단단해진 사랑이 물씬 풍겨나는 그런 한 쌍의 노부부 말이다. 서로를 향해 미소 지으며 웃음을 터트리고 장난치며 다정하게 손잡고 다니는 모습. 둘이 함께 했던 매일의 삶이 축복이었노라 서슴없이 고백하는 그들. 더그 메이슨(85세)은 이렇게 자랑했다. "우린 지금도 꼭 붙어 다녀. 천년만년 이렇게 같이 살았으면 좋겠어. 여기가 바로 천국이야. 난 정말 복 받은 사람이야!"

하지만 이런 축복받은 부부에게도 몇 달 혹은 몇 년씩 결혼이 파탄 날 정도로 비참한 지경에 이른 때가 있었다. 결혼이라는 마라톤

풀코스를 무사히 완주하는 데 성공한 수많은 인생의 현자들 역시 관계를 정리하려 했던 적이 있었다. 개중에는 이혼했다가 나중에 결별이 실수였음을 깨닫고 재결합한 부부도 있었다. 결혼을 유지하겠다고 결정한 부부는 여지없이 뼈를 깎는 고통과 노력을 감수해야 했지만, 두 사람 모두 함께 있기로 결정한 것이 천만다행이라며 가슴을 쓸어내렸다. '거의 헤어질 뻔한' 경험이 오히려 결혼 관계를 더 공고히 해주었다.

노인들 모두에게 이렇게 물었다. "만약 한 젊은 부부가 찾아와 이혼을 생각하고 있다고 말한다면 그들에게 어떤 조언을 해주시겠습니까?" 이 질문을 받은 인생의 현자들은 한참을 고민하더니 다양한 의견을 내놓기 시작했다. 그런데 그들 모두 가장 먼저 제시한 소언은 실로 놀라운 것이었다. 고령의 노인들에게서 나온 조언이라 더욱 놀라웠다. 인생의 현자들 중 가장 연령이 낮은 축에 속하는 60대부터 100세 이상에 이르기까지 모두가 풍전등화의 위기에 처한 부부들에게 이 한마디 조언을 남겼다. "부부 상담을 받아라."

나는 최고령 노인들에게 이런 대답을 들으리라고는 생각지도 못했다. 그들은 상담 받는 문화에 익숙한 세대가 아니다. 그들이 성장하던 때는 지금처럼 상담이 일반화되지 않았고, 인생 문제로 상담 받는 사람을 낙오자로 손가락질하던 시대였다. 그런 만큼 인생의 현자들은 부부 상담을 쓸데없고 경박하며 '허튼 소리만 잔뜩 늘어놓는' 것으로 생각할 줄 알았다. 그런 그들의 입에서 상담을 받으라는 말이 수시로 나오는 걸 들으며 놀라움을 금치 못했다. 실제로 상담을 받았던 사람들뿐만 아니라 전혀 경험이 없는 사람들조차 상담이 큰 도움이 될 거라고 확신했다.

요즘 사람들은 이런 조언을 당연하게 생각할 것이다. 하지만 결혼 생활이 위기에 처한 부부의 대다수가 상담센터를 찾기까지 수년씩 걸린다는 사실을 알면 놀랄 것이다. 더 놀라운 사실은 이혼한 부부들에게 이혼을 결정하기에 앞서 부부 상담을 받았냐는 질문에 극소수만 그렇다고 대답했다는 점이다. 연구결과를 보더라도 대다수 부부들이 상담에 무관심하며, 심지어 유익함이 확실해도 상담을 받지 않는 것으로 드러났다. 따라서 노인들이 전하는 이 메시지는 극도로 중요하다.

"부부 상담을 받으며 진심으로 최선의 노력을 다해보기 전에는 절대 별거나 이혼을 결정하지 말라."

행여 지금 이 순간에도 이런 잘못된 선택을 하는 사람들이 있을지도 모르겠다. 왜냐하면 수많은 부부들이 이런 좋은 방법을 목전에 두고도 이용할 생각을 하지 않는다는 사실이 통계 수치상으로도 나와 있기 때문이다. 단 한 번의 잘못된 선택으로 평생의 만족스러운 관계를 포기한다는 것은 엄청난 손실이다. 결혼 초 큰 위기를 맞았던 몰리 우즈(70세)의 이야기는 이 교훈에 대한 확신을 더한다.

"가끔 결혼 생활이 너무 힘들고 불행할 때는 친정 부모님을 찾아가 실컷 울면서 다 털어놔버릴까 하는 생각도 했어. 동갑내기 우리 부부는 스물한 살에 아이 셋을 낳았는데 생필품을 살 돈조차 없었어. 우린 둘 다 고졸 학력이고 남편은 공사판에서 일했어. 남편은 어두컴컴한 새벽에 일어나 깜깜한 밤에야 집으로 돌아오곤 했지."

20대 중반에 이르자 사태는 더욱 심각해졌다.

"그땐 정말 이혼할 뻔했어. 일이 너무 안 풀리니 서로가 그렇게 못마땅할 수가 없었어. 아이들은 많지, 게다가 나는 다른 집 아이들도 봐주고 있었거든. 남편은 일요일만 빼고 꼬박 일했어. 쉬는 날이면 골프 친다고 나갔어. 집에 오면 축구경기나 보다가 시간 되면 자러 가고 다음날 또 일하러 가는 식이었어. 이게 당시 상황이야. 어떤 한 가지 이유가 있어서가 아니라 이런 자잘한 일들이 계속 쌓이고 있었던 거야."

몰리는 지푸라기라도 잡는 심정으로 남편에게 부부 상담을 제안했는데 의외로 남편이 선뜻 응해주었다. 그때 그 결정이 모든 걸 바꿔놓았다.

"그래서 부부 상담을 받으러 갔어. 상담자는 우리 부부와 동시에 대화하기도 하고 개별 면담 시간을 갖기도 했어. 그게 전부야. 그리고 그리 오래 끌지도 않았어. 우리 상태를 정확히 이해하고 하나씩 문제를 해결해나갔고, 상담 이후로 부부 사이가 전보다 더 가까워졌지. 하마터면 이혼할 뻔했다며 둘이서 가슴을 쓸어내렸다니까!"

상담가가 입회한 안전한 상태에서 이들 부부는 자신들에게 필요한 대화법을 배웠다. 지금은 결혼 생활이 어떠냐는 질문에 몰리는 이렇게 대답했다. "너무너무 행복해." 더군다나 두 사람 모두 건강상의 위협을 겪으면서 서로의 소중함을 더욱 절감하게 되었다. 현재 부부 사이가 어느 정도로 친밀한지를 설명하면서 활짝 웃는 몰리의 얼굴에서 이혼 직전까지 갔던 부부의 흔적은 전혀 찾을 수 없었다.

"남편이 뭘 원하는지 척하면 삼천리야. 그가 신문을 읽고 있으면 얼른 일어나 이렇게 물어봐. '팝콘 좀 만들어줄까? 아니면 좀 있다가?' 그러면 남편이 내 얼굴을 쳐다보고는 이렇게 말해. '지금 먹지 뭐.' 팝콘 달라는 말은 한마디도 안 했는데 딱 보면 알아. 아, 지금 팝콘이 먹고 싶구나. 좀 부끄러운 이야기지만 남편이 잠자리를 같이하고 싶은 눈치도 금방 알 수 있어. 둘 다 일흔이지만 우린 여전히 금실이 좋다네. 신혼부부만큼 좋다는 말은 아니고, 그저 여전히 좋다는 거지. 이런 걸 보면 이 남자는 내 사람이구나 하는 게 느껴져. 정말 믿기 힘들 정도라니까."

몰리는 어려움에 처한 젊은 부부들에게 이 말을 꼭 전해달라며 신신당부했다.

"상담센터를 찾아가서 어려움을 이야기하고 문제를 해결하기 위해 최선을 다해보는 거야. 꼭 전문 상담가를 찾아가 도움을 받고 현재 처한 어려움을 극복해나가길 바라네."

인생의 현자들은 결혼 생활을 파괴하는 주범인 '불륜'에 대해서는 반드시 상담해볼 것을 권했다. 이 책 여러 곳에서 관계의 위험신호들에 대해 이야기한 바 있다. 폭력과 같이 인생의 현자들이 치명적인 문제라고 말한 행동들이 여기에 속한다. 참으로 놀랍게도 노인들은 여기에 불륜은 포함시키지 않았다. 결코 용서할 수 없다며 한 차례 바람피운 것 자체를 문제 삼기보다는 일이 그렇게 된 상황이나 전체적인 맥락이 중요하다고 보았다. 수많은 사람들이 배우자의 불륜을 겪었지만 대부분 외부의 도움을 통해 문제를 극복했다.

에벌린 멜딘(78세)과 남편 릭은 결혼 49년차 부부다. 남편의 불륜으로 에벌린은 말할 수 없는 상처를 받았고 가정은 파탄의 위기에 처했다.

"남편의 불륜은 가정에 큰 불행을 가져왔어. 하지만 오히려 그게 우리 부부에게 큰 전환점이 되었지. 모든 결정은 내게 달려 있었고, 과연 진심으로 이 결혼을 원하는지 진지하게 자문해봤어. 이혼할까도 생각해봤지만 남편 없는 삶은 상상할 수도 없었어. 그런데 그 사건 후로 우리 사이는 더 이상 예전과 같을 수 없었어. 도저히 예전처럼 남편을 대할 수가 없었거든. 내 자존심도 큰 상처를 입었고, 친구나 친척들 얼굴 보기도 민망했어. 그들이 날 어떻게 볼까, 내 뒤에서 무슨 말을 쑥덕거릴까, 별별 생각이 다 들더라고."

결국 에벌린과 릭은 전문 상담을 받았다. 상담을 통해 에벌린은 더 이상 자신을 비난하지 않게 되었다. "남편의 불륜은 나와 아무런 상관이 없는 일이었어. 그건 남편 자신의 문제였고 그의 선택이며 그것이 얼마나 미성숙한 행동이었는지를 그는 깨달았지." 상담을 통해 두 사람 모두 자기 자신에 대해 새롭게 깨닫게 되었고 문제의 핵심을 이해하게 되었다.

"상담을 통해 생각을 바꾸게 된 게 도움이 되었어. 결혼 생활에 많은 변화를 가져왔고 좀 더 성숙해지는 계기가 되었어. 남편도 딴사람이 되었어. 왜냐하면 그도 생각을 바꿔야 했으니까. 우린 우리에게 주어진 숙제를 해결해야 했어. 그걸 해낼 방법을 배워야 했어.

결혼 관계든 다른 어떤 관계든 계속 노력해야 해. 그때 헤어지지 않길 잘했다고 생각해. 하지만 상담을 받지 않았더라면 그렇게 하기는 힘들었을 거야."

인생의 현자들은 반드시 위기가 있어야만 상담을 받는 것은 아니라고 생각한다. 애너 셔먼(71세)에게 '재정비'는 두 번째 남편인 아이작과의 40년에 걸친 결혼 기간 동안 열정 넘치는 생활을 유지하는 데 중요했다. 그녀의 첫 결혼은 8년 만에 파경을 맞았다. 두 번째 결혼은 서로 잘 맞는 듯했으나 난관이 기다리고 있었다. 판에 박힌 듯한 결혼 생활이 반복되면서 부부 사이가 점점 멀어졌다. 뭔가 조처를 취해야겠다고 느낀 그들은 상담을 받기로 했다.

"시간이 지나면서 캄캄한 밤바다를 항해하는 배 같았어. 일이 바쁘다는 이유로 서로 깊은 교류 없이 지낸 기간이 너무 오래 지속되었어. 우리 힘으로는 어쩔 수 없다는 결론을 내렸지. 상담을 통해 몇 가지 대책을 세우고 한동안 그것을 실천하는 데 주력했어. 그때의 경험이 그 후로도 계속 도움이 되었다네."

그들은 그 후로도 상담을 적극 활용하여 여러 차례 도움을 받았다. "그때 말고도 여러 차례 상담을 받으며 정말 큰 도움을 받았어. 상담 받은 직후에는 잠시 효과가 있는 듯하다가 시일이 지나면 행동하는 거나 서로를 대하는 거나 슬그머니 옛날 방식으로 되돌아간다고. 그러면 다시는 그렇게 하지 않겠다고 스스로를 다그치곤 했지. 앞으로 얼마나 더 살게 될지 모르겠지만 또 관계를 재정비할 일이 생기면 언제든지 상담을 받을 거야!"

이렇듯 결혼 생활에서 위기를 겪고 극단적인 선택을 해야 할 때 전문 상담을 받는 것은 상당히 중요하다. 700여 명의 인생 현자들 역시 똑같은 생각을 가지고 있었다. 상담 경험 유무를 불문하고 결혼 생활의 '철칙'은 첫째, "진지한 자세로 전문적인 상담을 받기 전까지는 결혼 생활의 열정을 더 이상 되살릴 소망이 없다고 지레짐작하지 말라." 설사 상담이 수포로 돌아가더라도 적어도 최선을 다할 터이니 후회는 남지 않을 것이다.

또 다른 중요한 '철칙'은 "파트너가 상담을 제안해오면 반드시 응하라"는 것이다. 인생 현자들의 관점에서 볼 때 그것은 부부간 계약의 일부다. 종종 부부 중 어느 한 사람이 상담을 일언지하에 거부하는 경우가 있다. 상담 받아서 무슨 소용이 있겠느냐, 이미 늦었나, 아무런 의미가 없다 등의 이유를 들먹이면서 말이다. 만약 그런 일이 생기면 파트너에게 본 교훈을 이야기해줘라. 수많은 인생의 현자들이 상담을 통해 꺼져가는 열정을 되살리는 데 성공했고 이혼의 위기에서 벗어나 평생 행복한 결혼 생활을 영위할 수 있었다는 점을 말이다. 인생의 현자들에 의하면 부부는 결혼에 대한 책임이 똑같이 있는 만큼 그 관계에서 벗어나기 전에 의무적으로 상담 받아야 한다고 강조한다.

| 스물네 번째 |

열정적인 결혼 생활을 위한 5가지 비결

인생의 현자들에게 평생 새롭고 활기차고 가슴 뛰는 결혼 생활을 유지하는 비결을 물었더니 역시나 그들은 실망시키지 않았다. 그들이 수십 년간 속속들이 경험한 열정적인 결혼 생활의 비법을 5가지로 정리해보았다.

하나. 멋을 내라

관계를 시작할 때는 외모도 중요한 부분을 차지한다. 마찬가지로 나이 들어 열정적인 사랑을 변함없이 유지하는 데도 외모가 중요하다. 최대한 멋진 모습으로 남아 있어야 한다는 게 인생 현자들의 생각이다. 여기서 '최대한'이라는 단어가 중요하다. 칠십 노인(어떤 연령도 마찬가지지만)한테 20대처럼 외모를 꾸미라는 말이 아니다. 700명이 넘는 인생의 현자들 가운데 노화 방지 제품이나 성형수술을 권한 사람은 단 한 사람도 없었다. 드물게 언급하긴 했지만 오히려 그런 현상을 한탄하는 내용이었다.

다만 인생의 현자들은 자신의 외모를 최대한 가꾸는 데는 적극 찬성했다. 멋진 모습을 가꾸는 것은 성적 매력을 유지하는 관건이다. 캐스린 서머스(89세)는 이야기한다.

"외모에도 관심을 갖고 신경을 써야 한다고 생각해. 외모에 관심을 갖다보면 남편이나 사랑하는 사람에게 매력적으로 보이려고 애쓸 테고, 그러면 열정이 저절로 생긴다네."

셰리 그래스(88세)는 이를 좀 더 직설적으로 표현했다.

"'이미 결혼했는데 뭐. 남편을 확실히 내 것으로 만들어놨으니 이제 외모 같은 건 신경 안 써도 돼.' 절대 이렇게 안이하게 생각해선 안 돼. 평소 몸매를 유지하고 몸매가 망가지지 않도록 하는 게 기본이야. 몸매가 망가지면 매력적으로 보일 수 없으니까. 우린 늘 그 규칙을 명심하니까 부부 금실에 문제가 생긴 적이 결코 없었어."

타힐 카림(77세) 역시 이 문제에 대해 같은 연배의 남성들에게 한소리 했다.

"내가 보기에 남성들은 자신이 여성들에게 어떤 모습으로 비칠지 도통 신경쓰지 않는 것 같아. 다들 이걸 명심해야 해. 다른 여성들이 좋아할 만하게 외모나 위생, 성적 매력을 갖도록 스스로를 가꾸면 아내한테도 좋게 보여. 외모와 담 쌓고 지저분하게 다닐 때와는 다른 눈으로 본다고. 화장실에서 식구들 다 듣게 소변을 보질 않나, 아내 앞에서 방귀를 풍풍 뀌질 않나, 덥수룩하게 해가지고 펑퍼짐한 옷이나 입고 다니면 완전 이미지 깨지는 거지."

라몽 베넷(73세)도 이에 동의한다. 라몽은 준수한 외모에 말쑥한 옷차림을 자랑하는 사람이었다. 아내 생각에도 자기 남편이 다른 여성들에게 여전히 매력적이라는 사실은 결혼의 활력소가 된다. 라몽은 빙긋 웃으며 이렇게 말했다.

"아내가 나더러 엉큼한 여우래. 내가 밖으로 너무 돌아다니면 왠지 불안하다나. 여자들이 가만 내버려두지 않을 거라며. 므두셀라(구약성서에 나오는 인물로 에녹의 아들이며 라멕의 아버지요, 노아의 할아버지-옮긴이)만큼 나이가 들었는데도 아내가 여전히 그런 걱정을 한다고 생각해봐. 나쁠 것 없잖아? 멋지게 살면 다 좋은 거 아니겠어? 나는 늘 이렇게 생각해. '날 그렇게 봐준다니 기분 삼삼한데. 여성들이 아직도 날 괜찮은 남자로 봐준다 이거지?'"

인생의 현자들이 내적인 아름다움만 중시하고 외모는 천시할 거라는 생각은 오산이었다. 그들의 비결은 단순하다. "열정적인 결혼 생활을 최대한 유지하려면 최대한 멋진 몸매를 유지하고 외모를 가꿔라. 나이 들었다고 매력적인 사람이 되지 말란 법은 없다!"

둘. 여행을 하라

《내가 알고 있는 걸 당신도 알게 된다면》을 집필하면서 미국의 최고령자들이 젊은 세대에게 남기고 싶은 가장 소중한 조언 중 하나가 바로 '여행을 많이 하라'임을 알게 되었다. 그들 대부분이 작은 마을이나 외떨어진 동네에서 자라서인지 유독 여행의 흥분과 모험을 즐기는 것 같았다. 물질적인 것을 소유하는 것보다 여행 경험을 인생 최고의 순간이자 가장 소중한 추억으로 간직하고 있었다.

열정적인 결혼 생활을 유지하는 데도 이 원칙이 적용된다. 실제로 가슴 뛰는 결혼 생활을 유지하는 방법을 묻는 질문에 "여행을 많이 하라"는 응답이 많았다. 데브라 팔머(73세)는 열정이 살아 있는 결혼 생활을 유지하는 유일한 방법으로 이것을 추천했다.

"여행을 다녀봐! 다른 환경에 처해보면 인생을 보는 눈이 달라질 걸. 집에만 있으면 일상이 답답하고 지겨워지잖아. 그저 아무 생각 없이 늘 하던 대로 생활할 뿐이지. 한 며칠 집 떠나 있으면 잃었던 열정이 되살아나. 확연히 달라진 걸 느낄 수 있어. 둘이 함께할 때의 그 기쁨을 다시금 느낄 수 있을 거야. 우리 부부는 50대 후반에 1년간 해외여행을 하면서 너무나도 즐거운 시간을 가졌다오. 둘이서 더듬더듬 외국어를 배우기도 하고 정말 재미있었어. 끊임없이 새로운 걸 경험하면서 말이야."

열정을 되살리기 위해 반드시 값비싼 모험 관광을 할 필요는 없다. 인생의 현자들 대부분이 생활하기에도 빠듯한 수입을 벌었지만 단조로운 결혼 생활에 활력을 불어넣기 위해 여행을 감행했다. 캠핑을 하거나 버스를 이용하거나 친구나 친척 집에 머물면서 알뜰하게 여행했다. 아마존 래프팅이나 히말라야 등정이 아니어도 좋다(물론 그럴 여유가 되면 금상첨화다!). 검소한 여행을 하며 잠시 일상을 벗어난다는 자체가 중요한 것이다. 인생의 현자들은 말한다, 일상이 무미건조하다고 느껴질 때면 여행을 떠나라고!

셋. 나눔의 삶을 실천하라

결혼한 지 오래인 수많은 부부들이 사랑을 유지하는 비결로 나눔의 삶을 이야기했다. 부부가 함께 자원봉사 활동에 참여하면서 공동의 경험은 물론 목적과 의미에 대한 공동의식을 갖게 되어 결혼 생활이 한결 만족스러워졌다고 한다. 그들은 부부의 애정과 헌신이 자연스럽게 봉사로 이어진 것뿐이라고 말했다. 서로에게 느낀 기쁨을 다른 사람들과 나누고 싶은 간절한 마음에서 봉사 활동을 하게 된 것이다.

이 주제에 대해 가르침을 준 멘토는 허먼 도슨(79세)과 그의 아내 애니다. 이들 부부는 참 열심히 살았다. 여행도 다니고 사회 교육 활동에도 참여하고 친구도 많았다. 하지만 열정적인 결혼 생활의 일등공신은 바로 나눔의 삶이었다. 애니는 이야기한다.

"자기 자신에게서 벗어나라고 말하고 싶어. 그러면 파트너에게 고마움을 느낄 수 있어. 나이 든 사람들은 자기만 생각하기 쉽거든. 자기 인생, 자기 몸 아픈 것, 이런 거 말이야. 주변을 돌아볼 수 있어야 해. 다른 사람을 향한 동정심을 갖고 세상과 같이 호흡하면서 타인을 도울 방법을 생각하는 게 중요해. 그러지 않고 자기만 바라보기 시작하면 자꾸만 부정적인 생각에 빠져들게 된다오."

허먼도 이에 동의했다.

"우리처럼 은퇴한 사람들은 시간적인 여유가 있으니까 밖으로 나가 다른 사람들을 도우려고 노력해야 해. 남을 도우니 기분 좋고, 또 그들에 비해 내가 얼마나 복이 많은 사람인지도 새삼 깨닫게 돼."

애니의 설명이 이어졌다.

"남편과 나는 오래 전부터 빈민 지역 학교에서 읽기 능력이 부족한 아이들을 가르쳐왔어. 그 일은 우리에게 매우 신선한 충격을 주었지. 우린 교외에서 사는데 동네 사람들이 우리더러 어떻게 도시에서 그런 활동을 다 하느냐며 신기한 듯 물어봐. 하지만 다들 다른 사람들의 삶이나 빈곤으로 인한 문제, 가난한 아이들의 형편 이런 것들에 전혀 무관심해. 이런 부분에서 우리가 동일한 가치관을 갖고 있기 때문에 은퇴 후 봉사 활동을 하면서 부부가 더 일심동체가 되었지. 빈곤 지역 사람들과 함께하며 그들의 고통을 이해하는 가운데 새삼 가족이나 내가 가진 것, 그리고 사랑하는 배우자에 대해 더욱 감사하게 된 거야."

이런 인생 현자들의 조언을 듣자니 부부를 결속시키는 데 자원봉사보다 더 좋은 건 없어 보였다. 거기에는 새로운 것에 대한 도전과 세상을 바라보는 다른 시각, 자신도 뭔가 생산적인 일을 하고 있다는 느낌, 그런 자신에 대한 뿌듯함을 느낄 수 있는 기회가 있다. 또한 부부가 같이 활동하고 같이 경험하면서 새로운 친구나 새로운 일들을 접하게 되고 이들에 대해 서로 이야기하다보면 서로 더 친밀한 관계가 된다. 열정적인 결혼 생활의 비결로 지역사회 봉사를 해본 사람은 많지 않을 것이다. 여러 대안들이 있겠지만 사실 알고 보면 이것만큼 의미 있는 활동도 없다.

넷. 변화를 수용하라

결혼은 몇 가지 장기적인 기간으로 이루어져 있어서 큰 변화 없이 안정적으로 흘러가는 듯하다. 심리학자인 나의 형 데이비드 필레머(David Pillemer)는 자신의 연구에서 사람들이 인생의 기간을 '장(chapter)'이라는 몇 개의 마디로 나누고 여러 개의 '장'이 모여 전체 삶을 구성한다는 사실을 발견했다. 각자 자신의 고유한 장을 지나는 동안, 가령 '자녀 양육의 장'을 지나는 동안, 그 기간이 안정적이고 불변일 것이라고 인식하지만 사실은 전혀 그렇지 않다.

미국 최고령 노인들에게 얻은 결혼을 위한 조언들을 오랜 시간에 걸쳐 살피던 중에 계속 반복되는 중요한 문구 하나를 발견하게 되었다. 그것은 바로 '변화의 불가피함'이었다. 사실 결혼은 변화의 연속이다. 아주 느릿느릿 움직이다보니 체감하기가 어려울 따름이다.

인생의 현자들은 결혼이라는 포물선을 되돌아볼 때 결혼은 매우 유동적인 것이라 확신하며 이 사실을 수용해야 한다고 말한다.

로라 메디나(70세)는 결혼 생활의 끝이 행복이라는 생각은 환상이라고 이야기한다.

"결혼 생활의 목표로 삼는 행복이 계속 움직인다는 걸 인정해야 해. 무슨 일을 하든 거기서 더 해야 해. 살아 있는 한 계속 더 많은 걸 필요로 하니까. 마찬가지로 관계도 성장하고 변화한다는 걸 받아들여야 해."

결혼 생활을 '과정'이라 표현한 인생의 현자도 있었다. 밥 메이(65세)는 이렇게 이야기한다.

"결혼을 기대하는 사람들에게 결혼은 과정이라는 이야길 해주고 싶어. 결혼은 어떤 하나의 완성품이 아니야. 늘 새로운 시작의 연속이고 끝이란 게 없어."

영원한 행복이 목표가 되면 결혼 생활에 만족이란 없다. 대신 변화를 받아들이고 거기에 적응하려는 자세가 필요하다.

정작 부부들은 깨닫지 못하지만 결혼은 끊임없이 변하고 있으며 이 사실이 두려움으로 다가올 수도 있을 것이다. 하지만 열정적인 결혼 생활을 유지하는 부부들은 변화에 적극적으로 대응할 뿐만 아니라 함께 노력한다. 노부부들은 인생의 전환, 직업의 변화, 자녀의 출생과 독립, 은퇴 등을 두렵고 반갑지 않은 위협이 아닌 흥미롭고 신나는 성장의 기회로 바라보았다. 이런 인식 덕분에 그들의 결혼 생활은 끝까지 활력을 유지할 수 있었다.

인생의 현자들은 값비싼 대가를 치르고 얻은 경험을 통해 일시적인 불편, 스트레스, 불행, 좌절의 순간을 희망적으로 바라볼 수 있는 관점을 얻었다. 그들은 결혼을 장기적인 관점에서 성장의 기회로 바라보라고 조언한다. 왜냐하면 변화가 곧 결혼 생활의 열정을 유지시켜주기 때문이다. 그리고 파트너의 새로운 관심사나 더 큰 세계로 나가는 일을 두려워하지 말고 포용하라고 말한다. 자녀의 독립이나 은퇴와 같은 삶의 변화를 두려워하는 대신 결혼 생활을 쇄신하고 즐길 수 있는 기회로 삼아야 한다. 인생의 현자들은 말한다, 때로는 함께 파도타기를 해야 할 때도 있다고, 그것을 최대한 즐기라고!

다섯. 평생 데이트하며 사는 부부가 되라

이따금 인생의 현자들은 단어 몇 가지로 복잡한 생각을 정리해주는 재주를 발휘함으로써 듣는 사람으로 하여금 고개를 내저으며 이런 생각을 하게 만든다. "왜 진작 이런 생각을 하지 못했을까?" 뭔가 열정적인 결혼 생활을 위한 비결이 하나 더 남아 있는 것 같은데 정확히 짚어낼 수 없는 상황에서, 여러 인생의 현자들이 관계에 대한 특별한 자세를 강조하면서 단지 행동만이 아니라 전반적인 마음의 자세에 대해 말하고 있다는 사실을 깨닫게 되었다. 관계에서 신선함, 흥분, 기쁨을 중시하는 세계관을 지닌 인생의 현자들은 우울하고 무기력한 기간을 무사히 극복할 수 있었다. 하지만 이슬처럼 쉬 사라지는 그런 것들을 한마디로 무엇이라 해야 할까?

이때 리 머피(70세)가 놀라운 비결을 제시했는데, 가히 결혼의 지향점에 대한 생각에 일대전환을 가져올 만한 것이었다. 결혼을 위한 평생의 조언을 묻는 질문에 그녀는 이렇게 이야기한다.

"우린 두 사람 모두 첫 결혼에서 10년 만에 실패를 경험한 터라 결혼 생활의 어려운 문제가 뭔지 잘 알았지. 그래서 재혼할 때 서로 합의를 했어. 사실 남편이 제안한 건데, 데이트하듯 결혼 생활을 꾸려가자는 거였어. 만나서 데이트를 즐기고, 데이트가 끝나면 잠시 서로 헤어지듯 말이야. 10대 때 데이트하던 것과 똑같이 말이야. 그땐 데이트하고 나서는 헤어져 집으로 돌아와 숙제를 했잖아. 그리고 다음날 다시 만나는 거지. 그때처럼 평생 데이트하듯 살자고 약속했어. 같이 데이트하다가 잠자러, 아이 돌보러, 일하러, 치료받으러 잠시 서로 헤어지는 거지. 살면서 어떤 어려움을 만나더라도 이런 자세로 살기로 했어. 이것은 우리 결혼 생활의 틀을 잡아준 기막힌 방법이었다오. 데이트하러 나간다고 상상해봐! 서로 연락을 주고받고 한껏 꾸미고 재미있는 이벤트를 기획하는 거야. 결혼 생활의 온갖 스트레스에 요동하지 말고 항상 긍정적인 면을 강화하라고 나는 말해주고 싶어. 평생 데이트하듯 사는 것, 그게 우리 부부의 비결이야."

지금까지 열정적인 결혼 생활을 이뤄나가는 데 필요한 인생 현자들의 조언을 살펴보았다. 더할 나위 없이 멋진 이 조언들을 당신의 결혼 생활에 당장 적용해보라. 데이트할 때의 그 열정을 결코 잊지 말라. 아울러 그 정신을 평생 이어가라.

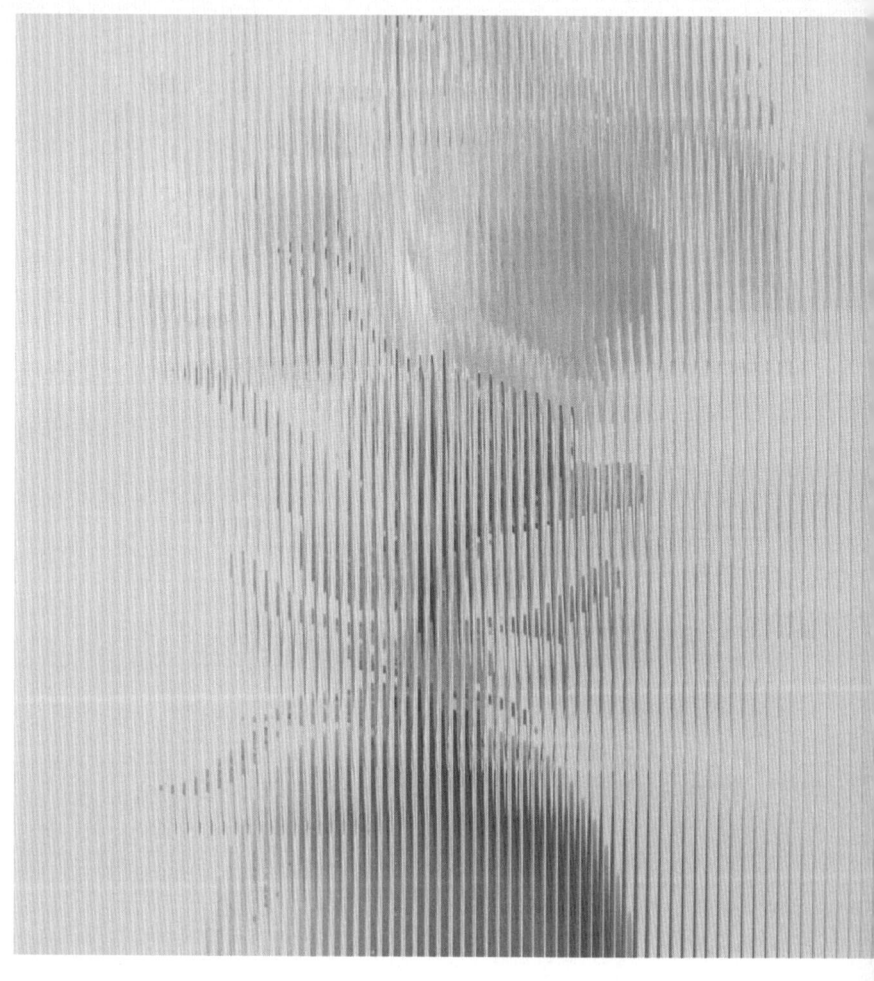

평생 이뤄가야 할 관계라 생각하고 준비했으면 해. 결혼은 인륜지대사야. 그리고 쉽게 포기하지 말았으면 해. 힘든 일이 있어도 견뎌내라고 말하고 싶네. 모든 걸 너무 심각하게 생각하지 말고, 항상 유머를 잃지 말 것. 신세한탄이나 하며 허송세월하고 싶지는 않겠지? 그리고 하룻밤 새 뭔가 이뤄지리라는 기대는 버려. 절대 그런 일은

5장
함께 나이 들기 전에는 몰랐던 것들

없을 테니까. 처음 만나 사랑에 빠졌던 때를 생각해봐. 당시 죽도록 사랑했던 그 사람의 모든 것을 떠올려보라고. 인생과 더불어 결혼도 성장하고 더 아름다운 모습으로 변해, 진실로. 평생 꿈꾸던 행복, 그 이상의 것이 우리를 기다리고 있다네.

루시(94세, 결혼 60년차)

30 LESSONS
FOR LOVING

미국 최고의 현자들이 말하는 인생의 교훈을 전할 때면 항상 받는 질문이 하나 있다. 지난 수년간 이 질문에 수도 없이 답변해왔다.

"지금까지 들려주신 교훈들도 중요하지만, 누구나 각자 자신의 삶이란 게 있지 않습니까?"

실제로 노인들에게 조언을 구해본 경험이 없는 사람이라도 대체로 노년 세대의 지혜로운 의견을 존중하는 분위기다. 그런데 이 질문의 골자는 이 교훈들이 어디까지나 '노인들을 위한 것'이 아닌가 하는 점이다. 나는 《내가 알고 있는 걸 당신도 알게 된다면》에서 노인들은 개인적이고 역사적인 방대한 경험을 바탕으로 독특한 인생관을 지니고 있다고 주장한 바 있다. 그리고 이 책은 "행복하고 만족스러운 결혼 생활과 관련해 젊은이들에게 노인들만이 해줄 수 있는 조언은 무엇인가?"라는 질문에 답하기 위한 책이다. '인생의 현자'라는 호칭은 그래서 나오게 된 것이다. 이들은 진정 인생의 현자이기 때문이다.

물론 90대가 느끼는 인생의 짧음을 20~30대가 똑같이 느끼기란 힘든 일이다. 또한 젊은이들은 대공황이나 2차 세계대전과 같은 큰 사건을 겪은 세대가 아니다. 하지만 그들도 '인생의 현자처럼 생각하는 법'에 대해 중요한 몇 가지를 배울 수는 있다.

맬컴 캠벨(70세)은 10년 전 미국 최고 현자들의 인생 교훈을 수집하기 시작하면서 최초로 만난 사람들 중 한 사람이다. 그때 그가 했던 말이 아직도 잊히지 않는다. 그는 일 중독증이 있어서 결혼 생활을 파경으로 이끌었다. 인생 말년에 이르러서야 그는 삶의 순간순간을 누리며 일상의 아름다움을 만끽하는 법을 발견했다. 만년의 변화에 대해 설명한 후 아쉬운 한마디를 남겼다. "이 모든 걸 60대가 아닌 30대에 깨달았더라면 몇십 년 훨씬 더 즐겁게 살았을 텐데……!"

이번 장은 바로 이런 정신에서 출발했다. 지금까지 보다 나은 사랑과 결혼 그리고 관계를 위해 노인들, 특히 수십 년 결혼 생활을 해온 사람들의 깨달음을 따라가는 여정을 함께 해왔다. 결혼의 전 과정을 배우자 선택부터 시작해 대화법, 스트레스 대처법 그리고 열정을 유지하는 법에 이르기까지 죽 살펴보았다. 이 과정에서 노인들의 수많은 깨달음, 아이디어, 비결, 전략이 제시되었고 이 중 몇 가지를 이미 시험해본 사람도 있을 것이다.

여기서는 인생 현자들의 결혼관을 조금 다른 각도에서 접근해보려 한다. 이 장에서 다룰 6가지 지혜는 "결혼에 관해 젊은이들에게 전해주고 싶은 평생의 교훈은 무엇입니까?"라는 질문에 대한 현자들의 답변 중 가장 핵심적인 단어 또는 문구를 담았다. 이런 단어나 문구는 그들의 세계관에 너무도 깊이 각인돼 있어서 그 자체만으로 충분히 이해되는 것들이다. 그럼에도 인생의 현자들이 행복한 결혼을 위한 핵심적인 자세를 직접 설명하기까지 충분한 시간을 드리고 기다렸다. 사랑과 결혼의 세계를 바라보고 이해하는 그들의 독특한 방식이 고스란히 전달될 수 있기를 바라는 마음에서 말이다. 사랑을 위한 조언을 담은 마지막 6가지 지혜를 통해 결혼에 관해 '인생의 현자처럼 생각한다는 것'의 의미를 살펴보자. 이들의 지혜가 좀 더 즐겁고 만족스러운 결혼 생활로 안내하리라 확신한다.

| 스물다섯 번째 |

조건 없이
존중하라

　　　　　　　사람, 사랑 그리고 사람에 대해 노인들이 들려주는 지혜의 핵심을 파고드는 동안 배경음처럼 계속 들리는 말이 있었다. 아레사 프랭클린은 우렁찬 목소리로 이렇게 말했다. 부부 관계에서 필요한 것은 '집에 돌아왔을 때 약간의 존경'뿐이라고. 성공적인 결혼 생활을 위해 평생 필요한 교훈을 묻는 질문에 그저 한마디로 '존경'이라고 답한 경우도 있었다. 존경이라는 말이 계속 그들 입에서 나왔지만, 처음에는 그 단어가 인생의 현자들에게 어떤 의미를 지니고 있고 왜 그토록 중요한지 정확하게 알지 못했다.
　　어찌 보면 사랑과 존경은 서로 성격이 다른 말 같다. 다들 부모를 존경하고 선생님을 존경하라는 말을 들으며 자란다. 그 후에는 사회의 기강이 되는 법이나 소유권에 대한 존중, 종교 지도자들에 대한 존경을 배운다. 이처럼 존경은 공식적인 성격을 띤 것이며 낭만적인 사랑의 결합이나 결혼에 이르도록 만드는 강렬한 감정과는 반대되는 것처럼 보인다. 하지만 수백 명과의 인터뷰를 통해 타오르는 열정과 균형을 이루며 사랑을 확인하는 지표가 되는 존경심이 결혼 생활에서 얼마나 중요한지 새삼 깨닫게 되었다.

결혼에 대한 인생 현자들의 조언에서 하나의 역설이 계속 등장한다는 사실을 이미 알아차린 독자도 있을 것이다. 결혼은 성인이 경험할 수 있는 가장 친밀한 관계다. 우리는 배우자에게 마음을 터놓고 타인은 알아차리기 힘든 비밀이나 결함까지 속속들이 이야기한다. 서로를 의지하기 때문에 서로에게 영향력을 행사하게 된다. 이런 강한 애착, 서로를 깊이 안다는 것, 의존성 때문에 오히려 배우자에게 상처를 주기도 한다. 이것이 바로 결혼의 역설이다. 서로 사랑하지만 상처를 준다는 것, 다른 누구도 아닌 사랑하는 사람에게 더 큰 상처를 받는다는 것.

그렇기 때문에 부부는 반드시 서로를 존중해야 한다고 인생의 현자들은 말한다. 상대를 존중하는 마음을 가지면 감정을 자제하는 태도를 보이기 때문에 파트너는 감정의 분출(결혼 생활을 하다보면 사소한 일에도 감정이 격해지기 쉽다)로 인한 피해로부터 안전할 수 있다. 또한 서로에 대한 감사와 존경을 중심축으로 열정과 어우러져 균형 잡힌 결혼 생활을 영위할 수 있다. 다른 사람을 존중하면 그 사람을 존엄한 인격체로 대하며 높여주고 심지어 경외하는 마음까지 갖게 된다. 인생의 현자들은 그런 존중심이 있어야 결혼을 지속할 수 있다고 강조한다. 존중심이 사라지면 결혼도 사라질 위기에 처한다는 것이다.

존중심에 대해서는 팀 브릭스(94세)가 중요한 이야기를 들려주었다. 그는 가끔 젊은이들이 오래도록 행복한 결혼 생활을 하는 것이 정말로 가능한지 의심에 찬 목소리로 질문할 때면 거의 반사적으로 "아, 그럼!" 이렇게 대답하곤 한다. 나는 그처럼 말하는 현자들을 많이 만나봤지만, 브릭스 부부의 이야기를 듣고 경이감에 완전히 압도되었다.

팀과 그의 아내 하이디 두 사람은 전 생애를 통해 서로 알고 지냈다. 팀은 이렇게 이야기했다. "우린 모두 1920년 같은 병원, 같은 병실에서 태어났어! 우리 어머니들이 같은 병실에 입원했거든. 하이디가 나보다 하루 먼저 태어났어. 우린 아흔넷 동갑이야. 별 이야기 거리도 못 돼는 소리만 했네 그려." 그러더니 너털웃음을 지으며 이렇게 덧붙였다. "하지만 태어나자마자 바로 결혼까지 한 건 아냐!"

그들은 열네 살 되던 해에 다시 만났고, 스물한 살에 결혼했다. 그 후로 지금까지 평생을 해로했다. 감정에 북받치는 목소리로 팀은 이렇게 말했다. "평생 아내를 사랑했어. 결혼할 때만큼이나 지금도 여전히 아내를 사랑해." 인터뷰를 실시하면서 응답자들에게 결혼에 대한 만족도 평가에서 '매우 불행하다'부터 '매우 행복하다'까지 6개 항목 중 선택하게 했던 것을 기억하는가? 이 항목을 들은 팀은 이렇게 물었다. "혹시 '매우 행복하다'보다 더 높은 단계는 없나?"

오랜 결혼 생활의 비결을 묻자 팀은 이렇게 말했다.

"결혼은 첫째, 사랑이야. 둘째, 무조건 존중이야. 하이디와 나는 서로를 엄청 많이 존중해. 그게 우리 오랜 결혼 생활의 비결이야. 아내가 뭐라고 하면 나는 아내 말을 99퍼센트 따라. 아내 말이 항상 옳거든. 물론 73년을 같이 살면서 한 번도 다투지 않았다면 그건 거짓말이지만, 그래도 아내가 하는 일은 웬만하면 전부 찬성이야. 아내가 얼마나 똑똑한지 잘 알거든."

하이디를 바라보는 팀의 시선은 존중심으로 가득 차 있다. 팀의 군 복무로 이들 부부가 난관에 봉착했을 당시 아내가 얼마나 꿋꿋하게 이겨냈는지 팀은 이렇게 설명한다.

"2차 세계대전 때 해군에 입대했는데 하이디 혼자 생활을 꾸려가야 했지. 제대 후 돌아와보니 두 살 난 아들이 함께 있더군. 자기 한 몸도 힘든 세상에 아이까지 책임져야 했지. 아내는 자신이 일할 수 있는 능력이 있다는 사실을 알았고 맡은 일을 능숙하게 잘해냈지."

그 후 이 시기의 여느 부부들처럼 가장인 팀이 일을 했고 하이디는 가정을 돌보았다. 하지만 팀은 하이디를 결코 가정의 2인자로 낮춘 적이 없었다. 대신 그는 그녀의 노력을 마음속 깊이 존경했다. 팀의 아내 자랑은 끝이 없었다.

"아내는 집을 아름답게 가꿨지. 아내는 정말 훌륭한 여성이야. 아이들을 훌륭하게 잘 키웠어. 난 한 번도 이렇게 말한 적이 없어. '내가 이 집의 가장이니까 당신은 내 하자는 대로 해야 해.' 그런 말을 한다는 건 상상도 못해! 우린 처음 결혼했을 때와 똑같이 매일 서로를 대하고 있어. 아이들도 그걸 보고 배워. 부모가 사는 모습을 아이들에게 보여주는 거야. 부모가 서로 존중하는 모습을 보여주면 아이들도 그대로 따라 한다오."

팀이나 하이디 그리고 다른 인생의 현자들에 의하면 상호 존경은 성공적인 결혼의 핵심이다. 그런데 상호 존경의 정확한 의미는 무엇일까? 존중심은 어느 정도는 태도(곧 살펴보겠지만 이는 존중심의 한 요소에 불과하다)의 문제다. 부부 사이에 존중하는 태도는 파트너를 독립적인 인격체로 대우하며 결코 자신의 소유로 생각하지 않는다. 율라 짐머만(88세)은 인생 현자들의 이런 생각을 잘 요약해준다.

"서로 존중해야지. 존중은 다른 사람의 인격과 세상에 기여하는 것을 가치 있게 여기는 거야. 다른 사람을 있는 그대로 받아들이는 것이 기본이지. 다른 사람이 내 생각대로 해주지 않는다고 불행해하는 사람을 많이 봤어. 하지만 존중은 다른 사람의 인격은 물론 나와 다른 생각과 신념도 소중히 여기는 거야. 존중은 통제가 아니라 자유롭게 해주는 거지. 각자의 권리를 인정해주는 것."

존중에는 개별성을 인정하는 것 외에도 또 다른 중요한 요소가 있다. 바로 치하하는 것이다. 인생의 현자들은 잠시 한 걸음 물러나 파트너가 '잘하는 것'을 살살이 찾아보라고 권한다. 프랜시스 바튼(72세)은 시어머니의 건강 악화로 스트레스를 많이 받고 남편과 다툰 경험을 이야기했다. 그때 남편의 한마디 말이 모든 걸 바꿔놓았다.

"지금 시어머니는 요양원에 계셔. 그전엔 우리가 1년 반가량 모셨어. 그러다 요양원으로 옮겼는데, 그날 집으로 돌아온 남편이 돌아서더니 갑자기 이러는 거야. '당신, 그동안 수고 많았어. 고마워.' 그 한마디로 그동안 쌓였던 게 눈 녹듯 사라졌어. 그러니까 부부는 무조건 힘을 합쳐야 해. 이런 고마움의 표현은 부부가 공동의 목표를 향해 협력한다는 증표야."

이렇듯 파트너가 수고한 공로를 인정하고 이를 공개적으로 치하함으로써 상대에 대한 존중을 표현할 수 있다. 이를 알려준 인생 현자들의 지혜에 몰두하다보니 존중은 하나의 태도일 뿐만 아니라 그보다 훨씬 많은 의미를 담고 있음을 깨닫게 되었다. 그들은 이것을 '일련의 행동'으로 보았다. 존중은 지금 당장 실천할 수 있는 분명한 행동들로 나타난다는 것이다. 파트너에 대한 존중을 표현하고 싶다면 다음의 3가지 중요 사항을 점검해보라고 인생의 현자들은 권한다.

하나. 파트너에게 어떻게 말할 것인지가 중요하다

무엇을 말하는지도 중요하지만 어떻게 말하는지가 중요할 때가 많다고 인생의 현자들은 강조한다. 대화를 하면서 짜증 섞인 말투나 화를 가득 담거나 비난하는 투로 이야기하기 쉬운데, 정작 당사자는 그런 사실을 깨닫지 못하는 경우가 많다. 이제부터는 존중하는 마음을 전해보자. 딜리아 앨런(80세)은 이야기한다.

"어투가 상당히 중요하다고 봐. 다들 '당신은 일하는 방식이 틀려먹었어. 정말 마음에 안 들어!' 이런 식으로 말하곤 하는데, 어떻게 말할지를 잘 조절해야 해. 그렇게 하려면 연습이 필요하지. 일단 목소리를 낮춰야 해. 그리고 가능한 한 다정한 어투로 이야기해야 해."

2장에서 살펴보았듯이 상대에게 존중심을 표현하려면 반드시 예의와 정중함을 갖춰야 한다. 존경하는 직장 상사나 목사, 은사 등 주위에 존경하는 사람들이 서로 어떻게 대하는지 관찰하고 이를 따라 해보는 것만으로도 부부 갈등의 상당 부분을 해소할 수 있다. 사소해 보이지만 어투나 단어 선택에 신경 써서 존경심을 전달함으로써 결혼 생활을 오래도록 지탱해주는 든든한 기초를 쌓을 수 있다.

둘. 파트너의 말을 듣고 있다는 사실을 '보여줘라'

인생의 현자들에 의하면 배우자를 무시하는 행동 중 흔히 저지르기 쉬운 것이 파트너의 말을 제대로 듣지 않는 것이다. 배우자가 다가와 뭔가를 상의하려는 데도 컴퓨터, 텔레비전, 스마트폰을 끄지 않는다. 머틀 케이시(74세)는 상대의 말을 들을 뿐만 아니라 듣고 있다는 사실을 '보여줘야' 한다고 강조한다.

"배우자의 말을 들어야 해. 귀로만 듣는 게 아니라 마음으로도 들어야 해. 그가 말하려는 바를 이해하고 있다는 걸 보여줘. 그가 말을 다 마칠 때까지 기다려주고 그의 말을 이해하려고 노력해야 돼. '알아들었다니까. 다른 할 말은 뭔데?' 이렇게 건성으로 말하지 말고 온전히 집중해야 해. 그가 말을 마치기도 전에 자르지 말고 다 들은 다음에 자기 할 말을 하든지 설득을 해. 그가 하고 싶은 말을 끝까지 하도록 충분한 시간을 주고 적극적으로 듣고 있다는 사실을 보여줘. 만약 타이밍이 좋지 않다 싶으면 정중하게 말해. '여보, 지금 시간이 좀 늦은 거 같은데, 다음에 이야기하면 안 될까?' 무례하게 굴지 말고 서로 예의를 갖추라고."

직장에서 사장의 말을 듣고 있거나 사원 면접을 보는 중이라고 상상해보라. 누구라도 이런 상황에서는 상대방의 말을 진정으로 귀 기울여 듣고 있다는 사실을 온몸으로 보여주려고 애를 쓸 것이다. 이때 대화 도중 스마트폰을 확인하는 사람은 아무도 없을 것이다. 전적으로 몰입해서 유심히 듣고 있음을 보여주는 것이 존중의 원칙을 대화에 적용하는 지름길이라고 인생의 현자들은 강조한다.

셋. 막말 싸움으로 치닫지 마라

종종 싸움이 극에 달하면 '폭탄 발언을 터트리고 싶은' 유혹이 든다. 예의범절은 오간 데 없고 공격하려는 충동이 인다. 이런 순간 위기에서 구해줄 현자들의 조언이 마련되어 있다. "존경하는 사람에게라면 절대로 쓰지 않을 말을 배우자 면전에 대고 하지 말라."

리아 스톤(71세)은 결혼한 지 51년째다. 결혼 초기에 소통의 어려움을 겪었다. 특히 여권 신장 바람이 일던 때라 더 큰 목표를 향해 나가고 싶었던 그녀는 아이들이 아직 어렸지만 직장으로 복귀하길 원했다. 가부장적인 생각을 지닌 남편은 다른 사람들 보기에 자신이 무능한 가장으로 비칠지도 모른다는 수치심을 느꼈다. 이 격렬한 논쟁을 해결하고자 외부의 도움이 필요하다고 느낀 리아는 상담센터를 찾았다. 그리고 한 가지 중요한 기술을 부부 싸움에 접목시켰는데 이것이 제대로 효과를 발휘했다. 바로 '불친절하고 불손한 발언을 쏟기 전에 멈춰야 한다'는 것.

"생각나는 대로 무조건 내뱉는 내 성격이 문제였어. 하지만 말을 가려서 하는 법을 배웠지. 욕을 한다거나 옛일을 들먹이는 등 후회할 말은 하고 싶지 않았거든. 고약하거나 야비하거나 심한 말을 하지 않으면서 내 생각을 전하려고 노력했다오. 특히 싸움이 극에 달할 때 그러지 않으려고 조심했지. 한번 내뱉은 말은 결코 주워 담을 수 없으니까."

존중의 원칙이라 함은 다른 사람을 모욕하거나 비하하지 않는 것을 말한다. 이중 하나만 잘못해도 해결을 위한 노력이 완전히 틀어질 수 있다. 그러므로 인생의 현자들은 말한다. "모욕이나 비하는 절대 안 돼. 물론 그것이 어렵겠지만 그래도 그렇게 해야 해." 부부가 서로를 있는 그대로 존중해주고 치하해주면서 이 3가지 행동 요령을 접목시켜나간다면 인생의 현자들처럼 생각하기에 한 걸음 성큼 다가간 셈이다.

| 스물여섯 번째 |

한 팀으로 일하듯
한 팀으로 살아라

부부가 미혼 남녀와 다른 점은 무엇일까? 결혼은 너무나도 큰 기쁨의 원천인 동시에 최대의 도전 과제를 안겨주기도 한다. 관심사나 성격, 삶의 경험이 근본적으로 다른 두 사람의 인생이 하나로 합쳐진다고 생각해보라. 수많은 커플이 관계를 처음 시작할 때 두 개의 삶을 하나로 합치는 일을 쉽게 생각한다. 그저 거처를 누구의 아파트로 옮길 것인지, 여분의 소파나 텔레비전은 어떻게 처분할 것인지를 결정만 하면 되는 거라고 여긴다.

인생의 현자들은 결혼이란 정서와 경제를 공유하는 회사를 세우는 일이나 마찬가지로, 세상만사 중에 결혼만큼 어려운 것은 없다고 말한다. 셰릴 심스(66세)는 이 사실을 간단명료하게 전한다. "결혼 생활을 하려면 타협하는 법부터 배워야 해. 왜냐하면 전적으로 다른 두 사람이 하나의 삶을 살아야 하니까."

현대 서구 사회의 추세는 결혼을 더욱 어렵게 만든다. 사회학자들은 서구 사회의 가치관이 개인주의적 성향의 사고와 행동을 부추김으로써 개인의 만족과 자기계발, 개인의 정서적 만족 등이 삶의 일차 목표가 되고 있다고 판단한다. 결혼은 오히려 개인주의의 존립을 위태롭게 하니 이를 극복하라고 요청, 아니 요구한다.

가끔 흔히 듣는 말이 진리임을 절감할 때가 있다. "이제부터는 '내'가 아니라 '우리'가 되어야 한다"는 말이 바로 결혼에 대한 현대인의 이중적 감정을 잘 보여준다. 휘트니 로즈(75세)는 이렇게 이야기한다.

"이제부터 '나' 개인은 잊어버려야 해. 결혼은 타협이고 팀플레이야. 말을 할 때도 이렇게 해야 해. '우리에게 문제가 있어. 우리 이야기 좀 할까?' 함께 일하는 법을 배우고 한 팀을 이뤄 협력하는 것은 결혼 생활에서 해야 할 가장 중요한 일이야. 하지만 요즘은 이렇게 하기가 정말 힘들어. 왜냐하면 '우리'보다는 '나' 개인이 훨씬 중요하거든. 우리 부부는 이렇게 했고 그래서 젊은 커플에게도 추천하는 건데, 바로 한 팀으로 일하라는 거야. 같은 목표와 가치와 소원을 지니고 살 것, 이견이 있으면 기꺼이 타협할 것."

어떻게 하면 자기 자신으로 존재하면서 동시에 더 큰 명분인 부부의 삶을 실현할 수 있을까? 인생의 현자들은 이런 연금술이 현실로 이루어지도록 이끌어주는 개념을 제시한다. 바로 '팀'이다. 그들은 운동이나 일, 군 생활 등 지금껏 팀으로 활동하며 습득한 경험을 결혼에 적용해보라고 적극 권한다.

릭 프리드슨(87세)은 2차 세계대전으로 말미암아 인생이 송두리째 변해버렸다. 지금도 그는 총알이 자신의 다리를 관통하던 순간이며, 독일 전쟁포로수용소에서 지낸 악몽 같았던 시간이 어제 일처럼 생생하다. 하지만 그런 군 생활의 경험을 통해 팀의 일원으로서 역할을 감당하는 법을 배웠다. 그곳에서 다른 사람과 협력한다는 것은 그야말로 생사가 달린 문제였다. 릭은 거기서 배운 팀 개념이 65년여에 걸친 행복한 결혼 생활을 가능하게 했다고 말한다.

"결혼은 팀 작전이야. 나는 전쟁 경험을 통해 결혼을 특별한 시각으로 바라보게 되었어. 군에서 사병들은 자신이 혼자가 아니라는 사실을 잘 알아. 모두가 공동의 목표를 향해 뭉치지. 결혼 생활에서도 부부가 한 팀을 이뤄 협력한다는 게 제일 신났어. 결혼 생활에 대해 한 팀에서 모든 걸 함께 나눈다는 개념으로 접근한 거지. 이렇게 하면 인생의 문제들을 전혀 다른 관점에서 접근할 수 있어. 왜냐하면 그동안은 혼자서 모든 걸 해결해야 했지만 이제부터는 함께 해결할 수 있으니까. '이렇게 하자' 또는 '저렇게 하자'라고 절대 말할 수 없어. 팀은 이렇게 해야 해. '내 생각은 이런데, 당신은 어떻게 생각해?' 그게 우리 결혼 생활이야. 그게 일상화되면 자연스럽게 자신의 감정을 꺾고 배우자의 감정을 따르게 된다오."

인생의 현자들은 부부의 협력 관계를 운동경기의 협동심에 비유했다. 샐리 젠크스(64세)와 킴벌리 카터(67세)는 직업 운동선수로서

팀 훈련을 통해 얻은 교훈을 자신들의 관계에 적용시켰다. 킴벌리는 이야기한다.

"뭔가 문제가 생기면 둘이 한 팀으로 문제를 해결하려는 자세가 참으로 중요해. 문제가 닥치면 본능적으로 내가 옳고 파트너는 틀렸다는 생각부터 들지만, 그래도 무엇이 잘못되었는지 파트너가 이해할 수 있도록 차분히 설명해. 그리고 얼른 이렇게 생각을 바꿔. '이건 우리 문제니까 함께 해결하도록 노력하는 거야.' 서로 머리를 맞대면 팀 전체에 훨씬 좋은 결과를 가져올 수 있으니까."

협동심은 결혼 생활에서 또 다른 진가를 발휘한다. 바로 도움이 필요한 때를 알고 누군가에게 도움을 요청할 수 있다는 것이다. 마치 선수가 어려움에 처했을 때 코치에게 달려가는 것과 같은 이치다. 샐리는 이야기한다.

"자신의 생각대로 하고 싶은 욕망이 들 때, 과연 그것이 팀 전체에 좋은 일인지를 먼저 생각해야 해. 더 이상 서로 소통이 어려운 지점에 이르렀을 때, 도저히 의견을 같이할 수 없다고 느낄 때, 그땐 다른 누군가에게 도움을 구할 수도 있다고 봐. 그건 우리 사이가 흔들리고 있다는 징후가 아니라 오히려 서로 굳게 신뢰한다는 신호지. 우리는 이렇게 도움을 요청해. '우린 한 팀이고 약간의 문제가 생겼는데, 더 나은 팀이 되도록 지도를 부탁드려도 될까요?'"

아울러 협동심을 발휘하지 못해 그 대가를 치른 한 현자를 통해서도 중요한 교훈을 얻게 되었다. 마일로 맥크레리(81세)는 3년 전 아내 실레스트가 사망하기까지 53년을 해로했다. 아내의 죽음으로 상심이 이만저만한 게 아니었지만 오랜 시간 함께 누렸던 생생한 결혼 생활의 추억을 돌아보며 위안을 삼았다. 이들 부부는 70대에 이르러서도 여전히 활발하게 활동해서, 실레스트가 세상을 떠나기 전까지 여행도 다니고 사업도 같이하면서 일을 계속했다. 마일로는 그들의 결혼 생활을 이 한마디로 요약했다. "팀워크."

"배우자가 원하는 것에 맞춰줘야 해. 배우자 앞에서 정직해야 하고 아무것도 숨기면 안 돼. 혼자 일방적으로 결정해서도 안 돼. 뭐든 둘이서 결정을 내려야 해. 우리도 각자 자기주장이 있고 나름 고집이 있는 사람들이지만 항상 그렇게 했어. 그러면서도 자신의 의견을 주저 없이 이야기하고 문제를 해결하는 데 반영했지. 결혼이란 그런 거야. 두 사람이 한 팀으로 똘똘 뭉쳐 닥치는 모든 상황을 해결하는 것."

마일로에게 이러한 교훈은 거저 얻어진 것이 아니었다. 협동심으로 무장한 그도 이를 위반했던 적이 있었다. 그때 그는 다시는 그러지 않겠다고 맹세했다. 대체 무슨 사연이 있었던 것일까? 이를 이해하려면 마일로의 열정에 대해 알아야 한다. 그는 스키에 남다른 열정을 지니고 있고, 아흔이 된 지금도 여전히 슬로프를 누비고 있다. 불행히도 아내는 스키에 전혀 관심이 없었다. 마일로는 힘들었던 사연을 말하며 감정에 북받쳤다.

"평생 두고두고 후회할 일을 한 적이 있어. 우리가 마흔쯤 되었을 땐가, 어느 날 실레스트가 이렇게 말했어. '우리 같이 스키 타러 갈까요?' 그래서 내가 그랬지. '좋아.' 그때까지 한 번도 스키를 타본

적이 없던 터라 아이들을 데리고 근처 스키장에 갔어. 나나 아들들과는 달리 운동감각이 둔한 아내를 무시하는 마음이 있었어. 아내를 초보자용 슬로프에 혼자 내버려두고 우리끼리 스키를 즐겼지. 그리고 2~3일 후에는 아내 혼자 남겨두고 나와 아들들만 슬로프 정상까지 올라갔어. 그 이후로 아내는 스키라면 고개를 돌렸지. 나는 만나는 사람마다 이렇게 말해줘. '절대 내가 저지른 과오를 되풀이하지 말게. 남자라고 호기 부리지 말고 아내를 배려하라고. 평생 스키를 함께 즐길 파트너를 잃지 않으려면 말이야.' 함께 배우도록 조금만 인내심을 갖고 기다려주면 평생 취미 생활을 같이할 파트너를 얻을 수 있는데 말이야. 그때 아내가 함께 스키를 즐길 수 있도록 곁에서 도와줬어야 하는 건데. 그러기는커녕 혼자 덜렁 가버렸으니 스키라면 질색할 만도 하지. 많은 사람들이 내 이야기를 귀담아 들었으면 해. 그렇게 한다면 틀림없이 평생 협력하는 좋은 파트너 관계가 될 거라오."

협력이 가장 진가를 발휘하는 때는 뭐니 뭐니 해도 어려움이 닥쳤을 때다. 인생의 현자들은 협력 없이는 결혼 생활에 닥치는 수많은 스트레스를 이겨내고 살아남을 재간이 없다고 말한다. 힘들고 어려운 상황에 부딪혔을 때, 부부가 한 팀이 되어 접근한다면 그것은 더 이상 '나'의 문제가 아닌 '우리'의 문제가 된다. 부부 중 한 사람이 겪는 어려움이나 질병, 좌절은 그만의 것이 아니다. 파트너도 함께 책임을 져야 하는 문제다.

이 조언에 관해 생각하면서 운동선수들이 자기 팀 동료가 어려움에 처했을 때 어떻게 하는지 떠올려보았다. 만약 한 야구선수가 슬럼프에 빠졌을 때, 같은 팀 동료라면 절대 이렇게 말하지 않을 것이다. "이건 그의 문제야. 스스로 알아서 처리하도록 내버려둬." 대신 그가 해결책을 찾도록 최대한 지원하고 도와줄 것이다. 뉴욕 메츠의 주전 1루수인 아이크 데이비스에 관한 기사를 읽은 적이 있다. 2013년 그가 심각한 타격 슬럼프에 빠졌을 때, 같은 팀 동료인 데이비드 라이트는 한 인터뷰에서 이렇게 말했다.

"중요한 건 야구단 전체가 자신을 지지하고 있다는 사실을 그가 안다는 겁니다. 우리 팀 소속 전원이 그를 지지합니다. 그의 뒤에는 우리가 있습니다. 다음 인터뷰 때는 그가 얼마나 팬들의 열렬한 성원을 받는지 그리고 작년 하반기처럼 얼마나 막강한 공격력을 발휘하는지를 두고 이야기할 수 있길 바랍니다."

바로 이런 의미에서 결혼 생활의 역경 역시 팀 차원에서 접근할 필요가 있다. 서로 지원을 아끼지 않으면서 함께 해결책을 찾기 위해 노력하는 것이다.

하지만 막상 어려움이 몰아닥치면 팀 차원의 접근을 너무 쉽게 포기한다. 끝까지 파트너의 개입을 거부하며 어찌하든 스스로의 힘으로 해결해보려 한다. 그렇게 실수함으로써 더욱 확고하고 긴밀한 관계로 발전할 수 있는 기회를 놓치게 된다. 인터뷰할 때 보면 가장 행복한 부부들은 자신과 상관없이 배우자에게 생긴 문제에 대해서도 항상 '우리'라는 표현을 썼다. 결혼 생활의 어려운 시기를 묻는 질문에 유니스 슈나이더(73세)는 남편 레이가 실직했을 때의 이야기를 들려주었다.

"남편은 직업이 이발사인데 일자리를 잃게 되었어. 그 일은 남편은 물론 가족 모두의 삶을 뒤바꿔놓았지. 하지만 우리는 그 사건을 하나의 기회로 보았어. 그가 직장을 잃었을 때 우리가 이런 말을 했던 게 기억나. '우리 서로에 대한 믿음을 잃지 말고 문이 하나 닫히면 다른 더 좋은 문이 열리리라 믿고 기대합시다. 당분간 많이 힘들지만 차츰 나아지겠죠.' 그랬더니 정말 그렇게 된 거야! 남편은 전혀 새로운 일에 도전했고 그게 오히려 반전의 기회가 되었어. 시련이라 여겼던 그 일이 사실은 우리에게 절호의 기회였던 거야."

그것은 단순한 '남편의 실직' 내지는 '남편의 노력'이 아니었다. 그것은 '우리'의 일이었다. 이들은 한 팀이 되어 그 문제와 정면 대결해서 해결책을 찾았다.

데니스 메이어(70세)와 그의 아내는 악몽과도 같은 불행이 닥쳐왔지만 부부가 합심하여 역경을 물리쳤다.

"둘째 아이가 암에 걸렸어. 딸이 열세 살 되던 해에 악성 뇌종양 진단을 받았어. 아이 병간호하랴, 다른 두 아이들 챙기랴, 부부간에 신경 쓰랴, 정신이 하나도 없었지. 그런 문제에 부닥치면 선택은 두 가지야. 합심해서 대처하든지, 아니면 도망가든지. 합심하는 쪽을 선택하면 그 과정에서 부부간의 사랑과 서로를 향한 존경심이 더욱 깊어지지. 물론 딸아이의 발병은 엄청난 스트레스였어. 다행히도 딸아이는 여러 차례의 수술 끝에 생명을 건졌어. 결국 우리는 무시무시한 질병과의 싸움에서 승리했을 뿐만 아니라 가정이 더 화목해졌어. 덕분에 온 가족이 하나가 되었고 부부간에 서로를 더 깊이 알게 되었지."

데니스는 이러한 팀 접근법을 통해 비극을 오히려 부부가 하나 되는 계기로 승화시켰다. 그는 모든 부부가 어려움을 만났을 때 협력해서 헤쳐 나가라고 말한다. 바로 그것이 결혼이 존재하는 목적이기 때문이다.

"두 사람이 부부로서, 부모로서 그렇게 하겠노라 맹세한 거야. 신부, 랍비, 목사 앞에서 이런 작은 서약을 하잖아. '기쁠 때나 슬플 때나, 아플 때나 건강할 때나' 서로 함께하겠다고 말이야. 그 말을 절대 가볍게 여기면 안 돼. 왜냐하면 결혼 생활을 오래 하다보면 문제는 터지기 마련이고 그것에 함께 책임을 져야 한다오."

들으면 들을수록 '팀'이라는 개념이 소중하게 다가왔다. 결혼 생활이 불행했다고 말하는 인생의 현자들은 대개 협동심보다는 자기만 생각하는 개인주의 성향이 우세한 경우가 많았다. 결혼 54년차인 앨리슨 메이어스(72세)는 남편을 사랑하기는 하지만 완전히 만족스러운 관계는 아니었다. 뒤돌아보면 남편과의 동반자 관계에 감사하면서도 "장미꽃 만발한 정원은 아니었다"고 회고했다. 앨리슨 부부의 문제는 한 팀을 이루는 데 실패했다는 것이다.

"남편은 나와 생각이 같았던 적이 한 번도 없어. 부부간에 파워게임을 한 거지. 누가 주도권을 장악할 것인가? 하지만 그건 잘못이야. 그렇게 하면 안 돼. 서로 협력해야지. 남편은 자기가 가정의 우두머리가 되어야 한다고 생각해. 그런데 나는 남편이 대장 노릇 하는 게 싫었고 남편도 내가 나서는 걸 싫어했어. 함께 힘을 합쳐 함께 주인이 되어야 하는데 말이야. 그런데 지금도 남편과 나는 생각이 완전히 달라. 내가 운전할 때 우회전을 하려 하면 남편은 좌회전을 해야 한다고 말해. 에휴."

잠시 후 회고를 마친 그녀는 한숨을 쉬며 이렇게 정리했다.

"젊은 사람들은 우리처럼 살지 말았으면 해. 한 팀이 되어 협력하는 것만이 최선의 길이야."

인생의 현자들은 결혼 생활에 대한 가장 좋은 비유로 팀을 들었다. 팀은 각자의 관심사와 자아실현을 추구하는 것이 아니라 공동의 목표를 협력해서 이루어나가는 것을 의미한다. 결혼해서 외로움을 느낄 때처럼 비참한 일도 없다. 그렇게 자기 힘으로 살려면 왜 결혼하느냐고 인생의 현자들은 반문한다. 결혼 생활의 성공, 행복 모두 개인을 초월한 목표를 지향해야 한다. 부부 또는 결혼 생활을 팀에 비유한 것은 인생의 현자들이 선사하는 아주 특별한 선물이다. 개별성을 인정하면서 각자의 고유한 장점을 합한 평생의 팀을 이룬다는 것, 그것이 바로 결혼이기 때문이다.

| 스물일곱 번째 |

둘만의
오붓한 시간을
가져라

 나이 든 사람들은 아는데 젊은이들은 잘 모르는 것에는 무엇이 있을까? 1954년 월드 시리즈 우승팀이나 영화배우 루실 볼, 밥 호프, '다이얼을 돌리는' 전화기를 말하는 것이 아니다. 노인들이 20대, 30대, 40대 사람들보다 더 깊고 확실히 알고 있는 게 무엇인가 하는 것이다. 지난 10년간 미국의 최고령 현자들이 나눠준 삶의 지혜를 연구하면서 이 한 가지 교훈을 깨달았다.
 "인생은 짧다."
 《내가 알고 있는 걸 당신도 알게 된다면》에서 그들이 전하고자 했던 평생의 교훈은 "인생이 참 길어 보여도 나이 들고 보면 금방 지나간 것 같다"였다. 그들 모두가 말년에 지나온 날들을 뒤돌아보니 인생에서 가장 귀중한 자산은 '시간'이며, 만약 그 사실을 깨닫지 못하면 소중한 시간을 허비하는 어리석음을 범하게 될 거라고 강조한다. 돈이야 더 벌면 되지만 한번 지나간 시간은 돌이킬 수 없다.

사회학자들은 일흔에 접어든 노인들이 시간에 대해 느끼는 긴박감을 연구하면서, 살 시간이 얼마 남지 않았다는 깨달음이 노인들을 우울하게 만들기보다는 오히려 남은 인생을 더 현명하게 살도록 만든다는 흥미로운 사실을 발견했다. 인생의 말년이 가까워지면 무의미한 인간관계나 의무적으로 하는 일들을 정리하고, 진정 보람 있고 기쁨을 주는 이웃과의 활동에 더 많은 관심을 갖게 된다고 한다. 그 무엇과도 바꿀 수 없는 시간의 소중함을 절실히 깨닫는 것이다.

그러니 결혼에 대한 인생 현자들의 조언에서 시간에 대한 결정이나 시간을 보내는 방법이 언급될 만도 하다. 젊은 부부들은 서로를 위한 시간을 내기가 빠듯하다고 느낄지도 모른다. 하지만 인생의 현자들은 시간은 내기 나름이라고 생각한다. 시간 여유가 생기길 기다리지만 말고 억지로라도 '시간을 내라'는 것이다. 맞벌이하랴 자녀들 키우랴 아무리 바쁜 부부라도 얼마든지 시간을 쪼개 둘만의 시간을 가질 수 있다고 그들은 주장한다. 인생의 현자들처럼 생각하려면 시간의 희소성과 소중함에 대해 더욱 절실히 깨달아야 할 것이다.

인터뷰를 준비하면서 수많은 젊은이들에게 둘만의 시간을 얼마나 갖느냐고 물어보았다. 놀랍게도 30대의 경우 거의 모든 시간을 직장에서 보내거나 자녀들과 보내고 있다고 응답했다. 많은 사람들이 부부끼리 둘만의 시간을 거의 갖지 못한다고 답했다(개중에는 둘만의 오붓한 시간을 보낸 지가 언제인지 기억이 까마득하다는 사람도 있었다). 인생의 현자들은 이렇게 사는 것은 결혼 생활에서 최대의 실수이며 말년에 가장 후회하는 행동이 될 거라고 충고한다. 특히 자녀와 동거 중인 부모들이 시간 부족의 최대 피해자들이라고 지목했다. 그들의 조언은 너무도 분명하다. "형식적이거나 억지로라도 좋아. '어떤 수를 써서라도' 자녀들과 떨어져 둘만의 시간을 만들어내야 해. 자녀들과 그저 몸만 떨어져 있는 게 아니라 '정신적으로도 떨어져 있어야' 한다네."

브라이언트 워커(64세)는 이 문제에 잘 대처했지만 그들 부부가 사태의 심각성을 깨닫게 된 결정적인 계기가 있었다.

"아이들한테 온 신경을 쏟다보면 어느새 아이들 이야기 말고는 부부간에 할 말이 없는 상태가 돼버려. 한번은 아내와 저녁에 외식을 하러 나갔어. 테이블에 앉아 대화를 하려는데 아이들 이야기를 빼고 나니까 대화 거리가 전혀 없는 거야. 그렇게 하면 안 되는 줄 알면서도 방심하다보면 금방 그렇게 돼버려. 부모가 할 일은 오로지 아이들을 잘 돌보는 거라는 인식이 너무 강해서 그래. 부부가 있어야 결혼도 존재한다는 사실을 잊기 쉽지."

남 이야기가 아니다 싶을 것이다. 다른 현자들과 마찬가지로 브라이언트 역시 이 문제에 대한 해법은 하나밖에 없다고 말한다.

"내가 알기로 이 문제를 해결할 방법은 하나밖에 없어. 둘만의 시간을 따로 내서 즐길 수 있도록 함께 노력해야 해. 주말 드라이브나 저녁 외식, 와인 시음회 등 적어도 몇 주에 한 번은 즐길 거리를 만들어봐. 그러려면 반드시 이벤트 계획을 세워야 해. 그래야 다른 일이 생겨도 계획대로 밀어붙일 수가 있어. 다시 말해 그것을 가장 중요한 최우선 과제로 놓으라는 거야. 아이들이 있을수록 부부만의 시간을 갖도록 노력해야 해."

시간을 내기가 어려우면 시간을 쪼개라. 아니면 아예 시간을 못 박아두라. 그렇게라도 하지 않으면 영영 둘만의 시간을 가질 수 없다고 인생의 현자들은 단언한다. 그들은 부모가 아닌 부부만의 오붓한 시간을 일컬어 '데이트의 밤'이라는 특별한 표현을 사용했는데, 모두 꼭 실천해보기 바란다. 우리 부부 역시 한창 아이를 키울 적에 이와 비슷한 방법을 썼다. 물론 당시는 그런 멋진 용어는 생각도 못 했다. 거의 파산 직전에 이르러서도 아끼고 아껴 두 시간 돌보미를 고용할 돈을 마련해 갓난쟁이 딸을 맡겨 두고 근처 레스토랑에 갔다. 어떤 때는 그냥 쇼핑몰을 돌아다니기도 했다. 나중에 아무리 긴 휴가 여행을 떠나도 그때 그 '신나는 모험'에서 느꼈던 해방감은 어디서도 맛보지 못했다. 시작이 반이라고 했다. 일단 데이트를 시작하면 절대 그 재미에서 빠져나올 수 없으리라 장담한다.

데이트의 밤에 무엇을 하느냐 그 내용이 중요한 게 아니다. 뭔가 특별하고 의미 있는 시간을 만들려고 지나치게 신경을 쓰다가는 데이트의 밤을 망치기 십상이다. 주디 리브스(81세)와 그녀의 남편인 그렉(83세)은 첫 아이가 태어난 후 이런 규칙을 세웠다.

"친구들도 다들 우리 부부에게 한 수 배워 갔어. 몇 년간 매주 수요일 밤마다 돌보미에게 아이를 맡겨놓고 데이트의 밤을 즐겼지. 결혼 초 어떤 때는 빈 병을 팔아 모은 25센트짜리 동전을 들고 맥도날드에 가서 햄버거를 사먹은 적도 있었어. 그래도 둘이서 마냥 좋기만 했어. 아이들과 떨어져 이런저런 이야기를 나누기도 하고. 그냥 단둘이 함께 있다는 것, 서로 대화하면서. 그게 중요한 거지!"

그들의 요지는 일정한 시간을 정하고 무슨 일이 있어도 그 시간을 지키라는 것이다. 아울러 대부분의 현자들이 어느 누구보다도 경제적으로 어려운 가운데 데이트를 시작했다는 점을 명심하기 바란다. 그들은 돈이 부족하거나 전혀 없는 상태에서 이 규칙을 지켰다. 그냥 가까운 데로 드라이브하기도 하고 그마저도 안 되면 집에서 데이트하는 것이다. 로레나 라일리(72세)처럼 말이다.

"우린 항상 그렇게 하려고 애썼어. 서로를 위해 시간을 내려고 말이야. 불황기에 우리는 버펄로에 살았는데 차로 20분 거리에 있는 나이아가라 폭포에 가끔 가곤 했어. 아니면 그냥 집에서 데이트의 밤을 즐겼지. 아이들을 좀 일찍 재우고 얼른 저녁을 먹은 다음에 저녁 시간 내내 둘만의 시간을 갖는 거야. 아이들한테는 문 열고 훔쳐보면 혼난다고 겁을 주기도 했지. 아이들은 얌전히 침대에 누워 있다가 금세 잠들었어. 우리에겐 둘만의 시간을 내는 게 가장 우선이었어. 항상 그렇게 해왔어."

서로 시간을 내기 어려운 건 부모들만의 문제가 아니다. 현대 사회는 끊임없이 사람들의 관심을 요구하는 것들로 넘쳐난다. 서로를 위한 '시간을 내는 것'은 쉬운 일처럼 들린다. 하지만 일이나 여러 가지 어려운 사건들로 두 사람 모두 극한 스트레스 상황에 몰리는 힘든 시기에는 어떻게 할 것인가? 모나 언더우드(77세)는 그런 상황을 경험했다. 그녀와 남편 맥은 '산더미 같은' 스트레스 속에서 6개월을 지낸 적이 있었다.

"어느 순간 안 좋은 일들이 한꺼번에 몰아닥치는 거야. 친정아버지가 암으로 돌아가시고, 가장 친한 친구도 암으로 죽고, 내 사촌 조카딸이 살해를 당하고, 맥은 한창 직장일로 바쁘고……, 일종의 '시스템 과부하'가 걸린 셈이었지."

모나는 바로 이런 상황이야말로 시간을 내야 할 때라고 말한다. 그런데 사람들이 시간 내는 걸 너무 거창하게 생각한 나머지 어떤 거대한 이벤트를 계획해야 하는 줄 아는 게 문제라고 했다. 인생의 어려움들에만 집중하는 데서 잠시 벗어난다, 그렇게 '가볍게 생각하라'고 조언한다.

"모든 게 엉망진창이 돼버린 것처럼 느껴질 때 둘이서 잠깐 시간을 내서 집안일이나 직장일, 돈 걱정으로부터 떠나 있는 거야. 시간을 내서 둘이 뭔가 재미있는 일을 해봐. 나가서 커피 한잔하며 대화할 수도 있고, 산책을 가도 좋고, 새를 봐도 좋고, 뭘 하든 둘이서 한두 시간 정도 일에서 떠나 있는 거야. 아이들이 잠들면 촛불을 켜놓고 일이나 다른 문제는 일체 꺼내지 말고 둘이 몸을 맞대고 있거나 어깨에 팔을 걸치고 앉아 있어봐. 그것만으로도 좋잖아? 부부만의 오붓한 시간을 마련해봐. 그게 얼마나 중요한지 몰라."

어떻게든 함께 있는 시간을 마련하려면 창의력을 발휘해야 한다. 아기 돌보미 비용이 문제라면 필요할 때 서로 아이를 맡길 수 있는 다른 부부를 찾아보라고 권한다. 반드시 미리 계획을 정해서 정기적으로 행해야 한다는 것을 명심하라. 너무 무리한 계획을 세워 매주 그런 시간을 가지려 한다면 실패할 가능성이 높다. 조부모님이 가까이 계시면 금상첨화다. 세실리아 파울러(76세)는 젊은 부부들이라면 부모님을 최대한 활용하라고 제안한다.

"손자들이 갓난쟁이 때부터 열 살쯤 될 때까지 가끔 봐주곤 했어. 그래서 손자들에게 더 정이 가. 그러니 조부모님을 귀찮게 해! 할머니와 할아버지는 손자들과 함께 있어서 좋고, 부부는 둘만의 시간을 가져서 좋고. 누이 좋고 매부 좋은 거지. 아이들을 할머니에게 맡기거나 하룻밤 같이 지내게 해도 괜찮아. 그리고 둘이 데이트의 밤을 가지면 얼마나 좋은데!"

어떻게 하면 부부가 시간을 내서 취미나 활동이나 오락을 함께 즐길 수 있는지 인생의 현자들이 추천하는 방법을 한 가지 더 알려주겠다. 그전에 경고할 점이 있는데 논쟁을 유발할지도 모르겠다. 독자 중 어떤 이는 "절대 안 돼!"라고 하거나 심지어 "정신 나갔군!"이라고 말하는 사람도 있을 것이다. 지금 들려줄 이 조언이 구식이라 생각할 수도 있다. 하지만 기억하라. 이 책을 선택한 이유 중 하나가 자신과 매우 다른 삶을 산 사람들의 세계관을 알고 싶다는 것이었음을! 그러니 열린 마음을 갖고 지금부터 말하는, 부부만의 시간 만드는 방법을 시도해보라.

"일을 하지 않을 때는 모든 전자장치를 꺼두어라."

인생의 현자들은 24시간 내내 노트북이나 태블릿 PC, 스마트폰을 통해 직장과 연결되어 지내는 것은 광기에 가깝다고 말한다. 그들은 수많은 사람들이 그렇게 하는 이유는 문명의 이기가 가까이에 있기 때문이지 결코 집(안식처임을 기억하라)에 와서도 일을 계속해야 할 절실한 필요가 있어서는 아니라고 지적한다. 인생의 현자들은 거의 만장일치로 이렇게 주장하는데, 고위직에 근무한 성공한 사람들도 예외는 아니다. 데린 카터(77세)는 자신의 모의를 누가 엿듣기라도 하듯 이렇게 말했다. "우리 늙은이들은 전부 다 그렇게 생각해." 데린은 이야기한다.

"요즘 사람들은 직장에서 하루 종일 일하고 집에 와서도 컴퓨터를 켜놓고 밤늦게까지 일해. 세상에나, 그게 뭐야. 그건 결혼 생활에 막대한 지장을 주는 거야. 하루에 여덟 시간이 아니라 거의 열네 시간을 일하는 셈이야. 우린 당연히 그러지 않았지. 그때는 호주머니에 전화기를 넣고 다니던 시절이 아니었으니까. 요즘 사람들은 우리가 집에서 보낸 시간의 반도 못 쉬어. 아무리 쉬고 싶어도 그럴 수가 없는 거지. 휴대폰은 결혼 생활에 막대한 지장을 줘. 왜냐하면 사람들이 사방에서 연락을 해대니까. 하루 종일 일하고 밤중까지 또 일하는 사람들을 보면 이런 생각이 절로 들어. '아이고 불쌍해라. 저런 끔찍한 일이 있나. 꼭 저렇게 해야 하나?' 사람들과 이야기하다보면 그래. '마감 시한이 촉박해서요. 그때까지 일을 꼭 마쳐야 하거든요.' 그렇게 하면 가정에 막대한 지장을 주게 돼. 요즘 세상은 시도 때도 없이 소통해서 탈이야. 그건 모두의 삶을 파괴시키고 결혼 생활에 치명적인 해를 끼친다오. 우리 늙은이들 생각은 그래. 이 원수 같은 디지털 소통 방식 때문에 결혼 생활이 심각한 피해를 입는다고."

전자기기를 통한 직장과의 연결을 완벽하게 차단하기란 불가능한 일임을 인생의 현자들도 인정한다. 기술 문명의 시대를 사는 현대인들은 언제(항상) 어디서나 항상 일할 수 있게 되었다. 무소부재의 노트북, 태블릿 PC, 휴대폰은 스스로를 만인에게 끊임없이 노출시키며 종종 배우자와 보낼 시간까지도 잡아먹는다. 하지만 세상 사람들이 다 그렇게 한다고 해서 반드시 그것이 옳다는 법은 없으며 바른 생활방식인 것도 아니다.

이 특정 사안에 대한 현자들의 의견에 귀 기울여야 할 이유가 바로 여기에 있다. 오래 전부터 내려오는 것이 알고 보면 가장 첨단을 걷는 것이다. 20년 전만 해도 전자적 연결이 그다지 활발하지 않았던 터라 사람들이 오늘날처럼 밤낮없이 주말에도 작업 상태로 대기해야 한다는 강박감을 느낄 정도는 아니었다. 그렇다고 오해는 하지 말기 바란다. 인생의 현자들은 어떤 세대보다 열심히 일했다. 하지만 그들의 경험을 들으면 디지털 소통과 결혼 생활 간에 차단벽을 유지해야 할 분명한 이유가 있음을 수긍하게 된다. '전자기기에서 해방된' 상태로 주말, 평일, 아니면 하루 이틀 저녁만이라도 지내보라. 데이트의 밤에는 전화기를 꺼놓아라. 그리고 일을 침실로 들고 오지 말라. 인생 현자들의 관점을 따른다면 적어도 결혼이라는 여행의 종착지에서 조용히 뒤돌아보며 이런 말을 하지는 않을 것이다. "온라인에서 좀 더 많은 시간을 보낼걸······."

| 스물여덟 번째 |

무거울수록
가볍게 넘겨라

오래 전에 우리 부부는 크게 싸울 뻔하다가 간신히 위기를 모면한 적이 있었다. 한번은 6개월 된 딸아이를 데리고 장거리 비행을 하게 되었는데 착석하고 비행기가 이륙할 때까지만 해도 만사 오케이였다. 딸아이를 안고 있던 내가 깜빡 조는 사이에 아기가 뒤집어져버렸다. 비행기 멀미 탓인지 아니면 장에 문제가 생긴 것인지 모르겠지만, 갓난아기 특유의 몸부림을 치면서 위로는 토하고 아래로는 설사를 해대기 시작했다. 설상가상으로 내가 아기 기저귀를 어설프게 채운 탓에 기저귀 본래의 역할을 수행하지 못했다.

모든 게 나에게로 쏟아졌다. 온몸이 다 젖은 채 온갖 괴성을 지르는 아기를 옆에서 꾸벅꾸벅 졸고 있는 아내에게 냅다 던지고는 전광석화와도 같이 화장실로 뛰어가 정신없이 씻었다. 자리로 돌아오니 옆 좌석 승객들이 흘끔거리며 쳐다보고 있고, 아기는 승무원이 가져다준 담요에 싸여 있었다. 자리에 앉자마자 아내의 째려보는 눈길과 마주쳤고, 이번 휴가는 완전히 망쳤구나 싶었다. 그런데 그 순간…….

둘 다 갑자기 웃음이 폭발했다. 도저히 참을 수가 없었다. 그 충격, 창피함, 냄새, 불쾌함을 숨기고 태연한 척하는 승객들의 얼굴이라니. 모든 게 너무도 희극적이었다. 사람들은 아마 우리 부부를 정신 나간 사람들로 보았을 것이다. 하지만 역사에 길이 남을 그 대형 사건, 한 편의 코미디는 두고두고 이야깃거리가 되었다. 휴가는 성말 즐거웠다.

이번에 이야기할 '가볍게 넘겨라'에 관한 인생 현자들의 교훈을 들으며 이 사건이 떠올랐다. 스트레스 해소에는 느긋함, 유머감각, 용서처럼 가볍게 넘기는 태도가 최고다. 때로는 두 사람 사이에 무거운 침묵이 감돌 때가 있다. 갈라선 부부들을 보면 어느 순간 한쪽이 주위를 둘러보며 이렇게 외친다. "왜 우리는 늘 이렇게 우울하고 심각하죠? 인생의 재미는 다 어디로 갔나요?" 사소한 대립으로도 파국적 결말을 상상하며 결혼 생활에 이런저런 걱정이 끊이지 않는다. 어떤 것도 그냥 넘어가는 일이 없고 모든 걸 심각하게 받아들여 계속 그것만 생각하며 낱낱이 파헤친다.

좀 더 밝고 여유로운 삶을 살 수는 없을까? 장기적인 면에서 볼 때 결혼 생활에서 중요한 게 뭔지 알고 있는 인생의 현자들로부터 3가지 탁월한 제안을 들어보자.

하나. 과연 그럴 만한 가치가 있는 일인지 자문해보라

이 책의 서두에서 나는 이런 주장을 했었다. "노인들이라면 젊은이들이 모르고 있는 것에 대해 조언해줄 수 있을 것이다." 사람은 나이가 들면서 원만한 삶에 대한 깊은 통찰력을 지니게 된다. 시간에 따라 재편된 세계관은 관조 혹은 초연함이라고 불린다. 인생의 현자들처럼 생각하는 법 가운데 하나로 이런 것이 있다. "인생을 80~90년 정도 산 사람의 관점에서 보면 '부부들은 전혀 싸울 가치도 없는 일을 가지고 서로 아옹다옹한다'." 만약 사랑하는 사람과의 사소한 의견 충돌과 화목하려는 갈망, 이 둘 중 어느 것이 더 소중한지 저울질해보면 가볍게 생각하고 웃어넘기는 쪽으로 결론이 날 것이다.

물론 전 세대를 통틀어 결혼 생활을 뿌리째 뒤흔드는 문제도 있다. 이를테면 근본적인 가치관의 충돌이라든가 악랄한 배신행위가 그렇다. 하지만 일반적인 부부 싸움의 90퍼센트는 '아무것도 아닌 것'이라고 인생의 현자들은 말한다. 그저 짜증나고 스트레스 받고 '정답'도 없는 사안에 대한 의견 차이로 싸움이 난 것뿐이다. 인생의 현자들처럼 그 나이가 되어서야 깨닫지 말고 지금 당장 이 한

가지를 실천해보면 어떨까? 부부싸움을 하기 전엔 과연 싸울 만한 가치가 있는 일인지를 자문해보라.

인생의 현자들은 인터뷰 내내 나중에 지나고 보니 그토록 진을 빼고 난리를 치고 악감정을 가질 하등의 이유가 없었다고 말했다. 조 손튼(69세)은 자신의 경험을 이렇게 이야기했다.

"예를 하나 들어볼게. 최근 아내가 공항으로 가는 길에 지갑을 차 시트 사이에 두고 내렸어. 보안검색대를 통과하려는데 신분증이 없는 거야. 즉시 공항을 빠져나와 버스를 타고 주차장으로 갔어. 차에서 지갑을 발견하고 부랴부랴 공항으로 갔지만 탑승 마감 시간이 10분밖에 남지 않은 거야. 긴장감이 극심했지. 스트레스를 엄청 받았어. 잘못하면 서로 화를 내며 언성을 높이다 정말 큰 싸움이 될 수도 있었어. 하지만 무엇 때문에? 그깟 비행기 하나 놓쳤다고? 환불료 몇 푼 손해본 걸 가지고 그렇게 싸운단 말이야? 결혼 생활을 위협하면서까지? 말도 안 되는 소리지. 얼마든지 대화로도 풀 수 있어. 대화하면서 서로 인정할 건 인정하고 넘어가면 그만이야. 우린 그렇게 했어."

로웰 램버트(72세)는 일상의 평화로운 정원 가꾸기를 통해 그런 깨달음을 얻었다.

"최근 아내가 정원을 손질한답시고 가지치기를 하다가 그만 내가 아끼는 나무를 잘라버렸어. 당장 아내에게 달려가 앞으로 가지치기할 때는 나한테 물어보고 하고, 그전에는 절대 식물에 손대지 말라고 엄포를 놓았지. 전달 방식이 잘못된 거야. 아내가 나더러 그런 것까지 일일이 허락받고 해야 하느냐며 울고불고 난리도 아니었어. 까딱하면 나도 욱하고 화를 낼 뻔했는데 순간 이런 생각이 들었어. '인생에서 뭐가 더 중요해? 그깟 나무 몇 그루야 아니면 아내야?' 한 20분 생각했나, 답은 보나 마나였지. 나무는 있어도 그만, 없어도 그만이야. 아내와의 결혼이 수천 수백 배 더 중요해. 그래서 그냥 잊어버리기로 했지."

배우자를 향해 폭탄을 떨어뜨리기 전에 심호흡하고 생각해보라. '과연 그럴 만한 가치가 있는가?' 이 단순한 질문이 장시간에 걸친 불필요한 싸움으로부터 부부들을 구해줄 것이다. 계속 한 문제로 싸움을 거듭하기보다 위기의 순간을 가볍게 넘어가보라. 위기의 순간엔 '팔십 노인이 되어서도 이 싸움에서 이기는 게 중요하다고 생각할까?'라고 자문해보라.

둘. 유머를 발휘하라

결혼 생활에서 유머를 적절하게 사용하는 것도 '가볍게 넘겨라'의 한 방법이 될 수 있다. 최고령 노부부는 자신들을 사시사철 웃는 사람으로 소개한다. 앞서 소개한 나의 에피소드처럼 스트레스 잔뜩 받을 일도 재미있는 추억으로 변화되고, 서로 사이가 틀어질 때도 이를 농담 삼아 한바탕 웃고 원상 복귀하게 하는 마법과 같은 힘을 발휘한다. 결혼 66년째를 맞는 조던 셔먼(94세)은 이야기한다.

"다행히도 우린 살면서 좋은 일들이 참 많았어. 유머감각이 한몫 단단히 했지. 우린 시도 때도 없이 웃어. 모든 걸 농담으로 바꾸는 게 내 특기야. 그러면 아내는 우습다고 난리야. 갈등을 푸는 데는 유머만 한 게 없어. 난 한참 싸우다가도 뜬금없이 실없는 소리를 잘해. 아내는 어이없어 하면서도 재미있으니까 웃어. 그러면 싸움이 진정되는 걸 느껴."

93세의 나이에도 여전히 정정한 델로리스와 데이브 닐 부부는 활발하고 즐거운 삶을 누리고 있다. 그들은 일찍부터 유머가 결혼 생활을 밝고 재미있게 한다는 사실을 깨달았다. 델로리스는 말한다.

"우린 서로 얼굴만 봐도 웃음이 나와. 이날 이때까지 우린 항상 웃으면서 살았어. 남편은 농담을 잘해. 그게 도움이 많이 됐다오. 남편이 재미있는 말을 많이 해. 우린 아들만 둘인데, 녀석들도 농담을 잘해. 아주 남자 셋이서 날 가지고 놀려먹어. 며느리들이 들어와서 이제 나도 지원군이 생겼어! 아무튼 남편은 유머 천재야."

이런 광경을 한번 상상해보라. 93세 노부부가 있다고 치자. 노인 생활지원시설에 거주하며 남편은 한두 번 심장마비를 일으킨 적이 있고 아내는 시력에 문제가 있다. 둘 다 자신들이 이제 너무 늙었다는 사실을 인정한다. 그런 두 사람이 어떤 소일을 하며 보낼까? 아마 이런 모습일 것이다.

"어느 날은 아침부터 데이브가 날 웃겼어. 나는 남편이 일어나기 한 시간 반쯤 전에 일어나. 내가 주방에서 커피 한잔 하고 있는데 남편이 일어나 침실 문을 두드렸어. 문이 닫혀 있어서 남편은 안 보였어. 어쨌든 남편이 문을 두드렸어. 그런데 나는 그 소리를 누가 우리 집 현관문을 두드리는 걸로 생각한 거야. 그래서 이렇게 말했지. '어서 들어와요!' 그런데 아무도 안 들어오는 거야. 남편은 계속 문을 두드리고 있고. 그래서 나는 웬 모르는 사람이 장난으로 문을 두드리나 이렇게 생각했어. 그래서 일어나 문 쪽으로 갔어. 그런데 남편이 침실 문을 빠끔히 열더니 이렇게 외치는 거야! '속았지롱!' 그게 이번 주에 있었던 큰 사건이야!"

이처럼 한평생 서로 농담을 주고받으며 웃고 사는 게 부부라고 인생의 현자들은 말한다.

셋. 색다른 일을 해보라

인생의 현자들은 부부 사이에 권태기가 찾아오는 이유는 반복되는 일상 때문이라고 말한다. 결혼 생활이 어느 정도 지나면 똑같은 일상이 반복되는데 물론 그것이 편할 때도 있지만 점차 따분해지기 시작한다. 그래서 인생의 현자들은 부부가 60~70년을 재미있게 살 수 있는 비결로 "한 번씩 뜻밖의 일을 해보라"고 권한다. 린지 넬슨(86세)도 이런 말을 했다. "사람이 한 번씩 새로운 것도 해보고 그래야지 안 그러면 무슨 재미로 살아. 옛날에 했던 거 또 하고 또 하고!"

마고 스틸(76세)도 모범을 보여주었다. 마고는 늘 새로운 모습으로 남편 피에르를 깜짝 놀라게 하는 대단한 열정의 소유자다. 그녀의 모험심은 아직 어린 자녀를 둔 젊은 부부였을 때부터 시작되었다. 그녀는 일상이 무미건조해지는 게 두려웠다며 당시를 회고했다.

"아주 가깝게 지내던 이웃이 있었는데, 하루는 내가 이렇게 말했어. '남편이 오후 4시에 집에 오는데 혹시 아이들 좀 봐줄 수 있어?' 그랬더니 그러마고 했어. 그래서 아이들을 그 집에 맡겨놓았지. 드디어 남편이 직장에서 돌아올 시간이 되었어. 그가 현관문을 열었을 때 나는 온몸을 비닐 랩으로 칭칭 동여매고 리본으로 묶은 다음에 바닥에 누워 있었다오. 남편은 랩을 도로 풀어주면서 아주 즐거워했지. 우린 두고두고 그 이야길 하며 웃곤 해."

노부부가 되어서도 마고는 이 한 가지 원칙을 고수함으로써 낭만적인 결혼 생활을 이어왔다.

"깜짝쇼! 오래 전에 어디서 읽었는데 남편이 직장에서 집으로 돌아왔을 때 결코 현관문 반대편의 일을 짐작할 수 없게 하라고 했어. 내가 한 게 바로 그거라오. 가끔 남편이 외출했다가 돌아오면 뭔가 우스꽝스러운 일이 기다리고 있어. 그래서 남편은 으레 그런 기대를 해. 비닐 랩 사건이 있은 후로 남편은 이렇게 농담해. '퇴근 후 차를 몰고 집으로 오면서부터 기대가 돼. 오늘은 또 어떤 일이 문 뒤에서 벌어질까? 설레는 마음을 조금이라도 더 즐기려고 일부러 주위를 한 바퀴 빙 돌고 들어가.'"

세실리아 파울러(76세)는 늦은 나이에 재혼하면서 그 비밀을 깨달았다.

"만사가 답답하고 결혼 생활에 아무런 기쁨도 흥분도 새로움도 없다면 이제 죽을 일만 남은 거지, 안 그래? 결혼 생활에서 뭔가 즐거운 일을 찾으려고 노력해야 해."

그런 뒤 이야기를 계속할지 말지, 잠시 망설이는 듯하더니 갑자기 웃음을 터트렸다.

"이 이야길 해야 할지 말아야 할지 좀 난감하네. 하루는 남편과 내가 뭣 좀 실어올 게 있어서 보스턴으로 가던 중이었어. 남편을 감쪽같이 속일 수 있으리라 생각하고 긴 비옷만 달랑 걸쳤는데 그게 말썽을 부렸어! 남편이 그 사실을 알아버렸는데 왜냐하면 비옷이 물건을 옮기다가 찢어져버렸거든. 둘이서 아주 배꼽을 잡고 웃었지! 실없는 짓이었지만 그런 재미로 사는 거 아니겠어? 그런 일들이 열정을 살아 있게 만들어주지. 남편도 그렇게 했어. 가끔 애들 장난 같은 실없는 행동도 하고 그러면서 사는 거야. 점잖게 행동해야 할 나이 지긋한 사람들이 그런 행동을 하니까 더 웃기잖아? 재미도 있고 말야."

열정적인 결혼 생활을 끝까지 유지하는 데 성공한 인생 현자들의 특징은 모험적인 놀이에 대한 감각을 지녔다는 것이다. 결혼 생활의 재미를 더하기 위해 이따금 각자 자신만의 방법을 개발해 불시에 파트너를 깜짝 놀라게 해보라. 무거운 주제들을 잠시 내려놓고 유머와 즉흥성을 발휘함으로써 결혼 생활에 웃음과 여유를 선사하는 것이 현자들처럼 생각하기의 관건이다.

| 스물아홉 번째 |

있는 그대로
받아들여라

　　　　　　결혼 생활을 오래 그리고 행복하게 한 부부들이 많은 것을 가르쳐줄 수 있다는 믿음에는 변함이 없지만, 불행한 경험을 통해서도 인생의 지혜를 배울 수 있다고 생각한다. 그래서 만족스럽고 즐거운 부부들만이 아니라 결혼 생활의 어두운 단면을 경험한 사람들을 찾았다. 다행히도 젊은이들이 흔히 저지르는 실수와 그 결과를 간파한 한 부부를 만날 수 있었다. 뉴욕 주에서는 매우 존경할 만한, 하지만 엄청난 스트레스를 감내해야 하는 노인들을 위한 프로그램을 실시하고 있었다. 바로 손자들을 키우는 조부모들이다. 이들 인생의 현자들은 고통스런 가족사를 통해 깨닫게 된 지혜를 기꺼이 나눠주었다.

이들에게는 한 가지 공통점이 있었다. 바로 잘못된 배우자 선택으로 말할 수 없는 고통을 겪는 자녀가 있다는 것이다. 자녀(대부분 딸자식이었다)가 파트너에게 버림받고 손주와 단 둘만 남았는데 도저히 아이를 키울 능력이 안 되는 최악의 상황에 처한 것이다. 그런 다급한 상황을 해결하고자 조부모들이 나섰다.

그들과 한 지역사회 단체에서 만나 접이식 탁자에 앉아 다과를 들며 이야기를 나누었다. 이들은 60대 초반부터 80대 후반까지 다양한 연령층의 조부모로 구성되어 있었고, 그 지역의 경제적·인종적 다양성을 단적으로 보여주었다. 모임은 시종 화기애애한 분위기에서 진행되었고 눈물, 웃음, 감동의 물결이 이어지는 가운데 활발한 토의가 이루어졌다. 하지만 모임의 어느 시점에 이르자 분위기가 매우 고조되었다. 숨 가쁜 이 순간을 기록한 조사자는 녹취록에 큰 글씨로 이렇게 썼다. "전부 동시에 입을 열었다."

배우자 선택 시 저지르는 최대 실수에 대해 그토록 긴히 전할 말은 무엇이기에 다들 그토록 한마디 하겠다고 나섰을까? 대화의 일부를 공개하겠다.

면담자: 배우자 선택에 후회가 없으려면 어떻게 해야 합니까?

응답자1: 결혼이나 헌신적인 관계를 이룰 때 내가 그 사람을 바꿀 수 있다고는 절대 생각하지 마.

응답자2: 다른 사람을 바꾸고 싶어 하는 건 인간의 본성이지. 하지만 그렇게 바꾸고 싶어 하는 사람을 애초에 왜 선택하지? 그리고 아무리 바꾸려 애를 써봐야 뜻대로 안 될 걸. 그 사람은 오히려 나를 바꾸려 안달일 테니 말이야!

다른 응답자 전원이 동시에 : 정말 맞는 말이야! 나도 그렇게 생각해! 전적으로 동감해!

자녀의 잘못된 선택으로 인해 인생이 파탄 난 이들은 이 한 가지 교훈을 특별히 강조해달라고 거듭 당부했다. "파트너를 바꾸려들지 마." 이들만 그런 것이 아니었다. 인터뷰에 응한 거의 모든 노인들이 이러한 경고성 발언을 했다. "파트너를 바꿀 수 있다는 생각으로 결혼하는 건 끔찍한 실수야." 인종, 성적 취향, 경제력, 나이를 불문하고 대상자 전원이 이런 생각을 강하게 지니고 있었다. 여기에는 흑인계 미국인, 히스패닉, 백인, 동성 이성 커플, 부유층과 빈곤층, 60대부터 100세 노인에 이르기까지 실로 다양한 사람들이 포함되었다. 배우자를 내 마음대로 조립할 수 있는 인형으로 취급하는 것은 결혼 생활을 실패로 몰고 가는 지름길이다.

하지만 수많은 사람들이 파트너의 친구 선택법, 문제되는 성격과 행동을 자신이 고칠 수 있다고 착각한다. 인생의 현자들 역시 상당수가 그런 실수를 범했다. 그뿐만 아니라 자녀와 손자들까지도 그런 실수를 반복하는 과정을 목도했다. 심지어 이를 두고 인간의 본성 운운하는 사람도 있었다. 인간은 근본적으로 자신이 다른 사람을 바꿀 수 있다는 믿음을 가지고 있다는 것이다.

무엇보다 사랑과 결혼의 진리를 강경하게 주장하는 인생 현자들의 모습이 가장 인상적이었다. 전형적인 응답 몇 가지를 소개하면 다음과 같다.

대런 프리먼(73세)은 솔직히 그것은 터무니없는 생각이라고 했다. "결혼 후에 사람을 바꾸겠다고? 그건 말도 안 돼. 아무리 잔소리를 해도 남편은 여전히 옷을 아무 데나 벗어놓고, 치약 뚜껑을 안 닫고, 트림이나 방귀나 다른 나쁜 습관들을 버리지 않을걸. 그냥 박자를 맞춰주고 배우자를 있는 그대로 받아들여야 해. 요리를 싫어하는 여자, 요리 잘하는 여자, 요리에 소질 없는 여자, 살림 잘하는 여자, 살림 따윈 관심 없는 여자, 외모에 신경 쓰는 여자, 외모에 신경 끄고 사는 여자, 다 자기 본래 모습이 그런 걸 어쩌겠어. 그건 남자들도 마찬가지야. 자신이 좋아하고 싫어하는 걸 다른 사람에게 강요하지 말게. 거슬리는 게 있으면 다른 사람을 찾든가, 아니면 그대로 받아들이든가 둘 중 하나야."

란 팅(88세) 부부는 이런 조언을 들려주었다.

"절대로 다른 사람을 변화시키려고 하지 마. 그냥 받아들여야지 상대를 바꾸려 들면 안 돼. 100퍼센트 완벽한 사람은 없어. 만약 여자가 너무 뚱뚱하다 싶으면 다른 여자를 찾아. 괜히 그 여자랑 결혼해서 억지로 다이어트시키지 말고."

브라이언 드브리스(71세)는 행복한 결혼 생활을 두 번이나 경험했다. 20년을 함께한 파트너가 세상을 떠난 후 브라이언은 그레이엄을 만났다. 그들은 15년을 함께 했고 2년 전에 정식으로 결혼했다. 브라이언은 성공적인 결혼 생활을 하려면 파트너를 변화시킬 수 있다는 기대를 포기해야 한다고 말한다.

"내 배우자는 지금 내가 보고 있는 모습 그 이상도 그 이하도 아니야. 같이 산 지 15년이 됐든 50년이 됐든 그 모습 그대로일 거야. 똑같은 문제로 백날 잔소리 해봐야 내 입만 아프지. 도저히 안 되겠다 싶어 어떤 방법을 써봤는데 만약 배우자가 정말 싫어하면 당장 그만 둬야 해. 그래도 배우자가 행동을 바꿔야 한다는 생각에는 여전히 변함이 없겠지. 하지만 행동을 바꿀 생각이 전혀 없기는 배우자도 마찬가지야. 배우자를 바꾸려 들지 마. 그렇게 해서 될 일이 아니니까."

이 교훈에서 놀라웠던 점은 인생의 현자들이 어떤 선택의 여지도 남기지 않았다는 사실이다. 어느 누구도 "만약 안 되면 다른 방법은 말야……"라고 말하지 않았다. 유래 없이 강한 어조로 조언을 말하는 인생 현자들의 모습 역시 매우 인상적이었다. 그들이 이처럼 직설적으로 표현하는 걸 들은 적이 거의 없었다. 다른 문제에 관해서는 상당히 온건하던 로니 커티스(71세)조차도 이 문제에 대해서는 단호했다.

"명심해. 결혼한다 해도 절대 자기 뜻대로 배우자를 바꿀 순 없어. 자기와 생각이 전혀 다른 사람과 결혼하면서 그 사람을 바꿀 수 있으리라 생각한다면, 세상에 그보다 더 어리석은 일은 없겠지."

이런 말을 듣고도 마음에 새기지 않는다면 얼마나 안타까운 일인가! 결혼에 대한 이처럼 근본적인 사실을 도무지 받아들이려 하지 않는 젊은이들을 보면서 노인들은 절망감을 느낀다. 소수의 젊은이들이 이런 조언을 주위에 전해보지만 오히려 냉담한 반응만 돌아온다. 가장 큰 원인은 결혼에 대한 막연한 낙관론 때문이다. 또한 집, 다이어트, 운동 등 무엇이든 직접 해봐야 할 일로 인식하는 '자가 조립식 문화'도 한 원인이다. 아울러 소위 경험보다 희망이 앞서는 심리도 한몫을 한다. 파트너에 대한 사랑과 한 사람에게 정착하려는 절박한 마음으로 인해 배우자를 새로운 사람으로 탈바꿈시킬 수 있을 거라는 거짓된 희망에 집착하는 것이다.

젊은이들이 잘못되고 위험한 생각을 극복할 수 있도록 인생 현자들이 언급했던 잘못된 착각의 목록을 데이비드 레터맨 식으로 한번 제시해보겠다. 그럼 지금부터 '파트너에 대한 터무니없는 착각 톱 10'을 공개하겠다(성별은 상황에 맞게 자유자재로 바꿀 수 있다).

그녀가 결혼해서도 설마 그토록 술을 많이 마시지는 않겠지.
그이가 아이를 원치 않는다고 말은 그렇게 해도 결혼하면 바뀌겠지.
한정된 예산으로 살아야 한다고 말하면 그녀도 신용카드 사용을 자제하겠지.
다이어트도 시키고 헬스클럽에도 보내면 저이 배가 좀 들어가겠지.
그녀가 지금은 우리 가족을 싫어하지만 차츰 좋아하게 될 거야.
아이가 생기면 그도 책임감을 느끼고 나가서 버젓한 직장을 구할 거야.
일밖에 모르는 그녀도 아이가 생기면 달라지겠지.
결혼해서 몇 년 지나면 대화도 많이 하고 솔직한 감정도 이야기하겠지.

여자가 좀 칠칠치 못해 탈이지만 내가 좀 참고 살면 되겠지.

그가 딱 한 번 나를 때린 적이 있지만 스트레스 때문이고 다시는 그러지 않을 거야.

인생의 현자들은 이런 생각에 브레이크를 걸고 '그(그녀)의 이런 저런 점이 마음에 들지 않지만 그래도 그(그녀)를 변화시킬 수 있을 거야'라고 되뇔 때마다 거기서 멈추라고 당부한다. 그들은 그런 생각은 '바보 멍청이 짓'이라고 단도직입적으로 말한다.

"실제로 결혼해서 사람이 바뀌는 경우도 있잖아요?"라고 거세게 반대하는 사람도 있을 것이다. 인생의 현자들도 이 점에 수긍한다. 하지만 여기서 분명히 밝혀둘 점이 있다면 이 사안은 파트너가 결혼해서 바뀌느냐 마느냐의 문제가 아니라는 것이다. 여기서 핵심은 파트너를 바꾸겠다는 생각이 문제인 것이다. 그것은 '사람의 힘'으로 되는 일이 아니다. 파트너가 변화하기 위해 애쓰는 것을 옆에서 돕거나 아예 그 일을 같이 해줄 수는 있다(예를 들어 함께 다이어트하며 파트너를 격려할 수 있다). 하지만 '자신'이 정한 방향으로 배우자를 밀어붙일 수 있으리라는 생각은 판단 착오라는 이야기다.

에드위나 그랜트(66세) 부부는 다음과 같은 경험을 했다. 에드위나의 남편은 말수가 거의 없는 사람이었지만 서서히 마음의 문을 열면서 대화하기 시작했다.

"말을 해도 내가 하지 남편은 일체 말을 안 한다오. 그래서 내게 화나는 일이 있으면 식구들 전체를 향해 화를 내. 어느 누구와도 말을 안 해. 천성적으로 말이 없는 사람이야. 그걸 보면 사람을 바꾼다는 건 불가능한 일이라고 봐. 그게 그 사람의 성격이고 사는 방식이야."

하지만 에드위나는 남편이 자신의 생각을 말로 표현하도록 격려했다. 변화를 강요하기보다 대화를 통해 남편으로 하여금 변화를 원하도록 만드는 데 성공했다.

"배우자를 진정으로 이해하고 만사에 어떻게 반응하는지 알면 대화를 통해 이성적으로 문제를 풀어갈 수 있어. 그러면 배우자도 '대화 중에 오갔던 내용이 내게 정말로 필요한 일일지도 몰라'라고 생각하게 되지. 나중에는 배우자도 그에 대해 어느 정도 생각하게 되고 변화를 원하는 마음이 생기게 돼."

티나 허버드(77세)는 이 점을 멋지게 표현했다. 결혼한 지 52년째 되는 티나와 그녀의 남편 스티브(78세)는 결혼 생활 전반을 성찰하며 그들이 원하는 방향으로 수정하고 관계를 재정비하는 시간을 가졌다. 스티브는 목사로서 결혼 전부터 수많은 부부들을 상담하며 많은 것을 배울 수 있었다.

"중요한 건 변화의 필요성을 받아들이고 최선의 노력을 배우자에게서 이끌어내는 거라고 봐. 배우자의 재능을 발견하고 성장하도록 돕는 게 중요해. 자신이 원하는 배우자의 모습을 강요해서 자신의 명령대로 움직이는 로봇을 만드는 게 아니라, 배우자의 재능과 기술의 싹을 발견하고 하느님이 지으신 그 사람 고유의 모습으로 성장하도록 격려해야 해. 배우자에게 최선을 이끌어냄으로써 그의 재능을 발견하고 성장해나가도록 도울 수 있어."

파트너를 바꿀 수 있다는 착각을 떨쳐버리는 것은 여러 모로 긍정적이다. 왜냐하면 되지도 않을 일에 정력을 낭비하지 않아서 좋고, 또 무엇보다 자기 마음이 편하기 때문이다. 받아들이면 가정이 화목하다. 또 티나의 말처럼 고쳐야 할 점들을 찾는 대신 파트너의 숨은 재능을 발굴해내려고 한다.

이벳 밀스(66세)는 이를 누구보다 잘 표현했다. 그녀의 결혼 생활은 완벽하지 못했다. 하지만 이를 통해 파트너를 좌지우지하려고 헛되이 노력하는 대신 그를 받아들여야 한다는 삶의 지혜를 깨달을 수 있었다.

"배우자를 존중해주세요. 다 큰 성인을 어떻게 바꾸겠어요. 부부간에는 조건 없는 사랑이 필요하답니다. 가령 새를 죽일 작정이 아니라면 그것의 목을 틀어쥐지는 않겠지요. 이제 그만 새의 목을 움켜쥐고 있던 손을 놓으세요. 새가 자유롭게 훨훨 날아다닐 수 있게 해주세요. 우리는 그런 자세로 결혼 생활을 해야 한다고 생각해요. 서로 존경하고, 세워주고, 믿어주세요. 배우자 스스로 변화될 수는 있어도 다른 사람이 변화를 강요할 수는 없어요. 다른 사람을 고칠 수 있는 방법은 아무도 몰라요. 또 그렇게 할 수도 없고요. 배우자를 변화시킬 유일한 방법은 오직 배우자 스스로 변하는 길밖에 없답니다."

| 서른 번째 |

죽는 날까지
서로 사랑하라

어쩌다 그렇게 됐는지는 모르겠지만 우리 부부는 50세 넘어 마라톤을 시작했다. 아마 오래 뛰어야 먹고 싶은 걸 마음껏 먹을 수 있기 때문에 그랬을 가능성이 높다. 마라톤은 즐거웠다. 비록 광대처럼 차려입은 사람들, 아기 유모차를 끌고 온 사람들, 40여 킬로미터를 줄넘기하는 사람들 틈에서 달리긴 했지만……

달리는 동안에는 시간이 멈춘 듯했다. 드디어 경기의 시작을 알리는 총성이 울리고, 숨 가쁘고 힘든 코스를 한없이 달리다보면, 어느새 결승 지점이다. 경주를 하는 동안에는 자신이 뛰고 있다는 사실을 의식조차 못할 정도로 무아지경이 된다. 경기를 마치고 뒤돌아보면 이야기가 달라진다. 시작과 결승 지점 사이에서 있었던 일들이 하나하나 다 기억난다. 고통스러웠던 순간, 눈물 나도록 행복했던 순간, 엄청난 압박감, 희망 그리고 결승선을 통과했다는 기쁨……. 경기가 끝나는 순간 이 모든 것이 주마등처럼 스쳐 지나간다.

이 책을 통해 결혼 생활의 결승 지점에 근접한 사람들의 이야기를 들었다. 이들은 대문을 활짝 열고 자신들의 생각과 마음을 스스럼없이 나눠주었다. 사랑, 결혼, 관계에 대한 조언으로 가득한 이 지혜의 보물 상자는 하나의 질문으로부터 시작되었다. "귀하께서 결혼과 관련해 젊은이들에게 전하고 싶은 평생의 교훈은 무엇입니까?" 노인들의 지혜를 건져 올리는 작업은 정말 흥미진진한 모험이었다. 굽이굽이 감동과 뼈아픈 고통, 웃음, 그리고 역경이 교차했다. 나와 함께하는 이 여정이 독자들에게도 흥미진진한 모험이었길 바란다.

다만 감동으로 가득한 면담 사연들을 고스란히 전달할 능력은 역시나 한계가 있었다. 생각해보라, 한 점잖은 노신사가 결혼 생활 60년간 헌신적으로 내조해준 아내에 대한 사랑과 고마움을 떠듬떠듬 전하며 눈물 흘리는 그 감동의 순간을 어떻게 다 말로 표현하겠는가? 일흔 넘은 노부부가 처음 만난 순간을 회고하는 내내 손을 맞잡고 서로 눈을 바라보며 시선을 교환하는 모습은 또 어떤가? 셰일라와 아이린 커플의 탄성과 자랑도 잊을 수 없다. 그들은 무려 50년의 세월을 기다린 끝에 75세의 나이에 드디어 법적인 부부가 되는 기쁨을 누렸다. 그뿐만이 아니다. 98세의 노구를 이끌고 치매를 앓는 100세의 아내를 헌신적으로 간호하는 노인도 있었다.

인터뷰에 응한 인생 현자들의 결혼 기간을 전부 합치면 무려 2만 5,000년에 달한다. 유구한 세월의 흐름 속에 축적된 거대한 경험의 바다를 통과하여 이제 마지막 교훈을 남겨두고 있다. 전 생애를 통해 오로지 한 사람에게 헌신하기로 결정하는 결혼은 인생에서 가장 중요한 사건이다.

물론 요즘 시대와는 맞지 않는 생각이라 여기는 사람도 있을 것이다. 그럴 만도 하다. '결혼의 붕괴' 운운하는 언론의 끔찍한 보도를 듣노라면 혼인 제도가 공중전화나 수동타자기처럼 조만간 사라질지도 모른다는 생각이 든다. 하지만 이런 고정관념이 틀렸다는 사실을 알면 무척이나 놀랄 것이다. 연구에 의하면 미혼 인구의 절대 다수가 결혼을 원할 뿐만 아니라 결혼 관계를 평생 유지하길 희망하는 것으로 나타났다. 일회용 시대를 살고 있는 현대인들이지만 사랑에 있어서는 평생의 관계를 추구하는 것이다.

오랜 결혼 생활에는 한 가지 요소가 필수적이다. 이는 그 어떤 심리치료나 치유 프로그램 혹은 종교에서도 얻을 수 없는, 오직 각자가 매순간 실천해야 하는 것이다. 인생의 현자처럼 생각하기의 마지막 관건인 이것은 바로 '헌신'이다. 인생의 현자들은 결혼의 영속성에 대한 믿음을 가지고 결혼에 임하라고 당부한다. 아울러 인생을 투자하고서라도 결혼을 지켜야 할 이유를 밝혀준다.

20세기의 거대한 변화의 소용돌이에도 불구하고 여전히 영향력을 행사하는 의식들이 있다. 예부터 전해 내려오는 형질을 간직한 채 평소의 사고방식에서 탈피하게 하며 인류의 축적된 경험, 그 거대한 그림을 생각하게 만든다. 그런 의식이 거행될 때마다 낭독되는 특별한 말들이 있다. 그런 공식석상의 말들은 식상한 면도 있지만 심오한 의미를 일깨워준다.

결혼 의식에 사용되는 말은 들을 때마다 경외감을 느끼게 한다. 전통적인 결혼 서약은 듣는 사람 모두로 하여금 그 말이 내포하는 중대한 의미에 전율을 느끼게 한다. 우리는 살면서 별 생각 없이 쉽게 결정을 내리곤 한다. 기껏해야 1~2년, 길어봐야 10년 정도일 뿐 평생을 내다보고 결정을 내리는 일은 극히 드물다. 직장에 입사해 신입사원 선서를 하면서 늙어 죽을 때까지 거기서 일하겠다는 생각은 잘 하지 않는다. 집을 살 때도 거기서 천년만년 살겠다는 생각은 잘 하지 않는다. 하지만 매년 수십만 명의 미국인이 성직자 앞에서 이 오래된 서약을 따라 한다.

"오늘 이 순간부터 신랑은 신부를 법적인 아내로 맞이하여 좋을 때나 궂을 때나 아플 때나 건강할 때나 죽음이 갈라놓을 때까지 서로 아끼며 사랑할 것을 맹세합니까?"

죽을 때까지 뭔가를 하겠다는 서약도 그렇지만 자기가 언젠가는 죽을 인생임을 공식석상에서 인정하는 장소가 결혼식장 말고 또 어디 있을까? 이 서약을 말할 때 그 의미를 가슴 깊이 새기며 진심으로 헌신하겠다는 의미로 따라 했는가? 인생의 현자들은 '진심으로' 그렇게 했다. 이들은 문화적 배경, 인종, 종교를 불문하고 결혼은 '영원한 헌신'이라고 믿었고 지금도 그러하다.

라이 리안(79세)은 결혼이란 결코 파기할 수 없는 관계이며 결혼한 순간부터 지금까지 그러한 믿음에는 변화가 없다고 한다.

"헤어진다는 건 있을 수 없는 일이야. 무슨 수를 써서라도 결혼은 지켜야 해. 우리 사전에 이혼이란 없어. 왜냐하면 결혼은 영원한 거니까."

란지트 싱(80세)은 판이한 전통과 문화적 배경을 지니고 있지만 부부는 결혼을 파기할 수 없는 헌신 관계로 인식해야 한다고 믿는다.

"결혼은 두 사람이 함께 살면서 하나가 되는 거야. 두 개의 영혼이 한 몸이 되는 거지. 결혼을 결정할 때 가장 중요한 게 바로 헌신이야. 한평생 오직 이 사람과만 같이 살겠다는 확신이 있어야 해. 가끔 보면 이 결혼은 안 되겠다 싶으면 언제라도 이혼할 수 있다고 생각하는 사람들이 있는 모양인데, 결혼을 언제든 취소할 수 있는 계약서 취급하면 안 된다오. 그런 생각이라면 아예 시작하지도 마."

연구에 의하면 정식 결혼은 아니지만 평생 헌신적인 관계를 유지한 사람들도 인생의 현자들만큼 헌신을 강하게 강조했다. 티모시 솔터(89세)와 제롬 재피(90세)는 60년 째 커플 관계를 이어오고 있으며 연극 및 예술인으로서의 삶을 공유하며 친구들과도 활발하게 교류하고 있다. 2년 전 목사 친구의 설득 끝에 결혼했다. 제롬은 그 친구가 "동성 결혼식을 주재하고 싶어 했다"고 말했다. 하지만 결혼은 평생 이어온 헌신 관계를 더욱 강하게 결속시킨 것에 지나지 않으며, 그간은 법적으로 허용되지 않았지만 이제는 확실한 부부로 살게 되었다고 그들은 말한다. 티모시는 이야기한다.

"우리에겐 합법적인 부부가 누리는 법적인 보호 장치가 전혀 해당되지 않았기 때문에 서로에 대한 강한 헌신이 더욱 필요했지. 아무런 법적 의무가 없었기에 더 강한 신뢰 관계가 필요했던 거야."

제롬이 덧붙였다.

"10년 동안만 헌신하기로 혼전 계약서를 쓰고 결혼하는 사람들도 있다는 걸 어디서 읽은 적이 있어. 그럼 10년 후에는 이혼할 거란 소린데, 무슨 그런 결혼이 다 있나 싶더라고. 그건 헌신이 아니야. 서로 사랑하게 된 이후로 우리의 관계는 평생 동안 지속되었지. 서로 떨어져 있는 건 상상하기도 싫어. 다른 사람들도 60년 지속될 관계를 생각하고 시작하는지는 잘 모르겠어. 하지만 적어도 이런 생각은 있어야지. '앞으로도 계속 함께 살고 싶어. 절대 떨어져 살고 싶지 않아. 이 사람 없이 나 혼자 살고 싶지 않아.'"

결혼을 평생 전적으로 헌신하는 관계로 생각하라는 인생 현자들의 마지막 교훈을 유념하자. 아무리 비현실적으로 느껴지더라도 반드시 이런 자세를 가져야 한다. 결혼을 평생 유지하는 사람들이 많다는 사실은 이러한 목표가 성취 가능한 것임을 보여준다. 인생의 현자들은 결혼 서약은 곧 불변의 헌신을 대표하는 것이라는 믿음을 갖고 생활하라고 조언한다. 그들은 반드시 이런 자세로 결혼에 접근해야 한다고 생각한다. 물론 언어나 신체적 학대가 있는 결혼은 당연히 끝내야 한다. 그들도 이 점은 동의한다. 하지만 그 외의 상황에서는 처음에 했던 헌신의 서약을 받들어서 관계를 끝내기 전에 최선의 노력을 다하라고 촉구한다.

헌신에 관한 인생 현자들의 생각을 이해하려고 노력하던 중, 나는 계시와 같은 깨달음을 얻었다. 그들은 결혼을 '훈련'이라고 말했다. 이 단어는 영적 성장부터 기업 경영에 이르기까지 다양한 영역에서 사용되는 말이다. 훈련을 벌 받는 것으로 생각하는 사람이 있는데 전혀 그렇지 않다. 어느 작가의 말대로 훈련은 신경 써서 가꾸고 돌보며 지속적인 연습을 통해 차츰 나아가는 성장의 길이다. 무엇보다도 훈련은 평생의 과정이라는 점을 명심해야 한다. 성공이라는 결론에 '도달'하는 것이 아니라 평생 습득해나가는 '과정'인 것이다. 무술, 마라톤, 명상 등을 배울 때 당장은 힘들더라도 꾸준히 연습하고 훈련하면 장차 노력의 결실을 거두게 되듯 말이다.

인생의 현자들은 헌신이란 인내의 훈련이라고 생각한다. 더불어 창의적으로 문제를 해결하며 적절한 도움을 구하는 훈련을 해야 한다고 말한다. 평생 헌신하려는 마음이 있다면 부부는 난관을 극복하기 위해 온힘을 다하게 된다. 로라 메디나(70세)는 말한다.

"우리 세대만 해도 이혼이란 걸 몰랐어. 남편이나 나나 아예 그렇게 마음먹고 있었지. 헤어지는 건 생각도 못했으니까 어떻게든 이해해보려고 노력하는 수밖에 없었지. 문제가 있어도 '도저히 안 되겠어. 이건 행복이 아니야. 그만 둘래' 이렇게는 생각하지 않았어. 다른 선택의 여지가 없었으니까 어떻게든 방법을 찾아보려고 노력했지."

힘든 시기를 극복해낸 셸던 채프먼(88세)도 이런 생각에 동의한다.

"우리 부부도 심하게 싸운 적이 여러 번 있었어. 그래도 그걸 어떻게든 풀어야지 헤어질 마음부터 먹으면 안 돼. 그런 생각을 아예 머릿속에서 지워버려야 해. 어떤 일이 닥쳐도 함께 문제를 해결해야 해."

인생에는 한 번 헌신하면 그걸로 끝인 일은 없다. 결혼 생활에서 헌신은 매일 행해야 할 훈련의 일부다. 메이 파워스(70세)는 험난한 시기도 있었지만 관계를 포기하지 않았고 지금 결혼 생활을 42년째 이어오고 있다. 그녀가 말하는 헌신은 매순간의 적극적 선택이기도 하다.

"결혼 생활은 헌신의 연속이야. 매순간 결혼을 적극적으로 선택하는 거지. 힘든 시기가 닥칠 때마다 다시 한 번 관계에 헌신하기로 다짐해야 해. 우리 부부는 벌써 여러 번 헤어졌다 다시 결혼했다며 농담 삼아 이야기하지. 살다보면 관계에 회의를 품게 만드는 일이 얼마나 많은지 몰라. 그때마다 다시 한 번 헌신할지 아니면 여기서 그만 둘지 결정해야 해. 만약 다시 헌신하는 쪽을 선택했다면 이제 어떻게 헌신할 것인지를 결정할 차례야. 대판 싸운 후에 헌신을 결정할 때는 나와 배우자의 한계가 어디까지인지를 분명히 알고 시작해야 해. 그리고 그 모든 것에도 불구하고 함께하기로 결정하는 거지."

인생 현자들의 이런 자세를 적절히 표현해줄 말로는 무엇이 있을까? 나는 '정신'이라는 말이 생각났다. 그들은 이런 정신을 가지고 결혼 생활을 통해 훈련하고, 성장하며, 용서하고, 쇄신해나가고자 했다. 그들에게는 문제 해결의 주도권을 지려는 정신과 난관을 극복하고 전진하려는 불굴의 자세가 있었다. 이런 정신의 사례를 수없이 보았지만 그중 하나만 들라면 주저 없이 루시 데일(94세)을 택하겠다.

1919년 생인 루시는 2차 세계대전 때 조국을 위해 미 해군 여군단에 입대했다(WAVES, 여성비상자원봉사대라고 일컬어진다). 키도 크고 이지적이며 당당한 모습의(영화배우 로렌 바콜을 연상시킨다) 루시는 내가 '성숙한 노년'이 되면 닮고 싶은 그런 사람이었다. 2차 세계대전이 끝난 직후 루시는 샌프란시스코에 남게 되었다. 어느 날 밤 친구와 시내에 놀러갔다가 옆 자리에 앉아 있던 샘을 만났다.

"당시 나는 만고에 자유로운 몸이었어. 군인의 신분으로 전쟁은 끝났고, 모두가 행복했고 각자 자신의 삶으로 복귀했지. 샘을 보자 사귀고 싶다는 생각이 들었어. 그가 괜찮은 사람이라면 말이야. 알고 보니 괜찮은 정도가 아니더라고. 우린 몇 달 만에 결혼했어!"

하지만 결혼 초기는 그리 순탄치 못했다. 유전 근처에서 일자리를 찾았던 샘을 따라 여러 곳을 전전해야 했다.

"나로서는 힘든 일이었지. 도시 출신이 작은 마을에서 살려다보니 전혀 다른 생활에 적응하기가 쉽지 않았어. 촌구석에 갇혀 살고 싶은 사람이 누가 있겠나. 나는 전혀 행복하지 않았지만 어쩔 수 없었지. 샘이 그 일을 좋아하니까 직장 근처에 살았어. 그 편이 생활비가 훨씬 적게 들기도 하고. 그 몇 년 사이에 아이들도 생겼지."

루시는 결혼 생활이 전반적으로 좋았다고 평가했다. 언제부터 상황이 좋아지기 시작했느냐는 질문에 루시는 서글픈 미소를 지으며 이렇게 말했다.

"20년 후, 그때부터 조금씩 좋아지기 시작했어. 그런 생활이 너무 오래 지속되었어. 내 인내심은 완전히 바닥나버렸지. 하지만 스스로를 위안하면서 끝까지 견뎠어. 마음 같아서야 수백 번도 더 떠나고 싶었지. 그만큼 불행했어. 그럴 때마다 스스로를 이렇게 다독였어. '지금까지 투자한 게 얼만데. 여기서 포기하면 다른 여자가 다 차지할 거 아냐! 더군다나 아빠가 사라진다는 건 아이들에게 못할 짓이야. 아이들이 커서 날 얼마나 원망하겠어. 아이들이 그렇게 되도록 해서는 안 돼.' 그 이유가 제일 컸어."

관계에 헌신하기로 한 루시는 서서히 그러나 확실하게 남편과 함께 변화를 위한 걸음을 내디뎠다. 그들은 도시로 이사했고 루시는 자신이 좋아하는 일을 찾았다. 자녀들이 독립한 후에는 둘 다 여행을 좋아한다는 사실을 알고 함께 방방곡곡을 누비며 캠핑 여행을 즐긴다.

"예전과는 비교도 할 수 없을 정도로 결혼 생활이 행복해지기 시작했어. 둘이서 여행도 많이 다니고 이젠 다시는 떠날 생각 같은 건 안 해."

오랜 인고의 세월 끝에 이런 행복을 얻은 루시는 이런 조언을 남겼다.

"파트너의 관심사를 최대한 이해해줘야 해. 나는 별 관심이 없는 일이라 할지라도 말이야. 뭐든 적극적으로 동참해. 둘이 힘을 합치면 엄청난 걸 이룰 수 있거든. 그러면서 서로 성장하는 거야. 서로 공통의 관심사를 갖고 배우자를 행복하게 해줄 방법을 궁리하면서 말이야. 어떻게 살고 싶은지 생각해봐. 당연히 행복하고 충만하게 살고 싶겠지. 남편과 편안히 얼굴을 마주할 수 있어야 해. 서로 깊은 이야기도 나눌 수 있어야 하고. 무엇보다 서로를 신뢰하는 게 가장 중요해. 이 사람이 나의 진정한 배우자라는 기본적인 신뢰와 확신 말이야."

루시 부부는 남편 샘이 세상을 떠나기 전까지 60년을 해로했다. 말년에 행복이 최고조에 이르자 루시는 완전함과 성취감을 느꼈다. 그러나 그것이 끝이 아니었다. 더 위대한 인생 2막이 그녀를 기다리고 있었다.

루시는 자녀들이 사는 동부로 가서 노인 생활 공동체에 입소했다. 그다음의 이야기를 듣고는 경악을 금할 수 없었다. 연령차별주의자라는 비난을 들어도 하는 수 없다. 100세를 앞둔 노인에게 다음과 같은 이야기를 듣는다면 누구라도 그럴 것이다.

"거기서 정말 멋진 애인을 만났지 뭐야! 하늘에서 굴러 떨어지기라도 하듯 갑자기 이 사람이 내 앞에 나타난 거야. 게다가 여태 만난 사람들 중 최고의 신사였지. 네이선처럼 사려 깊고 친절한 사람은 정말 처음 봤어. 나를 많이 걱정해주고, 언제나 날 사랑한다고 말해 줘. 더 이상 바랄 게 뭐가 있겠나."

그렇다면 결혼은 언제 할 거냐는 질문에 루시는 웃음을 터트리더니 이렇게 말했다.

"결혼은 무슨! 내가 네이선보다 다섯 살 연상의 여인이야. 그러니까 네이선은 여든아홉, 나는 좀 있으면 아흔다섯이 되고. 요즘 젊은 이들 말로 '쿠거족(cougar)'이지. 쿠거는 결혼 같은 거 안 해!"

와우! 이건 정말 어록으로 남겨야 한다. 루시는 내가 놀라는 모습에 깔깔대며 웃었다. 그녀는 사랑하기에 늦은 나이는 없다는 사실과 인생의 현자다운 정신의 화신으로 기억된다.

"그저 고맙고 감사할 따름이야. 아무리 나이가 들어도 사랑할 수 있다는 건 정말 멋진 일이지. 두려워할 필요가 전혀 없어. 살아 있는 한 항상 희망은 있지, 항상."

루시와 다른 현자들의 말을 듣는 동안, 가족과 함께 메인 주 해변의 한 고풍스러운 호텔에서 휴가를 보내던 내 어린 시절이 생각났다. 호텔 정원에 해시계가 있었는데 넝쿨로 온통 뒤덮여 있었다. 하루는 해시계를 살펴보다가 윗부분에 빙 둘러가며 뭔가 새겨져 있는 것을 발견했다. 덤불을 걷어내고 보니 이런 글귀가 새겨져 있었다. "우리 함께 늙어갑시다! 최고의 시절은 아직 오지 않았으니."

바로 로버트 브라우닝의 시구였다. 이 시구는 노인들이 결혼 생활의 말년을 어떻게 생각하는지를 잘 보여준다. 인생 현자들은 함께 늙어가는 것의 어려움을 경시하지 않는다. 특히 쇠약해지는 건강 문제는 70대 후반 이상의 부부들에게 큰 고민거리다. 하지만 인생의 현자들은 오히려 이런 병약함과 그 궁극적인 결과로 인해 함께하는 시간을 만끽하게 되었다고 고백한다.

너무 이상적인 말처럼 들리는가? 백문이 불여일견이라고 했다. 평생에 걸친 헌신의 가치를 알려면 그런 삶을 산 부부들을 직접 보는 것만큼 확실한 방법은 없다. '평생 결혼'에 성공한 사람들의 대다수가 수십 년의 결혼 생활 동안 한 번(혹은 그 이상) 정도는 결별을 고려해보았다고 거리낌 없이 인정한다. 그들은 허망함, 냉랭함, 분노의 수렁을 경험했다. 하지만 그들은 꿋꿋이 버텼고, 끝까지 인내했으며, 혼신의 힘을 다해 관계를 지켰다. 결국 그들은 성공했다.

그들은 어마어마한 성취를 이루는 데 성공했다. 이 책을 통해 그러한 부부들을 수없이 많이 만났다. 우리 주위에 그런 사람들이 한둘은 있을 것이다. 예측 불가능한 파란만장한 인생을 견뎌내고 진정 하나가 된 두 사람 앞에 서면 "아, 결혼이란 바로 이런 것이구나……"라는 걸 느끼게 된다. 나는 이런 결혼 생활의 극치를 수도 없이 접하는 행운을 누렸고 매번 무한한 감동과 풍요로움을 느끼며 문을 나섰다.

결혼 생활을 끝까지 완수했을 때의 기쁨은 그 어떤 것과도 비교할 수 없다. 데이트할 때의 설렘, 새로운 만남에 대한 가슴 뛰는 열정, 심지어 늙은 마누라를 젊은 미녀와 바꾸자는 제안보다 더한 것이다. 그 기쁨은 배우자에게 두 번, 세 번, 아니 네 번 기회를 주고서라도 얻을 가치가 있다. 60~70년을 사랑으로 함께한 사람과 더불어 인생의 말년을 보낸다는 것은 숭고한 축복이다. 노인들에게 그것은 성공적인 인생의 일부로 형언하기 어려운 초월적인 경험이다. 인생에는 부분적인 혜택을 누리기 위해 전체를 다 걸어야 하는 것들이 있는데 그중 하나가 바로 결혼이다.

이제 책을 마무리할 때가 되었다. 진정한 현자 중 한 사람의 이야기를 전하며 이 책의 대미를 장식하는 것이 가장 좋으리라 생각된다.

클라크 휴(77세)는 특이한 인생 경력의 소유자다. 그는 자신이 결혼과는 상관없을 줄 알았다. 왜냐하면 그는 가톨릭 신부였기 때문이다. 20년의 봉직 끝에 그는 성직자가 자신의 길이 아님을 깨달았다. 그러다가 모니카를 만나면서 마음의 결정을 내리게 되었다. 그는 현재 그녀와 32년째 살고 있다. 클라크는 결혼에 대한 평생의 헌신을 통해 더욱 성장하고 발전할 수 있었다. 헌신에 대한 믿음이 없다면 결혼은 완성과 성취라는 인생의 목적을 이루지 못할 것이다.

"한 30년 결혼 생활을 하다보니 사람은 결혼을 통해 성장한다는 사실을 깨닫게 되었어. 그 성장의 폭과 깊이는 정말 놀라울 정도야. 돌이켜보면 아주 작은 변화들이 모여 과거와는 전혀 다른 지금의 내가 되어 있다는 생각이 들어. 이제는 당당하게 말할 수 있다오. 비로소 진정한 나의 모습을 찾게 되었다고. 이렇게 묻는 사람도 있겠지. '결혼 생활의 일대 전환점 같은 게 있었나요?' 천만에, 그런 건 없어. 하루하루 배우자와 함께 살며 사랑하며 조금씩 모습을 갖춰가는 거야. 식물이 자라는 걸 생각해봐. 생명체가 자라나는 모습을. 날마다 조금씩 자라고 비바람도 맞아가면서 비로소 진정한 모습을 갖추는 거야."

클라크는 결혼 생활을 각자의 잠재력을 최대한 실현해나가는 발전의 과정으로 본다. 그것은 좋을 때나 궂을 때나 할 것 없이 동일하게 진행된다. 인터뷰 도중 클라크는 최근 자신의 건강에 대한 충격적인 통보를 받았지만 결혼 생활이 그 문제를 정면으로 대처할 수 있는 힘이 되어준다고 고백했다.

"아내와 나는 결혼이 서로를 더욱 특별한 존재로 만들어주었다고 생각해. 우리는 서로 상대방의 시선을 통해 인생을 배워. 지금 나는 암과의 전쟁을 앞두고 있어. 아내는 내가 검사와 치료를 반복하는 동안 나와 생사의 기로를 함께하겠지. 나 역시 아내가 직면한 모든 일들과 고통을 함께할 테고. 이런 게 진정한 삶이 아닐까. 나는 진정한 삶이란 누가 더 큰 집에서 사느냐의 문제가 아니라고 봐. 그런 건 인생에서 그다지 중요하지 않다는 사실을 언젠가는 깨닫게 되겠지. 배우자나 가족과 친밀한 관계를 유지하면서 최선을 다해 세상에 기여하는 것, 그게 진정한 삶이 아닐까?"

결혼이 헌신의 훈련이라는 철학의 결과는 과연 어떠했을까?

"나는 진정으로 사랑받고 사랑할 때 가장 깊은 성취감을 느껴. 사랑은 서서히 이루어지는 거야. 어느 날 갑자기 하늘에서 떨어지는 게 아니지. 나는 아내에게 사랑하는 법을 배웠어. 그래서 젊은 부부들에게 이 말을 마지막으로 전해주고 싶어. 사랑하는 법을 모르는 배우자에게 사랑하는 법을 가르쳐주라고."

노인들이 힘든 과정을 통해 얻은 지혜의 미덕은 결혼에 대한 장밋빛 전망에 일시적인 불안과 스트레스, 불행, 침체를 가져오는 듯 보인다. 하지만 장기적인 안목에서 결혼을 평생에 걸친 성장의 기회로 삼는다면 오히려 이를 계기로 새로운 깨달음과 깊은 관계로 나아갈 수 있다.

결혼식 제단 앞에 선 두 젊은이를 지켜보는 하객들 가운데 이제

막 부부가 된 그들에게서 60년 후 은퇴하고 자녀와 손자들에게 둘러싸인 노부부의 모습을 상상하는 이들은 없을 것이다. 열의로 가득한 젊은 부부를 눈앞에 두고 수십 년을 해로한 노부부를 떠올리기란 참으로 어려운 일이다. 하지만 장기적이고 헌신적인 관계가 주는 안정감에는 기쁨과 미덕이 있다. 그것은 승리와 비극을 오가며 세월의 흐름과 더불어 서서히 진면목을 드러낸다. 지금까지 인생의 현자들에게 들었던 교훈은 이 한마디로 요약될 수 있을 것이다. "부부가 평생 함께하는 결혼 생활에는 기쁨과 고난이 기묘하게 뒤섞여 있다. 그래서 인생을 걸 만한 가치가 있다."

모쪼록 인생 현자들의 이 주옥같은 지혜가 죽는 날까지 함께 이 여정을 즐기려 작정한 모든 이들에게 조금이나마 도움이 되길 바란다.

| 에필로그 |

삶, 사랑 그리고 사람에 대한 30가지 지혜

인생 현자들이 들려주는 지식과 지혜는 오늘날에도 유효할 뿐만 아니라 만고불변하는 인류의 유산이다. 영감과 통찰, 재치 그리고 놀라움으로 가득한 이 책은 성공적인 결혼 생활의 모든 것을 들려준다. 시행착오를 거듭하며 마음과 정신의 균형을 이루는 가운데 지혜를 얻고 오랜 세월 사랑과 결혼을 지켜낸 사람들, 이 궁극의 관계 전문가들이 전하는 30가지 조언을 들어보자.

LESSON 01 마음이 말하는 소리를 들어라

"그 사람이 평생을 함께할 배우자라는 걸 어떻게 확신할 수 있나요?"라는 질문에 인생의 현자들은 마음의 소리를 따르라고 조언한다. 일생의 짝을 만난 순간, 누구나 말로 표현할 수 없는 어떤 '느낌'을 갖는다. 그것이 잘못된 것이라면, 위험신호가 반드시 들려온다.

LESSON 02 사랑한다면 더 똑똑해져라

사랑의 감정이 생겼다면 평생을 함께할 만한 사람인지 판단해야 한다. 이제 가슴이 아니라 머리가 필요한 시점이다. 평생을 함께 산다는 건 젊은 날의 낭만만 가지고는 불가능하다. 결혼은 일생을 건 모험과도 같기에 파트너가 어떤 사람인지 꼼꼼히 따져봐야 한다.

LESSON 03 하나의 삶을 위한 두 개의 생각

사랑은 찰나에도 가능한 것이다. 그러나 결혼은 그 찰나의 사랑을 평생 동안 완성해가는 매우 특별한 과정이다. 이 과정을 성공으로 이끄는 힘이 바로 두 사람의 가치관이다. 두 사람의 생각이 하나의 삶을 위해 포개질 때다.

LESSON 04 두 사람 vs 두 집안

결혼이 두 사람의 만남이라고만 생각하면 크나큰 오산이다. 인생의 현자들은 결혼이란 두 사람이 아닌 두 집안의 결합이라고 강조한다. 결혼 생활은 배우자만의 문제가 아닌 집안의 문제로 좌지우지될 때가 많다. 중심축은 부부라는 걸 기억하라.

LESSON 05 관계를 시작해선 안 되는 3가지 위험신호

인생이 반려자를 선택하는 문제는 참으로 복잡한 과제다. 다음의 3가지 위험신호는 꼭 살펴라. 첫째, 아무도 내 파트너를 좋아하지 않을 때. 둘째, 파트너가 심하게 화낼 상황이 아닌데 화를 폭발시킬 때. 셋째, 술을 절제하지 못할 때.

LESSON 06 최고의 짝을 선택하는 5가지 비결

최고의 짝을 선택하려면 다음 5가지를 점검하라. 첫째, 깊은 관계로 발전하기 전에 일상의 안전지대를 벗어나보라. 둘째, 파트너와의 관계에서 얻기 원하는 것들의 목록을 작성해보라. 또는 원하지 않는 것들의 목록을 작성해보라. 셋째, 나와 파트너의 유머감각이 비슷한지를 살펴라. 넷째, 파트너가 게임하는 모습을 관찰하라. 감춰진 모든 게 드러난다. 마지막으로 결혼하기 전에 믿을 만한 현자를 찾아가 조언을 구하라.

LESSON 07 어떤 상황에서도 대화하라

오랜 결혼 생활의 비결을 물으면 인생의 현자들은 하나같이 '대화'라고 강조한다. 대화 부족은 결혼 생활을 망치는 주범이다. 서로 간에 감정을 다치지 않도록 배려하면서 말하는 방법을 배워야 한다. 결혼 생활에서 발생하는 문제들 또한 궁극적으로 대화를 통해 풀어나갈 수 있다.

LESSON 08 말하지 않아도 알 수 있는 사람은 없다

함께 살아가면서 발생하는 크고 작은 싸움을 피하려면 서로의 생각을 넘겨짚지 말아야 한다. 정확하게 표현하고 파트너의 의중을 재차 확인하라. 때로는 몸짓 등을 통해 상대의 말을 충분히 경청하고 있음을 알리는 것도 좋다. 부부간의 허심탄회한 대화는 관계의 파멸을 막아주는 지름길이다.

LESSON 09 가까울수록 예의가 필요하다

가정에는 편안함과 따뜻함이 있다. 어떤 행동을 하더라도 받아주는 배우자도 있다. 그래서 역설적으로 가장 편안함을 느껴야 할 곳을 퉁명스럽고 무례한 곳으로 만들게 된다. 가장 가까운 파트너에게 최선을 다해 예의를 갖춰라.

LESSON 10 무엇을 말하느냐보다 언제 말하느냐가 중요하다

원하는 것을 얻으려면 적기를 노려야 한다. 이 단순한 협상의 법칙을 부부간에도 적용해보라. 나와 파트너가 언제 가장 대화가 잘 되는지 판단하고, 너무 과열될 때는 잠시 물러나 휴지기를 가져라. 때로는 먹을거리를 서로 권하며 긴장을 해소해보라.

LESSON 11 관계를 파괴하는 3가지 위험신호

결혼 생활을 파괴하는 잠재적 요인 3가지를 조심하라. 첫째, 폭력은 절대 용납하면 안 된다. 파트너가 내게 손찌검을 한다면 당장 떠나라. 둘째, 자꾸 통제하려 드는 강압적인 파트너도 위험하다. 셋째, 모욕감을 주고 욕을 일삼는 파트너라면 미련을 두지 마라.

LESSON 12 아름다운 소통을 위한 5가지 비결

부부간의 대화 통로는 항상 열려 있어야 한다. 다음의 5가지 비결을 참조하라. 첫째, 시간과 장소 등 대화의 규칙을 정한다. 둘째, 파트너의 말을 충분히 들어준다. 셋째, 때로는 손을 잡아주거나 머리카락을 쓰다듬어주는 것만으로도 충분할 때가 있다. 넷째, 항상 정직해야 한다. 다섯째, 편지를 써서 전한다(효과 만점이다).

LESSON 13 아이는 부부 주위를 도는 위성이다

결혼 생활에서 부부보다 자녀가 우선일 수 없다. 자녀가 뒷전이라는 뜻이 아니라 파트너가 힘들면 자녀 양육도 힘들어진다는 뜻이다. 행복한 부부를 보고 자란 아이들은 나중에 성장하여 행복한 결혼 생활을 할 가능성이 높다. 그것이 자녀에게 줄 수 있는 가장 큰 선물이다.

LESSON 14 일과 가정 사이에는 완충지대가 필요하다

가정은 안식처다. 맞벌이 부부가 많아진 오늘날, 누구라도 힘든 하루를 마치고 돌아오면 조용히 휴식을 취할 권리가 있다. 서로를 위해 바깥의 일과 고민을 집안으로 끌고 들어오지 마라. 어떤 공격에도 끄떡없는 방어 요새처럼 가정을 안전하게 지켜라.

LESSON 15 가깝고도 먼 시댁과 처가 사이

오랜 세월을 함께 살아온 가족 간에도 다툼이 일게 마련이다. 하물며 배우자의 집안과는 말할 것도 없다. 이 사실을 인정하고 배우자의 가족을 받아들여라. 그것이 어렵다면 멀리 떨어져 사는 것도 한 방법이다. 배우자 집안보다 배우자가 우선이라는 사실을 명심하라.

LESSON 16 각자 잘하는 일을 맡되 서로를 믿어라

맞벌이 부부가 많아지면서 가사 분담 문제가 커다란 스트레스 요인이 되고 있다. 가사노동을 둘러싼 갈등의 상당수는 부적합한 사람에게 일을 맡기는 데서 비롯한다. 누가 그 일을 가장 잘할 수 있는지를 따져보라. 그런 다음엔 믿고 맡겨라. 간섭하지 마라.

LESSON 17 빚으로부터 벗어나라

오랜 세월을 함께 살아낸 인생의 현자들은 빚지지 말라고 강조한다. 엄청난 카드빚 등 최악의 부채 상황은 부부를 죽음으로 내모는 살인자다. 빚을 혐오하고, 카드를 긁기 전에 돈을 모으고, 타인의 재정 상태와 비교하지 않는 습관을 들여라.

LESSON 18 스트레스를 없애는 5가지 비결

스트레스 없는 결혼 생활은 한마디로, 없다. 다만 그 요인을 약화시킬 수는 있다. 첫째, 재정 등 가장 논쟁적인 문제는 매월 시간을 따로 마련해 한번에 처리하라. 둘째, 때로는 전문 상담사를 찾아가라. 셋째, 모범이 될 만한 사람들과 어울려라. 넷째, 모든 짐을 내려놓고 잠시 쉬어라. 다섯째, 장차 어떻게 될지 걱정에 휩싸이지 말고 하루하루 조금씩 이뤄나가라.

LESSON 19 평범한 날들에 행복을 선사하는 것들

기념일이 아닌데도 건네주는 작은 선물은 서로를 기쁘게 한다. 이런 배려와 이벤트를 끊임없이 만들어가라. 허드렛일을 자청해서 해주고, 자주 칭찬해줘라. 돈이 아니라 마음을 포장해서 전한다면 파트너로부터 고맙다는 말을 훨씬 자주 듣게 될 것이다.

LESSON 20 열정에서 우정으로

만나는 순간 불꽃이 튀지 않으면 사랑은 시작되지 않는다. 하지만 그 불꽃이 평생의 삶을 보장해주는 것은 아니다. 부부가 되는 사람들의 신비는 그들이 열정으로 시작했지만 우정으로 완성된다는 것이다. 어떤 순간에도 친구처럼 편안한 애정이 그들의 삶을 감돈다.

LESSON 21 깊고 아름다운 노년의 성

부부간에 애정의 끈이 되어주는 성생활은 노년이 되어도 계속 유지된다. 오히려 깊고 아름답고 풍부해진다. 나이가 들면서 성적 교류 이상의 친밀함이 더 강해지고, 존재 간에 나눌 수 있는 가장 깊고 세밀한 대화가 이뤄지기 때문이다.

LESSON 22 절대 화난 채로 잠들지 마라

화난 채로 잠이 들면 다음날 일에 큰 지장을 줄 뿐만 아니라 며칠씩 그 불편함이 이어지기도 한다. 이를 근절하지 못하면 결혼 생활이 파멸로 치닫는 잠재적 요인이 된다. 부부가 서로 싸우는 문제들은 그날 하루 싸우는 걸로 족한 것들이 대부분이다.

LESSON 23 때로는 전문가의 도움이 필요하다

결혼이 파탄 날 정도로 비참한 지경에 이르렀다면 부부 상담을 받아보라. 서로의 문제를 객관적으로 바라보고 문제를 해결할 방법을 찾을 수 있다. 그편이 평생 함께 나이 들며 삶을 공유하는 소중한 동반자를 잃는 편보다 훨씬 바람직하다.

LESSON 24 열정적인 결혼 생활을 위한 5가지 비결

평생 가슴 뛰는 결혼 생활을 유지하는 비결은 다음과 같다. 첫째, 연애할 때처럼 멋을 내라. 둘째, 여행을 많이 하라. 셋째, 나눔의 삶을 실천하라. 넷째, 변화를 수용하라. 다섯째, 평생 데이트하며 사는 부부가 되라.

LESSON 25 조건 없이 존중하라

결혼은 성인이 경험할 수 있는 가장 친밀한 관계다. 하지만 서로를 의지하기 때문에 서로에게 강한 영향력을 행사하게 된다. 강학 애착이나 의존성 등의 병폐를 막으려면 서로를 조건 없이 존중해야 한다. 파트너를 존엄한 인격체로 대해야 한다.

LESSON 26 한 팀으로 일하듯 한 팀으로 살아라

결혼 생활을 하려면 타협하는 법부터 배워야 한다. 전적으로 다른 두 사람이 하나의 삶을 살아야 하기 때문이다. 때로는 업무 효율을 추구하는 직장에서처럼 한 팀을 이뤄 살아보라. 같은 목표와 가치와 소원을 갖고, 기꺼이 타협하는 것이다.

LESSON 27 둘만의 오붓한 시간을 가져라

인생에서 가장 귀중한 자산은 시간이다. 일하느라, 자녀 키우느라 정작 부부간의 내밀한 시간이 줄어들고 있다면 이는 위험신호다. 어떤 수를 써서라도 자녀들과 떨어져 둘만의 시간을 만들어야 한다. 둘이 있을 때는 둘만의 이야기를 나눠야 한다.

LESSON 28 무거울수록 가볍게 넘겨라

때로는 두 사람 사이에 무거운 침묵이 감돌거나 사소한 대립으로도 파국적 결말을 상상하게 된다. 이때 다음의 3가지를 기억하라. 첫째, 과연 그렇게 대립할 만한 일인지 자문해보라. 둘째, 유머를 발휘하여 긴장된 순간을 넘겨라. 셋째, 부부 사이에 권태기가 찾아오는 이유는 반복되는 일상 때문이니 색다른 일을 해보라.

LESSON 29 있는 그대로 받아들여라

절대 상대를 바꾸려 하지 마라. 다 큰 성인을 바꿀 방법은 없다. 배우자 스스로 변화될 수는 있어도 다른 사람이 변화를 강요할 수는 없다. 배우자를 변화시킬 유일한 방법은 오직 배우자 스스로 변하는 길밖에 없다.

LESSON 30 죽는 날까지 서로 사랑하라

전 생애를 통해 오로지 한 사람에게 헌신하기로 결정하는 결혼은 인생에서 가장 중요한 사건이다. 현대인들은 일회용 시대를 살고 있지만 사랑에 있어서는 평생의 관계를 추구한다. 아무리 나이가 들어도 사랑할 수 있다는 건 멋지고 위대한 일이다. 죽는 날까지 서로 사랑하라.

옮긴이 김수미

번역가의 꿈은 어쩌면 세계명작전집을 섭렵하던 초등학교 시절부터 비롯되었는지도 모른다. 서울대학교를 졸업하고 평범한 직장 생활을 하다가 성균관-조지타운 테솔(S-G TESOL) 과정을 수료한 뒤에 출판번역을 시작했다. 천신만고 끝에 되찾은 번역의 길, 쉽고 자연스러우며 정확한 번역이 녹록치 않음을 깨닫고 부단히 전진 중이다. 현재 출판번역에이전시 베네트랜스에서 전속 번역가로 활동하며《잠과 싸우지 마라》《현명한 걱정 쓸데없는 걱정》등을 옮겼다.

이 모든 걸 처음부터 알았더라면

1판 1쇄 발행 2015년 2월 25일
2판 1쇄 발행 2025년 6월 25일

지은이 칼 필레머
옮긴이 김수미
발행인 오영진 김진갑
발행처 토네이도미디어그룹(주)

기획편집 박수진 박민희 유인경 박은화 김예은
디자인팀 김현주 강재준
마케팅팀 박시현 박준서 김수연 박가영
경영지원 이혜선

출판등록 2006년 1월 11일 제313-2006-15호
주소 서울시 마포구 월드컵북로5가길 12 서교빌딩 2층
원고 투고 및 독자 문의 midnightbookstore@naver.com
전화 02-332-3310 팩스 02-332-7741
블로그 blog.naver.com/midnightbookstore
페이스북 www.facebook.com/tornadobook

ISBN 979-11-5851-320-7 (03190)

이 책은 저작권법에 따라 보호를 받는 저작물이므로 무단전재와 무단복제를 금하며,
이 책 내용의 전부 또는 일부를 사용하려면 반드시 저작권자와 토네이도의 서면 동의를 받아야 합니다.

잘못되거나 파손된 책은 구입하신 서점에서 교환해드립니다.
책값은 뒤표지에 있습니다.